ISA-Server 2000

Das große Buch

ISA-Server 2000

Bernd I. Heuckendorf

DATA BECKER

Copyright	© 2001 by DATA BECKER GmbH & Co. KG Merowingerstr. 30 40223 Düsseldorf
	1. Auflage 2001
Umschlaggestaltung	Inhouse-Agentur DATA BECKER
Produktmanagement und Lektorat	Andreas Modschiedler
Textverarbeitung und Gestaltung	Andreas Quednau (www.aquednau.de)
Druck	Media-Print, Paderborn
E-Mail	buch@databecker.de

Alle Rechte vorbehalten. Kein Teil dieses Buchs darf in irgendeiner Form (Druck, Fotokopie oder einem anderen Verfahren) ohne schriftliche Genehmigung der DATA BECKER GmbH & Co. KG reproduziert oder unter Verwendung elektronischer Systeme verarbeitet, vervielfältigt oder verbreitet werden.

ISBN 3-8158-2142-8

Wichtiger Hinweis

Die in diesem Buch wiedergegebenen Verfahren und Programme werden ohne Rücksicht auf die Patentlage mitgeteilt. Sie sind für Amateur- und Lehrzwecke bestimmt.

Alle technischen Angaben und Programme in diesem Buch wurden von den Autoren mit größter Sorgfalt erarbeitet bzw. zusammengestellt und unter Einschaltung wirksamer Kontrollmaßnahmen reproduziert. Trotzdem sind Fehler nicht ganz auszuschließen. DATA BECKER sieht sich deshalb gezwungen, darauf hinzuweisen, dass weder eine Garantie noch die juristische Verantwortung oder irgendeine Haftung für Folgen, die auf fehlerhafte Angaben zurückgehen, übernommen werden kann. Für die Mitteilung eventueller Fehler sind die Autoren jederzeit dankbar.

Wir weisen darauf hin, dass die im Buch verwendeten Soft- und Hardwarebezeichnungen und Markennamen der jeweiligen Firmen im Allgemeinen warenzeichen-, marken- oder patentrechtlichem Schutz unterliegen.

Vorwort

Der Zugang zum Internet ist heute bereits aus vielen Unternehmen nicht mehr wegzudenken. Sei es, damit sich Anwender Daten aus dem World Wide Web holen können, E-Mails aus dem Internet empfangen werden sollen oder Fernzugriffe auf die Applikationsserver des Unternehmens durchgeführt werden müssen. Damit erhöht sich allerdings auch die Gefahr, dass unbefugte Personen versuchen, auf die Computer des Unternehmens zuzugreifen, um Daten zu stehlen oder Sabotage zu betreiben.

Viele Administratoren gehen mit dieser Gefahr allerdings sehr sorglos um und schließen zum Beispiel ISDN-Router für den Internetzugang direkt an das lokale Netzwerk an. Auf die Frage, ob sie das denn nicht für unsicher hielten, kam dann die erschütternde Antwort: „Wieso? Wir holen damit doch nur unsere E-Mails ab ..." Nachdem wir diesen Kunden eine Woche später die Liste aller gefundenen Computer in ihrem Netzwerk gezeigt hatten, regten sich dann doch die Fragen nach einer möglichen Absicherung des Systems. Da Sie dieses Buch über den Microsoft ISA-Server 2000 aber bereits in den Händen halten, ist das Thema Sicherheit zum Glück nicht an Ihnen vorbeigegangen.

Eine sinnvolle Sicherheitsarchitektur benötigt eine besonnene Planung und eine aufmerksame Beobachtung und Überwachung. Bei allen Gefahren sollten Sie die in Erinnerung an Douglas Adams (1952 – 2001) in den letzten beiden Wochen am häufigsten zitierte Buchüberschrift bedenken:

DON'T PANIC

Für Annette – (in Anlehnung an Kishon) die beste Nicht-Ehefrau von allen.

Mit besonderem Dank an meine Eltern – auch wenn ich ihnen schon im letzten Buch gedankt habe, aber sie haben mich so lange gefördert, also werde ich ihnen auch noch in den nächsten 50 Vorworten danken ...

Bernd I. Heuckendorf

1. ISA-Server – Einführung und Grundlagen ... 13

1.1 Der ISA-Server und dieses Buch ... 13

1.2 Gefahren und Angriffsmöglichkeiten ... 16
Port Scanning ... 16
Denial of Service (DoS) ... 16
SMTP-Relay ... 17
Protokollieren und Verändern übertragener Daten ... 17

1.3 TCP/IP-Grundlagen ... 18
Adressierung ... 19
Routing ... 22
Network Address Translation (NAT) ... 23

1.4 Aufbau eines sicheren Netzwerks ... 24
Direkter Anschluss an das Internet ... 24
Absicherung des Zugangs über eine Firewall ... 25
Aufteilung mit einer Demilitarisierten Zone (DMZ) ... 25
Eine DMZ und zwei Firewalls ... 27

1.5 Datenverschlüsselung und digitale Signaturen ... 27
Grundlagen der Datenverschlüsselung ... 28

2. Der IIS 5.0 als Grundlage für den ISA-Server ... 37

2.1 Die Vorbereitung ... 37
Installation der für den ISA-Server-Betrieb benötigten IIS-Komponenten ... 38
Servicepack 2 ... 45
Erstellen einer benutzerdefinierten Verwaltungskonsole ... 46

2.2 Virtuelle Server ... 49

2.3 SMTP ... 50
Verwalten virtueller SMTP-Server ... 50
Einrichten virtueller SMTP-Server ... 73
Einrichten von E-Mail-Domänen ... 73
Abschalten bestimmter ESMTP-Funktionen ... 77

2.4 NNTP ... 79
Verwalten virtueller NNTP-Server ... 80
Einrichten weiterer virtueller NNTP-Server ... 86
Erstellen von Newsgroups ... 86
Begrenzungen über Expiration Policies ... 91

2.5 FTP ... 93
Konfiguration des FTP-Servers ... 94
Erstellen virtueller Verzeichnisse ... 98
Erstellen virtueller FTP-Server ... 99

2.6 Webserver ... 99
Konfigurieren virtueller Webserver ... 99
Erstellen weiterer virtueller Webserver ... 109
Erstellen virtueller Verzeichnisse ... 109
Indizieren von Webseiten ... 110
Verwaltung des Webservers über den Browser ... 111

3. Die Installation des ISA-Servers 113

3.1 Komponenten des ISA-Servers 113
Proxy, Firewall oder Integrated Mode 114
Stand-alone oder Array 115
Standardversion oder Enterprise Edition 116

3.2 Die Installation 117
Systemvoraussetzungen 117
Vorbereiten des Active Directory 118
Active Directory 119
Active Directory-Domänen 119
Standorte 121
Struktur 122
Gesamtstruktur 122
Globaler Katalog 124
Schema 124
DNS 125
Installation des ISA-Servers 133
Manuelle Nachinstallation 137
Hotfixes 137
Installierte Dienste und Komponenten 137

3.3 Basiskonfiguration des ISA-Servers 138
Übersicht über die Verwaltung des ISA-Servers 138
Konfiguration des Routings über den ISA-Server 139

4. Datenverkehr durch definierte Filter zulassen 145

4.1 IP Packet Filter 146

4.2 Protocol Rules 151

4.3 Site and Content Rules 154

4.4 Application-Filter 158
Integrierte Filter 158
Filter von Drittanbietern 162

4.5 LANguard Content Filtering & Anti-Virus for ISA-Server .. 162
Installation von LANguard 163
Verwalten des LANguard-Servers 164

4.6 Die Protokollanalyse 174

5. Veröffentlichen von Servern 179

5.1 Veröffentlichen von Web- und FTP-Servern 180
Umleiten von Anfragen an den ISA-Server 180
Weiterleiten von Anfragen an Web- und FTP-Server 183

5.2 Veröffentlichen von Mailservern 188

5.3 Veröffentlichen sonstiger Server 189

6. Das Erkennen von Angriffen — 193

6.1 Aktivieren der Erkennung — 193
IP Packet Filter — 194
Application-Filter — 195
DNS Intrusion Detection-Filter — 196

6.2 Reaktion im Fall eines Angriffs — 203
Aktionsliste — 206

7. Beschleunigung von Webzugriffen — 209

7.1 Konfiguration des Proxy-Servers — 209
Aktivierung des ISA-Servers als Web-Proxy — 209
Einstellung der Cache-Optionen — 212
Einrichten von Cache-Arrays — 218

7.2 Automatischer Download von Webseiten — 220

7.3 Konfiguration des Browsers — 223
Automatische Konfiguration über den ISA-Server — 223
Automatische Konfiguration über DNS und DHCP — 227
Konfiguration des Internet Explorer — 229

7.4 Verwalten der Inhalte im Proxy-Cache — 230

8. Lastverteilung und Ausfallsicherheit — 233

8.1 Ausfall eines Upstream-Proxy-Servers — 233
8.2 DNS-Round-Robin — 235
8.3 Windows 2000-Load-Balancing — 236
8.4 Windows 2000-Cluster — 241
8.5 ISA-Server-Array — 242

9. Monitoring und Reporting — 245

9.1 Überwachen des ISA-Servers — 245

9.2 Protokolldateien über Zugriffe erstellen — 248
Packet Filter — 249
ISA-Server-Firewall-Service — 253
ISA-Server-Web-Proxy-Service — 254

9.3 Erstellen von Berichten — 255
Erstellen eines neuen Report Jobs — 256
Auswerten der Berichte — 258
Effizientere Berichterstellung durch Summaries — 272

10. Migration vom Proxy-Server 2.0 zu ISA-Server 2000 — 275

- 10.1 Einschränkungen — 276
- 10.2 Vorbereitung des Proxy-Servers 2.0 — 277
- 10.3 Update von Windows NT 4.0 auf Windows 2000 — 278
  - Vorbereitung des Betriebssystem-Updates — 278
  - Durchführung des Updates auf Windows 2000 — 279
  - Aktualisierung von Windows 2000 — 280
  - Vorbereiten des Active Directory — 281
  - Update des Proxy-Servers 2.0 — 287
- 10.4 Update von Proxy 2.0 auf ISA-Server 2000 — 288
- 10.5 Abschluss der Migration — 291
  - Manuelle Nachinstallation — 291
  - Hotfixes — 291

11. Beispielszenarien — 293

- 11.1 Der Netzwerkaufbau — 293
- 11.2 E-Mail — 295
  - SMTP — 295
  - NNTP, POP3 und IMAP4 — 306
  - Microsoft Outlook Web Access 5.5 — 307
  - Microsoft Outlook Web Access 2000 — 313
- 11.3 World Wide Web und FTP — 315
  - Veröffentlichen von Webservern — 315
  - Zugriff auf Web- und FTP-Server im Internet — 321
  - Datenbankzugriff — 325
  - Herstellen einer Verbindung über PPTP — 327

12. Sicherheitsanalyse und Troubleshooting — 331

- 12.1 Sicherheitsupdates — 331
  - ISA-Server 2000 — 332
  - IIS 5.0 SP2 — 332
  - Exchange 2000 — 334
- 12.2 Tools zur Sicherheitsanalyse — 334
  - LANguard Port Scanner — 334
  - LANguard Network Scanner — 337
  - Informationen und Tests im Internet — 340
- 12.3 Sichern der Konfiguration — 341

Stichwortverzeichnis — 343

1. ISA-Server – Einführung und Grundlagen

Mit den Konfigurationsagenten von Windows 2000 ist es mittlerweile sehr leicht geworden, ein Netzwerk aufzubauen und eine Verbindung ins Internet zu erstellen. Dieses Kapitel stellt daher nach einem kurzem Überblick über Features, die man mit dem ISA-Server in der Hand hat, eine kurze Einführung in die manuell zu konfigurierende Netzwerkwelt dar. Ohne Kenntnisse über Adressierung und Routing lässt sich der Microsoft ISA-Server 2000 zwar auch einsetzen, Sie können jedoch nur schwer abschätzen, ob das Netzwerk richtig sicher ist, solange Sie nicht verstehen, was sich im Innern des Servers überhaupt abspielt.

Wir werden in diesem Kapitel folgende Themen behandeln:

- ISA-Server im Kurzüberblick
- TCP/IP-Adressierung und Routing, Network Address Translation
- Gefahren aus dem Internet
- Aufbau eines sicheren Netzwerks
- Verschlüsselung und Signatur

1.1 Der ISA-Server und dieses Buch

Am Anfang war der Proxy-Server. Er diente gleich zwei Zwecken. Zum einen sollte der Zugriff im Netz beschleunigt werden und zum anderen sollte er für mehr Sicherheit im Internet sorgen. Die Firewallfunktionen waren in der ersten Version noch sehr beschränkt, wurden aber in der Folgeversion schon erweitert. Trotz dieser Verbesserungen lässt der Proxy-Server auch in der Version 2.0 einige Features vermissen, die für andere Firewalls selbstverständlich sind.

Durch den ISA-Server 2000, der intern mit der Versionsnummer 3.0 die direkte Nachfolge des Proxy-Servers 2.0 antritt, hat Microsoft dem Administrator jetzt ein wirksames Werkzeug an die Hand gegeben, um Internetbeschleunigung und Sicherheit zusammen zu gewährleisten. Da Microsoft es anderen Anbietern durch die offene Entwicklungsplattform erleichtert hat,

Erweiterungen für den Server zu entwickeln, ist auch mit einigen nützlichen Tools und Erweiterungen für den ISA-Server zur rechnen.

Neue Features für mehr Sicherheit

Der ISA-Server (**I**nternet **S**ecurity und **A**cceleration **S**erver) bietet hier wesentlich mehr Möglichkeiten, die ihn auch mit anderen Firewalls in Konkurenz treten lassen können. Zwar ist er in gewisser Weise aus dem Proxy-Server hervorgegangen, er ist jedoch mehr als ein Nachfolger, der einen anderen Namen bekommen hat. Microsoft hat dem ISA-Server sogar Firewallfunktionen mit auf den Weg gegeben, die andere Programme vermissen lassen. So kann der ISA-Server zum Beispiel zur Verwaltung von Server-Benutzer, -Konfiguration und -Regeln auf den Active Directory-Dienst von W2K und die SAM-Datenbank von NT zurückgreifen. In dieser Server-Version wurden ebenfalls die RRAS-, VPN- und NLB-Dienste von Windows 2000 eingebunden.

Der ISA-Server filtert nicht nur dem Datenverkehr auf der Paket- und Verbindungsebene, sondern untersucht ihn auch im Kontext des verwendeten Protokolls und des Status der Verbindung (Stateful Inspection). Weiter kann der ISA-Server eine Vielzahl von verschiedenen Angriffen auf das System erkennen, vor ihnen warnen und sie verhindern. Unter ihnen der bekannte Ping of Death und die Land Attacks.

Über die SecureNAT-Einrichtung wird den LAN-Clients die Möglichkeit bereitgestellt, Standard-Gateways zu konfigurieren. Eine richtlinienbasierte Verwaltung durch den Administrator wird vom ISA-Server auch bereitgestellt.

ISA-Server für größere Netzwerke und höhere Last

Erweitert wurde weiterhin das so genannte Active Caching. Dadurch kann der Administrator die Bandbreitenverwendung optimieren, indem er oft genutzte Webinhalte schon vorab in den Cache stellt. Diese Funktion lässt sich seit dieser Version sogar automatisieren.

Für die Kontrolle des Datenverkehrs lassen sich spezielle Anwendungsfilter erstellen. So kann ein solcher Anwendungsfilter den Mail-Verkehr dahingehend überwachen, dass bestimmte Inhalte geblockt werden.

In größeren Netzwerken spielt die Skalierbarkeit eines Cache-Servers eine große Rolle, um Performance-Engpässe durch überfüllten Cache zu vermeiden. Diesem Problem begegnet der ISA-Server mit dem CARP-Protokoll. Dieses Protokoll sorgt dafür, dass Anfragen direkt an den Ort weitergeleitet werden, an dem die angeforderten Daten vermutlich gespeichert sind.

Um den Überblick über die Geschehnisse zu behalten, stellt der ISA-Server die Möglichkeit zur Verfügung, umfassende Berichte über relevante Ereignisse und Benutzerzugriffe zu erstellen. Die Berichterstellung kann durch einen vorgegebenen Zeitplan automatisiert werden.

Voraussetzungen für den ISA-Server

Bei der Installation des ISA-Servers ist zu beachten, dass er sich auf den Windows 2000-Server stützt. Somit ist ein Einsatz unter Windows NT nicht möglich. An minimaler Hardwarekonfiguration setzt der ISA-Server 256 MByte RAM und eine Pentium II-300-CPU voraus. Wie aber auch bei Betriebssystemen ist bei einer Verdoppelung der Minimalressourcen ein deutlicher Performancegewinn zu erreichen. Um die Cache-Funktion des Servers zu nutzen, muss dazu mindestens ein Datenträger mit NTFS ausgerüstet sein, was dringend empfohlen wird, da ansonsten dieses Feature nicht genutzt werden kann und ein Vorteil des ISA-Servers verloren geht. Selbstverständlich benötigt der Server noch einen Anschluss an das Inter- und Intranet.

Will man mehrere ISA-Server zusammen als eine logische Einheit in einem Netzwerk verwenden, welches für die Verwendung von Active Directory eingerichtet wurde, muss man Änderungen am Active Directory-Schema vornehmen. Im Betrieb bietet der ISA-Server eine Fülle von Einstellungsoptionen. Dabei stellt die Software deren Nutzen in das Ermessen des Administrators. Ihm steht es frei, auf diese Optionen zurückzugreifen oder sie zu übergehen, da sie für ihn in der aktuellen Konfiguration nicht nützlich sind.

Was dieses Buch leistet

In den einzelnen Kapiteln werden wir Sie Schritt für Schritt zum Aufbau eines sicheren Zugangs zum Internet geleiten. Beginnend mit den Grundlagen und der Planung beschäftigen wir uns anschließend mit der Konfiguration der Internetprotokolle auf einem Windows 2000-Server und führen die Installation des ISA-Servers durch. Im Folgenden erfahren Sie dann, wie Sie Zugänge vom Internet zu lokalen Ressourcen einrichten und Anwendern aus dem eigenen Netzwerk Zugriff auf Server im Internet erteilen und wie diese Zugänge gesichert und Angriffe aus dem Internet auf die Sicherheit des Systems erkannt werden. Ein weiteres Augenmerk wird danach auf die Überwachung der Server sowie Berichte über deren Nutzung sowie die Überprüfung der Sicherheit gelegt. Am Ende finden Sie Beispielszenarien, die aus den Inhalten der einzelnen Kapitel jeweils so zusammengestellt wurden, dass Sie je nach gewünschter Anwendung (zum Beispiel Webzugriff für Anwender im lokalen Netzwerk) einfach die gezeigten Arbeitsschritte nachvollziehen müssen, um zum gewünschten Ergebnis zu kommen.

1.2 Gefahren und Angriffsmöglichkeiten

Aus dem Internet drohen eine Reihe von Gefahren, durch die Dienste blockiert, Daten gestohlen und protokolliert sowie verfälscht werden können. Im Folgenden finden Sie eine Aufstellung der wichtigsten Angriffspunkte.

Port Scanning

Auch wenn Sie bei der Konfiguration der Server von den Standardports abweichen, kann ein Angreifer trotzdem sehr leicht herausfinden, auf welchem Port der Zugriff jetzt erfolgt, und mögliche Schwachstellen für einen Angriff ausnutzen. Dazu werden so genannte Port Scanner eingesetzt, die versuchen, die Kommunikation abseits der Standardports aufzunehmen.

Generell können wir davon ausgehen, dass jemand, der einen solchen Port Scanner auf unsere Server ansetzt, auch ansonsten keine lauteren Absichten hat. Daher ist es wichtig zu wissen, von wo aus ein solcher Scan durchgeführt wird. Der Microsoft ISA-Server bietet dazu neben den passiven Filtern, mit denen lediglich bestimmt wird, an welche IP-Adressen und Ports Daten geschickt werden dürfen, auch eine aktive Schutzmöglichkeit, mit der solche Scans erkannt und mit Ausgangsadresse protokolliert werden können, damit der Administrator weitere Schritte gegen den Verursacher einleiten kann.

Denial of Service (DoS)

Immer größerer Beliebtheit erfreuen sich Programme, mit denen ein Server so weit attackiert werden kann, dass er seine Dienste nicht mehr ausführen kann und auf weitere Verbindungsversuche nicht mehr reagiert. Zu den ersten Programmen dieser Art zählte das „Ping of Death" mit dessen Hilfe sich Windows-95-Computer durch ein manipuliertes Ping-Kommando zum Absturz bringen ließen, indem Pakete mit unzulässiger Größe an das Zielsystem geschickt wurden. Gegen dieses Programm hilft natürlich zunächst einmal, ein Ping auf die Server im privaten Netzwerk überhaupt nicht mehr zuzulassen, womit andere DoS-Attacken allerdings noch immer möglich sind und diese auf Ports erfolgen, die für die Kommunikation zwingend benötigt werden. Auch hier kann nur ein aktiver Schutz helfen, der die Datenpakete analysiert und Pakete mit verdächtigem Inhalt filtert.

Der Microsoft ISA-Server 2000 kann dabei über ein **S**oftware **D**evelopment **K**it (SDK) mit Erweiterungen versehen werden, sodass auch neue Angriffsmethoden schnell identifiziert werden können.

SMTP-Relay

Neben dem Ausspähen von Daten beziehungsweise der Sabotage von Servern haben Angreifer in vielen Fällen leider auch noch immer die Möglichkeit, Server für ihre Zwecke zu missbrauchen. Besonders beliebt ist das SMTP-Relaying, bei dem einem SMTP-Server Nachrichten geschickt werden, die eigentlich für eine andere Domain bestimmt sind. Der Clou für den Absender besteht dabei darin, dass er eine Massensendung an 100 Empfänger nur einmalig an den ungesicherten SMTP-Server schicken muss. Erst dieser schickt dann 100 einzelne Mails an die Empfänger. Dies geschieht allerdings zu Lasten und auf Kosten des Relay-Servers.

Bei einer gesicherten Konfiguration nimmt ein SMTP-Server nur noch die Nachrichten entgegen, die für ihn bestimmt sind, alle anderen werden abgewiesen. Einzig E-Mails, die von den eigenen Anwendern geschrieben wurden, werden dann noch ins Internet zugestellt. Die Sicherung wird in der Regel direkt am SMTP-Server durchgeführt.

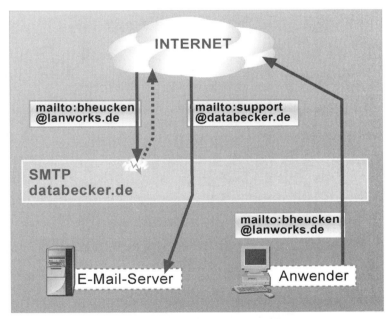

Selektives Relaying in Abhängigkeit vom Absender und der Zieladresse

Protokollieren und Verändern übertragener Daten

Im Internet werden aufgrund der offenen Protokolle alle Daten in der Regel zunächst im Klartext übertragen. Damit können die Daten auf jedem System,

ISA-Server – Einführung und Grundlagen

über das sie weitergeleitet werden, abgefangen und ausspioniert werden. Sobald es sich dabei um vertrauliche Daten handelt, ist dies natürlich ein extrem hohes Risiko. Dem wurde mit der Entwicklung von Protokollzusätzen für die verschlüsselte Kommunikation Rechnung getragen.

Da jetzt allerdings die gesamte Kommunikation zwischen Client und Server verschlüsselt wird, können Angriffe über modifizierte Pakete von einer Firewall nicht mehr erkannt werden. Damit dies wieder möglich wird, kann die Verschlüsselung mittlerweile aber auch vom Server auf die Firewall übertragen werden, womit die Daten an der Firewall entschlüsselt, auf Angriffe untersucht und dann innerhalb des LANs unverschlüsselt weitergeleitet werden können.

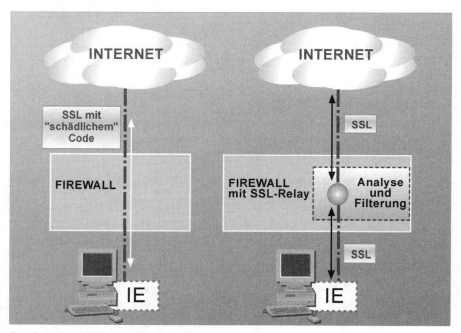

Eine Firewall mit SSL-Relay analysiert und filtert SSL-Verbindungen

1.3 TCP/IP-Grundlagen

In diesem Abschnitt werden wir uns zunächst mit ein paar Grundlagen der IP-Adressierung und des Routings beschäftigen, soweit es für die Konfiguration des Internetzugangs und des ISA-Servers notwendig ist.

Adressierung

Damit ein Datenpaket von einem Computer zum anderen gelangen kann, muss das Zielsystem auf irgendeine Weise adressiert werden. Dies geschieht einerseits hardwareseitig durch eine eindeutige, vom Hersteller vorgegebene Kennung der Netzwerkkarte, der so genannten MAC-Adresse, andererseits aber auch, abhängig vom verwendeten Übertragungsprotokoll, durch eine vom Systemverwalter zugewiesene Adresse.

Für TCP/IP setzt sich die IP-Adresse aus 4 Byte zusammen, die, um dem Menschen das Lesen zu erleichtern, in der Regel dezimal geschrieben und immer durch einen Punkt getrennt werden. Die Adresse 194.77.154.10 ist ein Beispiel dafür.

Damit es im Internet nicht zu Adresskonflikten kommt, ist zunächst festgelegt, dass jede Adresse nur einmalig verwendet werden darf. Durch eine zentrale Verteilung dieser Adressen und eine notwendige Registrierung der verwendeten Adressen wird dies international auch verhindert.

In der Anfangsphase des Internet war dieses Verfahren noch praktikabel, da für alle Interessierten auch ausreichend viele Adressen zur Verfügung standen, was heute jedoch nicht mehr gegeben ist. Zudem wird TCP/IP in vielen Fällen auch nur für die interne Kommunikation verwendet, ohne dass eine Anbindung an das Internet überhaupt notwendig ist. Da die Registrierung nicht kostenlos ist, würden hier auch unnötig Kosten entstehen. Um dieser Entwicklung Rechnung zu tragen, wurde schließlich eine Trennung der Adressen in einen privaten und einen öffentlichen Teil durchgeführt.

Öffentliche Adressen werden weiterhin für die Kommunikation im Internet verwendet und müssen zuvor offiziell registriert werden. Offiziell zuständig für die Vergabe ist das **I**nternational **C**ommitee for **A**ssigned **N**ames and **N**umbers (ICANN). Da diese Organisation aber bei den auf sie einstürmenden Anfragen völlig überlastet wäre, wurde diese Aufgabe letztlich an die Internet Service Provider delegiert. Dagegen können private Adressen beliebig verwendet werden. Um Kollisionen zu vermeiden, sind alle Router von Hause aus so konfiguriert, dass sie zwischen privaten und öffentlichen Netzwerken keine Weiterleitung durchführen.

Folgende Adressbereiche sind als privat definiert:

- 10.0.0.0 bis 10.255.255.255
- 172.16.0.0 bis 172.16.255.255
- 192.168.0.0 bis 192.168.255.255

ISA-Server – Einführung und Grundlagen

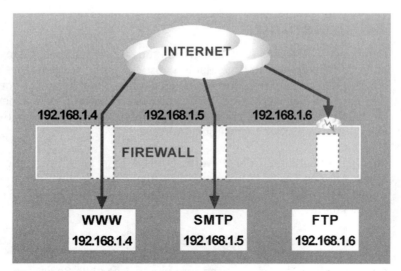

Filtern eingehender Pakete nach Zieladressen

Adressierung innerhalb eines Systems über Ports

Zwar kann jeder Server über seine IP-Adresse eindeutig identifiziert werden, jedoch reicht dies noch nicht aus, da auf dem Server in der Regel mehr als ein Dienst läuft, der angesprochen werden kann. So wird auf vielen Webservern zusätzlich ein SMTP-Mailserver betrieben. Ein an den Server adressiertes Paket kann daher für beide Dienste bestimmt sein. Damit eine genaue Zuordnung durchgeführt werden kann, wird die Adresse um die Angabe des so genannten Ports erweitert.

In den meisten Fällen übernimmt die Client-Software diese Erweiterung, sodass der Anwender nur die Adresse des Servers angeben muss. Nur wenn der verwendete Port vom Standard abweicht, gibt der Anwender den Port in der Form Adresse:Port (192.168.2.200:80) selbst an. Die Zuordnung von Ports und Diensten kann dabei frei erfolgen. Um die Kommunikation aber nicht unnötig zu erschweren, werden für die meisten Dienste Standardports definiert, die bei Clients und Servern bereits voreingestellt sind. Aus der umseitigen Tabelle können Sie die wichtigsten Ports ablesen.

Die Zuordnung von Diensten und Ports erlaubt jetzt auch, eine gewisse Sicherheit bei der Anbindung an das Internet herzustellen. Dabei werden am Übergang zwischen dem privaten Netzwerk und dem Internet Portfilter installiert, die nur die Kommunikation auf den Ports zulassen, die den vom Internet aus nutzbaren Diensten entsprechen. Alle anderen Ports werden blockiert, sodass zum Beispiel ein Zugriff auf den FTP-Server nur noch innerhalb des privaten Netzwerks erfolgen kann, der Web- und SMTP-Server aber auch über das Internet erreichbar bleibt.

TCP/IP-Grundlagen

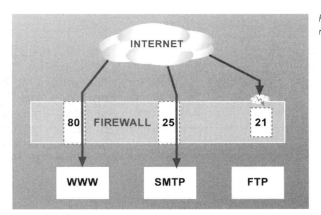

Filtern eingehender Pakete nach Portadressen

Name	Port	Protokoll
echo	7	tcp
echo	7	udp
discard	9	tcp
discard	9	udp
systat	11	tcp
systat	11	tcp
daytime	13	tcp
daytime	13	udp
qotd	17	tcp
qotd	17	udp
chargen	19	tcp
chargen	19	udp
ftp-data	20	tcp
ftp	21	tcp
telnet	23	tcp
smtp	25	tcp
time	37	tcp
time	37	udp
rlp	39	udp
nameserver	42	tcp
nameserver	42	udp
nicname	43	tcp
domain	53	tcp
domain	53	udp
bootps	67	udp
bootpc	68	udp
tftp	69	udp
gopher	70	tcp
finger	79	tcp
http	80	tcp
kerberos	88	tcp
kerberos	88	udp
hostname	101	tcp
iso-tsap	102	tcp
rtelnet	107	tcp
pop2	109	tcp
pop3	110	tcp

Name	Port	Protokoll
sunrpc	111	tcp
sunrpc	111	udp
auth	113	tcp
uucp-path	117	tcp
nntp	119	tcp
ntp	123	udp
epmap	135	tcp
epmap	135	udp
netbios-ns	137	tcp
netbios-ns	137	udp
netbios-dgm	138	udp
netbios-ssn	139	tcp
imap	143	tcp
pcmail-srv	158	tcp
snmp	161	udp
snmptrap	162	udp
print-srv	170	tcp
bgp	179	tcp
irc	194	tcp
ipx	213	udp
ldap	389	tcp
https	443	tcp
https	443	udp
microsoft-ds	445	tcp
microsoft-ds	445	udp
kpasswd	464	tcp
kpasswd	464	udp
isakmp	500	udp
exec	512	tcp
biff	512	udp
login	513	tcp
who	513	udp
cmd	514	tcp
syslog	514	udp
printer	515	tcp
talk	517	udp
ntalk	518	udp

Name	Port	Protokoll
efs	520	tcp
router	520	udp
timed	525	udp
tempo	526	tcp
courier	530	tcp
conference	531	tcp
netnews	532	tcp
netwall	533	udp
uucp	540	tcp
klogin	543	tcp
kshell	544	tcp
new-rwho	550	udp
remotefs	556	tcp
rmonitor	560	udp
monitor	561	udp
ldaps	636	tcp
doom	666	tcp
doom	666	udp
kerberos-adm	749	tcp
kerberos-adm	749	udp
kerberos-iv	750	udp
kpop	1109	tcp
phone	1167	udp
ms-sql-s	1433	tcp
ms-sql-s	1433	udp
ms-sql-m	1434	tcp
ms-sql-m	1434	udp
wins	1512	tcp
wins	1512	udp
ingreslock	1524	tcp
l2tp	1701	udp
pptp	1723	tcp
radius	1812	udp
radacct	1813	udp
nfsd	2049	udp
knetd	2053	tcp
Man	9535	tcp

Routing

Router haben die Aufgabe, verschiedene IP-Netzwerke miteinander zu verbinden. Dabei stehen wir zunächst einmal vor dem Problem, dass wir anhand zweier IP-Adressen zunächst nicht feststellen können, ob beide zum gleichen Netzwerk gehören. Da man bei der Entwicklung der IP-Adressierung möglichst flexibel sein wollte, hat man keine festen Grenzen definiert, welche der vier Bytes das Netzwerk identifizieren und welche die Computer innerhalb des Netzwerks. Stattdessen wurde eine zusätzliche Komponente eingeführt, über die eine Zuordnung eindeutig möglich ist, die Subnetz-Maske.

Beispiel:

IP-Adresse:	194.77.154.10
Subnetz-Maske:	255.255.255.0
Netzwerk:	?.?.?.?

Eine logische UND-Verknüpfung der beiden Werte miteinander ergibt, dass alle Werte der ersten 3 Byte unverändert übernommen werden, wogegen das letzte Byte ausgelöscht wird. Damit ist dann bereits das Netzwerk bestimmt, in dem der Computer mit der Adresse 194.77.154.10 steht.

Netzwerk: 194.77.154.0

Um die Zuordnung schließlich doch etwas zu vereinfachen, wurden mehrere Netzwerke zu so genannten Netzwerk-Klassen zusammengelegt. Von Bedeutung für die Adressvergabe sind dabei grundsätzlich nur die Klassen A bis C, weitere sind zwar definiert, werden aber nicht direkt für die Zuweisung von IP-Adressen verwendet.

Folgende Adressklassen sind definiert:

Klasse A:	10.0.0.0 bis 126.0.0.0 mit Subnetzmaske 255.0.0.0
Klasse B:	128.0.0.0 bis 191.255.0.0 mit Subnetzmaske 255.555.0.0
Klasse C:	192.0.0.0 bis 192.255.255.0 mit Subnetzmaske 255.255.255.0

Alle Router verfügen über eine so genannte Routing-Tabelle, in der gespeichert wird, wie Adressen von einem angeschlossenen Netzwerk in ein anderes übertragen werden. Diese Tabellen enthalten folgende Informationen:

1. IP-Adresse des Netzwerks
2. Subnetzmaske
3. IP-Adresse des Routers, der die Pakete für dieses Netzwerk annimmt

TCP/IP-Grundlagen

Routing mit Routing-Tabelle für zwei Subnetze

Network Address Translation (NAT)

Innerhalb eines Netzwerks im Unternehmen werden in der Regel andere IP-Adressen verwendet als für den Zugang zum Internet. Meist handelt es sich dabei auch um private IP-Adressen, die über das Internet nicht angesprochen werden können. Wenn die Internetverbindung lediglich dazu dient, den Anwendern die Nutzung des World Wide Web zu ermöglichen, kann ein so genannter Web-Proxy auf dem Internet-Zugangsrechner eingerichtet werden, der für den Anwender die gewünschten Webseiten abruft und weiterleitet.

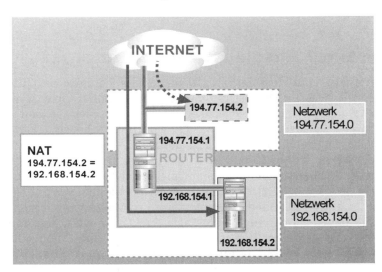

Paketumleitung und Adressanpassung mit NAT

Problematisch wird es jedoch, wenn von außen Zugriffe auf Server innerhalb des internen Netzwerks erfolgen sollen. Da zwischen öffentlichen und privaten IP-Adressen kein Routing durchgeführt werden kann, ist es nicht möglich, den Server über seine IP-Adresse anzusprechen. An dieser Stelle kommt dann die Network Address Translation zum Einsatz. Dazu wird dem Internet-Zugangsrechner eine zweite öffentliche IP-Adresse zugewiesen und eingetragen, dass alle Anfragen auf diese sekundäre Adresse auf die private IP-Adresse des gewünschten Servers umgeleitet werden. Über das Internet wird der Server nun über die neue öffentliche IP-Adresse angesprochen. Man spricht hier auch von einer statischen Zuweisung. Diese Zuweisung wird ebenfalls benötigt, wenn vom internen Server aus eine Adresse im Internet angesprochen werden soll, da für die Rückantwort wieder eine öffentliche Adresse benötigt wird.

Neben der statischen Zuweisung kann auch dynamisches NAT eingesetzt werden. Dieses ist dann sinnvoll, wenn die Verbindung vom privaten Netzwerk ausgeht. In diesem Fall wird die interne Absenderadresse durch eine öffentliche Adresse ersetzt, an die auch die Rückantwort gesendet werden kann. Damit bleibt dem Anwender aus dem Internet die interne Struktur unseres Netzwerks verborgen, was einen Angriff widerum erschwert.

1.4 Aufbau eines sicheren Netzwerks

Um ein Netzwerk besonders gut schützen zu können, muss unbedingt eine Aufteilung in mehrere Bereiche durchgeführt werden. Dabei gibt es je nach Sicherheitsbedürfnis verschiedene Stufen.

Direkter Anschluss an das Internet

Der direkte Anschluss eines Netzwerks oder auch nur eines einzelnen Computers an das Internet ist die unsicherste Methode. Viele Administratoren verwenden einfach die Möglichkeit der automatischen Einwahl ins Internet, sind sich der Risiken in vielen Fällen jedoch nicht bewusst. Häufig wird die „Sicherheit" damit begründet, dass doch „nur eine Verbindung zum Mailserver des Providers geöffnet wird" und sonst gar nichts darüber betrieben wird. Diesen Administratoren entgeht dabei jedoch, dass die Wählverbindung nicht gezielt zum Mailserver des Providers hergestellt wird, sondern eine direkt Internetverbindung, über die dann der Mailserver angesprochen wird. Somit ist jeder Angreifer in der Lage, direkt zumindest auf die Ressourcen des Rechners zuzugreifen, der die Verbindung zum Internet herstellt. Die gleiche Gefahr besteht, wenn ein Internet-Router direkt in das Netzwerk eingebunden wird. In diesem Fall steht einem Angreifer sogar der volle Zugriff auf das komplette Netzwerk offen. Diese Verbindung sollte in keinem Fall verwendet werden.

Absicherung des Zugangs über eine Firewall

Die einfachste Sicherung des Netzwerks vor unbefugten Zugriffen ist gegeben, wenn zwischen den Internetzugang und das lokale Netzwerk eine Firewall eingerichtet wird, die mit je einer Netzwerkkarte den Anschluss zum Internetzugang und zum lokalen Netzwerk herstellt. Dadurch entstehen zwei physisch voneinander getrennte Netzwerke. Die Firewall dient dazwischen als Router und verhindert über Adress- und Portfilter unbefugte Zugriffe auf bestimmte Server oder Dienste innerhalb des lokalen Netzwerks.

Es besteht allerdings weiterhin die Gefahr, dass durch modifizierte Datenpakete, die die Firewall passieren dürfen, ein kompletter Server lahm gelegt wird. Zwar ist der ISA-Server 2000 in der Lage, auch innerhalb der Pakete eine Überprüfung durchzuführen (er funktioniert in diesem Fall auf Applikationsebene), doch gibt es laufend neue Sicherheitslücken bei Clients und Servern, die nicht sofort durch die Firewall entdeckt werden können. Ein direkter Angriff auf einen E-Mail-Server würde auch die komplette firmeninterne Kommunikation lahm legen.

Aufteilung mit einer Demilitarisierten Zone (DMZ)

Dieser Aufbau ist am häufigsten in der Praxis anzutreffen. Dabei wird die Firewall mit drei Netzwerkkarten ausgestattet. Eine Verbindung führt zum Internet-Router und damit zum öffentlichen Teil des Netzwerks, zu dem jeder aus dem Internet Zugang hat. Alternativ kann es sich dabei auch um ein internes oder externes analoges Modem beziehungsweise einen ISDN-Adapter handeln.

An die zweite Netzwerkkarte werden jetzt alle Computer angeschlossen, auf die aus dem Internet zugegriffen werden soll. Dieser Bereich wird als Demilitarisierte Zone (DMZ) bezeichnet. Alle Zugriffe auf die Server innerhalb der DMZ erfolgen jetzt nicht mehr ungesichert, sondern müssen über die Firewall laufen, wo sie zunächst gefiltert werden. Damit sind die Computer in der DMZ bereits schwerer anzugreifen.

Die dritte Netzwerkkarte schließlich führt in das private Netzwerk, in dem die Server und die Workstations der Benutzer angeschlossen sind. Diese Computer sind durch die Firewall ebenfalls vor Zugriffen aus dem Internet geschützt.

ISA-Server – Einführung und Grundlagen

Grundsätzlich gilt bei diesem Aufbau, dass zwischen dem öffentlichen und dem privaten Netzwerk kein Routing durchgeführt wird. Lediglich zwischen dem privaten Netzwerk und der DMZ sowie der DMZ und dem öffentlichen Netzwerk werden Pakete geroutet. Alle vom privaten auf das öffentliche Netzwerk erfolgen über Computer in der DMZ, die alle Anfragen weiterleiten.

Damit ist ausgeschlossen, dass Computer im privaten Netzwerk durch DoS-Angriffe blockiert werden können und die Benutzer mit diesen Servern nicht mehr arbeiten können. Ein Angriff auf die Server in der DMZ ist zwar noch möglich, verhindert dann aber nur die Kommunikation der Anwender mit der Außenwelt, die Server im privaten Netzwerk bleiben verfügbar.

Der direkte Zugriff der Anwender auf das Internet ist somit ebenfalls unterbunden und muss über einen Web-Proxy erfolgen. Dieser kann entweder in der DMZ installiert sein oder in Kombination mit der Firewall auf demselben Server betrieben werden. Dieser Server wird anschließend im Webbrowser des Benutzers angegeben.

Beispiel: Eine Nachricht aus dem Internet wird nicht direkt an den Exchange 2000-Server gesendet, sondern zunächst an einen SMTP-Server in der DMZ. Von dort aus wird dann die Nachricht an den Exchange 2000-Server geschickt. Ein Angreifer könnte so höchstens noch den SMTP-Server außer Betrieb setzen, der Exchange 2000-Server bliebe davon unberührt.

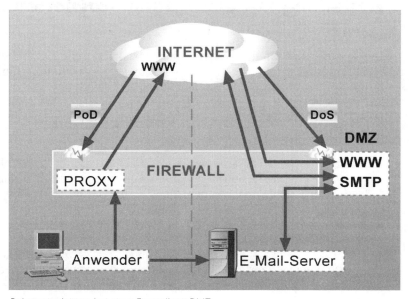

Paketweiterleitung bei einer Firewall mit DMZ

Eine DMZ und zwei Firewalls

In besonders sicherheitsrelevanten Umgebungen reicht die im letzten Beispiel geschilderte Absicherung noch immer nicht aus. Sobald es einem Angreifer gelungen ist, die Firewall zu umgehen und in die DMZ einzudringen, kommt er an der gleichen Firewall vorbei auch in das private Netzwerk.

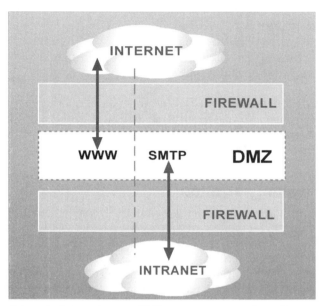

Paketweiterleitung über eine DMZ mit zwei getrennten Firewalls

1.5 Datenverschlüsselung und digitale Signaturen

Schon seit einiger Zeit gibt es außer Arbeit, Boden und Kapital einen weiteren wichtigen Produktionsfaktor – Informationen. Eingriffe in diesen Faktor können den Erfolg eines Unternehmens stark beeinträchtigen.

Dabei gibt es drei grundsätzliche Angriffspunkte:

- Unbefugter Zugriff auf Informationen
- Versenden gefälschter Informationen (mit gefälschten Absenderangaben)
- Störung der für den Informationsfluss zuständigen Systeme

Die ersten beiden Angriffsmöglichkeiten lassen sich reduzieren, indem die übertragenen Informationen verschlüsselt und vom Absender unterzeichnet werden.

Grundlagen der Datenverschlüsselung

Im Internet erfolgt zunächst jede Datenübertragung zwischen Sender und Empfänger im Klartext und kann somit von einem Angreifer mitgeschnitten und gelesen werden. Zur Sicherung vertraulicher Übertragungen muss daher eine Verschlüsselung der Daten erfolgen, die einem Angreifer den Zugriff auf diese Daten verwehrt oder zumindest erschwert.

Aufgrund der offenen Protokolle des Internet ist es außerdem möglich, Nachrichten mit falschem Absender zu versenden. Um dies zu verhindern, können digitale Signaturen verwendet werden, mit denen sich die Echtheit einer Nachricht feststellen lässt.

Verschlüsselungsebenen

Die Verschlüsselung von Nachrichten kann auf verschiedenen Ebenen erfolgen, wobei mehrere Methoden zusammen verwendet werden sollten, um eine umfassendere Sicherheit zu erreichen. Wenn nur die Nachricht verschlüsselt wird, erfolgt die Codierung nicht über die komplette E-Mail, sondern nur über den Inhalt. Der Nachrichtenheader mit benötigten Steuerinformationen wie zum Beispiel den Adressen von Absender und Empfänger wird weiterhin unverschlüsselt (im so genannten Klartext) übermittelt.

Ein Angreifer hat damit dann zwar keine Möglichkeit mehr, sich Zugang zum Nachrichtentext zu verschaffen, kann aber zum Beispiel aus einem plötzlichen Anstieg des Mailverkehrs zwischen den Führungsetagen zweier Firmen Rückschlüsse auf eine mögliche Zusammenarbeit, Fusion oder Ähnliches ziehen.

Damit einem Angreifer auch der Zugang zu diesen Informationen versperrt bleibt, muss die komplette Übertragung verschlüsselt erfolgen. Dies kann entweder auf der Ebene des Nachrichten- oder des Netzwerkübertragungsprotokolls erfolgen.

Erfolgt der eigentliche Transfer der Nachrichten ungesichert, sollte zumindest die Anmeldung verschlüsselt durchgeführt werden und nicht, wie bisher im Internet noch üblich, im Klartext. Diese Anmeldeinformationen können leicht abgefangen werden und erlauben dem Angreifer nun den kompletten Zugriff auf die Nachrichten des Benutzers.

Je nach Aufbau der Netzstruktur und benötigter Sicherheit sind daher die Verschlüsselungsebenen entsprechend zu wählen und zu kombinieren. Jede zusätzliche Verschlüsselung erschwert den Zugriff auf die Daten.

Private Key-Verfahren

Damit Daten überhaupt verschlüsselt werden können, müssen Sender und Empfänger über einen Schlüssel verfügen, mit dem die Daten codiert werden. Beim Private Key-Verfahren wird ein gemeinsamer geheimer Schlüssel für die Ver- sowie die Entschlüsselung verwendet. Dieses Verfahren wird auch als symmetrische Verschlüsselung bezeichnet. Gelingt es einem Angreifer, in den Besitz dieses gemeinsamen geheimen Schlüssels zu kommen, kann er den gesamten Mailverkehr zwischen Sender und Empfänger mitlesen.

Das Problem bei dieser Methode liegt nun darin, einen geeigneten sicheren Übertragungsweg für den gemeinsamen geheimen Schlüssel zu finden, zumal der Schlüssel regelmäßig gewechselt werden muss, um eine Analyse der verschlüsselten Daten zu erschweren. Weiter muss für jeden Kommunikationspartner ein spezieller Schlüssel generiert werden, damit zwar Benutzer A und Benutzer B verschlüsselte Daten an Benutzer C schicken, jedoch die Daten des jeweils anderen an Benutzer C nicht lesen können.

Public Key-Verfahren

Bei diesem Verfahren generiert der Empfänger ein Schlüsselpaar K_S und K_P, das für die verschlüsselte Übertragung verwendet wird. Diese beiden Schlüssel gehören untrennbar zueinander und werden in einem Durchgang von einer entsprechenden Software, in Windows 2000 zum Beispiel vom Certificate Server, berechnet. K_S ist dabei der geheime Schlüssel, den der Empfänger sicher unter Verschluss hält. Den öffentlichen Schlüssel K_P dagegen kann er beliebig verteilen oder auf einem zentral dafür vorgesehenen Server bereitstellen.

Der Sender besorgt sich nun den frei verfügbaren öffentlichen Schlüssel K_P des Empfängers und verschlüsselt damit die zu sendende Nachricht. Obwohl er selbst soeben die Nachricht verschlüsselt hat, ist der Sender nicht in der Lage, mit K_P den Originaltext der Nachricht wieder zu generieren, da K_P lediglich für die Verschlüsselung eingesetzt werden kann.

Der Empfänger kann nun mit seinem geheimen Schlüssel K_S die zuvor mit dem entsprechenden Gegenstück K_P verschlüsselte Nachricht entschlüsseln und im Klartext lesen. Ein Angreifer dagegen, der die verschlüsselte Nachricht abfängt, kann mangels des Schlüssels K_S keine Einsicht in die übertragenen Daten nehmen. Da verschiedene Schlüssel zum Ver- und Entschlüsseln

ISA-Server – Einführung und Grundlagen

verwendet werden, spricht man hier auch von einem asymmetrischen Verschlüsselungsverfahren.

Die Sicherheit beruht auf der Tatsache, dass die Zerlegung großer Zahlen in ihre Primfaktoren (nicht teilbare ganzzahlige Teiler) umso länger dauert, je größer die gewählten Ausgangsprimzahlen sind. Die folgende Aufstellung beschreibt die Schlüsselgenerierung.

P, Q beliebige Primzahlen	P = 3, Q = 11
N = P*Q	N = 33
Z=(P-1)*(Q-1) = P*Q - Q - P + 1	Z = 20
D ist eine Primzahl, die kein Teiler von Z ist	D = 7
E ist eine beliebige Zahl mit (E * D) modulo Z = 1 und E ? D	E = 3

Wichtig für die Datenverschlüsselung sind nur die Werte N, D und E. Die Werte N und E werden jetzt an den Absender übermittelt, der mittels der in der folgenden Tabelle abgebildeten Formel jedes Zeichen verschlüsselt. Der Empfänger wiederum benötigt nur N und D, um jetzt die Entschlüsselung nach der angegebenen Formel durchzuführen.

Klartext (K)	Code=K^E mod N (C)	Klartext=C^D mod N (K)
D (4)	e (31)	D (4)
A (1)	A (1)	A (1)
T (20)	N (14)	T (20)
A (1)	A (1)	A (1)
B (2)	H (8)	B (2)
E (5)	Z (26)	E (5)
C (3)	a (27)	C (3)
K (11)	K (11)	K (11)
E (5)	Z (26)	E (5)
R (18)	X (24)	R (18)

Diejenigen Leser, die jetzt an der Sicherheit zweifeln, beziehungsweise selbst einmal versuchen wollen, einen solchen Code zu knacken, dürfen sich gern an folgendem verschlüsselten Text versuchen:

E = 11
N = 51
Text = KrOeDA

Sie müssen also lediglich D ermitteln, viel Spaß. Sie finden die Lösung am Ende dieses Kapitels. In diesem Fall können Sie noch leicht durch Ausprobieren den richtigen Wert finden, diese auch als „Brute Force" bezeichnete Me-

Datenverschlüsselung und digitale Signaturen

thode jedoch kann bei großen Zahlen nicht mehr verwendet werden, da auch mit den stärksten Rechnern viele Jahre benötigt würden.

Der Schwachpunkt des Verfahrens liegt allerdings darin, dass ein Angreifer den Schlüssel kennt, mit dem die Daten verschlüsselt wurden. Mit entsprechenden kryptoanalytischen Methoden und ausreichend verschlüsseltem Material kann er so versuchen, den geheimen Schlüssel K_S aus den bestehenden Informationen selbst zu ermitteln. Der Vorteil für den Angreifer liegt dabei besonders darin, dass der öffentliche Schlüssel ja frei verfügbar ist und er damit selbst genügend verschlüsseltes Material generieren kann, wobei er zusätzlich noch den Inhalt der verschlüsselten Daten im Klartext kennt, was ihm noch ein wenig weiter hilft. Als Gegenmaßnahme sind daher möglichst lange Schlüssel zu verwenden, die zudem noch in regelmäßigen Abständen gewechselt werden. Windows 2000 bietet als Basis eine Schlüssellänge von 40 und 56 Bit sowie seit Service Pack 2 standardmäßig 128 Bit.

Die Praxis

In der Praxis haben sich asymmetrische Verschlüsselungsmethoden allerdings als wenig sinnvoll erwiesen, da diese Verfahren sehr viel Rechenzeit benötigen. Im Offline-Betrieb, also zum Beispiel beim Versenden verschlüsselter Nachrichten, fällt dieser Nachteil zwar nicht spürbar ins Gewicht, soll aber online verschlüsselt werden (zum Beispiel beim Zugriff auf einen Webserver), so fällt die Verzögerung deutlich auf. Mit einer kleinen Änderung im oben beschriebenen Verfahren lässt sich dieser Nachteil allerdings wieder ausräumen.

Für jede zu verschlüsselnde Nachricht generiert der Sender zunächst einen neuen, einmaligen Schlüssel für eine symmetrische Verschlüsselung und wendet dieses schnellere Codierungsverfahren auf die Nachricht an. Danach wird nur dieser Schlüssel im langsameren asymmetrischen Verfahren mit dem öffentlichen Schlüssel des Empfängers verschlüsselt und zusammen mit der verschlüsselten Nachricht übertragen. Der Empfänger decodiert jetzt mit seinem geheimen Schlüssel den symmetrischen Schlüssel und entschlüsselt damit die eigentliche Nachricht.

Digitale Signatur

In einigen Situationen kann es für einen Angreifer auch nützlich sein, die Ursprungsnachricht abzufangen und durch eine komplett neue Nachricht mit gefälschtem Inhalt zu ersetzen. Diese verschlüsselt er dann gegebenenfalls noch mit dem öffentlichen Schlüssel des Empfängers, welcher diese Mail zunächst einmal für echt halten muss. Wie im papiergestützten Geschäftswesen muss auch hier eine Möglichkeit gefunden werden, die Echtheit eines Dokuments zum Beispiel durch eine Unterschrift zu bestätigen und verifizierbar zu machen. Zu diesem Zweck wurde ein Verfahren zur digitalen Signatur eingeführt, welches die handschriftliche Unterschrift ersetzt.

Vor dem Versenden der Nachricht berechnet der Sender mit einem vorgegebenen Verfahren aus dem kompletten Nachrichtentext einen so genannten Hashcode. Mit den standardisierten Verfahren MD5 oder SHA wird aus dem Nachrichtentext eine große Zahl berechnet, die praktisch bei jeder Nachricht eine andere ist. Dieser Code wird nun an die eigentliche Nachricht angehängt. Der Empfänger berechnet dann seinerseits den Hashcode der empfangenen Nachricht und vergleicht ihn mit dem vom Absender berechneten Wert. Nur wenn beide übereinstimmen, ist sichergestellt, dass die Nachricht während der Übertragung nicht verändert wurde.

Ein Angreifer kann eine von ihm durchgeführte Änderung allerdings vor dem Empfänger verbergen, indem er seinerseits nach der Veränderung der Nachricht einen passenden Hashcode berechnet und der Nachricht anfügt. Damit erlaubt das Verfahren also nur, unbeabsichtigte Änderungen wie zum Beispiel Übertragungsfehler zu erkennen.

Um eine absichtliche Veränderung erkennbar zu machen, wird der Hashcode zusätzlich mit dem geheimen Schlüssel des Absenders verschlüsselt. Da es sich hier um ein asymmetrisches Verschlüsselungsverfahren handelt, spielt es keine Rolle, mit welcher Verschlüsselung dies durchgeführt wird – nur mit dem jeweils zweiten Schlüssel des Schlüsselpaars kann die Entschlüsselung erfolgen.

Der Empfänger decodiert jetzt also zunächst den Hashcode mit dem öffentlichen Schlüssel des Absenders, berechnet seinerseits den Hashcode der Nachricht und vergleicht die beiden Werte miteinander. Ein Angreifer kann jetzt zwar noch selbst einen passenden Hashcode berechnen, ist aber mangels des geheimen Schlüssels des Absenders nicht mehr in der Lage, diesen passend zu verschlüsseln. Damit würde der Empfänger nach dem Entschlüsseln einen anderen Hashocde erhalten, als er selbst berechnet hat, und weiß somit, dass die Nachricht während der Übertragung verändert wurde.

Der umgekehrte Schluss, dass eine erfolgreich verifizierte Nachricht auch wirklich vom angegebenen Absender stammt, lässt sich allerdings nicht ziehen. Sicher können wir lediglich sagen, dass derjenige, der die Nachricht signiert hat, im Besitz des geheimen Schlüssels des Absenders ist.

Digitale Zertifikate

Anstelle einer Anmeldung über einen Benutzernamen und ein Passwort kann sich ein Benutzer (oder auch ein System) auch über ein digitales Zertifikat, das entweder für den internen Gebrauch von einem Microsoft Certificate Server erzeugt oder aber von einer offiziell dafür zertifizierten Stelle wie RSA Security, Verising oder der Deutschen Telekom ausgestellt wurde, ausweisen. Dieses Zertifikat gibt Auskunft über die Identität des Absenders und enthält gleichzeitig den öffentlichen Schlüssel des Absenders, womit der Empfänger unmittelbar in der Lage ist, jede weitere Kommunikation mit dem Absender verschlüsselt durchzuführen. Damit die Identität des Absender auch mit Sicherheit festgestellt werden kann, wird das gesamte Zertifikat mit der digitalen Signatur einer so genannten Zertifizierungsinstanz (Certification Authority) versehen. Dem System des Empfängers wiederum muss diese Zertifizierungsinstanz bekannt sein (der Empfänger vertraut dieser Zertifizierungsinstanz), damit die Signatur anerkannt wird. Dem Zertifikat des Absenders kann nun auf der Seite des Empfängers wieder ein Benutzerkonto zugewiesen werden, mit dem dann – völlig transparent für den Anwender – eine Anmeldung am System erfolgen kann.

Das Problem bei digitalen Zertifikaten liegt allerdings darin, dass unbefugte Personen in den Besitz des Zertifikats gelangen können, zum Beispiel, indem sie die Zertifikatsdatei kopieren und dann ungehindert Zugang zu allen Ressourcen des eigentlichen Benutzers haben. So ist es, wenn die Daten nicht sinnvoll vor unbefugtem Zugriff gesichert werden können, zum Beispiel notwendig, dass sich der Benutzer vor Verwendung seines digitalen Zertifikats als berechtigt identifiziert, so zum Beispiel durch die Eingabe eines Codes. Die heute an den Geldautomaten der Banken verwendeten Karten verfahren nach diesem Schema. Auf der Karte befindet sich die ID des Benutzers, die mit einer speziellen Signatur der Banken versehen ist. Da allein mit dieser Karte jede Person in der Lage wäre, Geld von einem Geldautomaten zu bekommen, muss sich der rechtmäßige Karteninhaber durch Eingabe seiner PIN authorisieren.

Secure Socket Layers (SSL)

Die Secure Socket Layers (SSL) wurden als Ergänzung zu einer Vielzahl von im Internet verwendeten Transportprotokollen auf der Applikationsebene entwickelt. Der Vorteil von SSL liegt dabei darin, dass das Protokoll zwischen den einzelnen Transportschichten eingefügt wird und somit das eigentliche Transportprotokoll nicht verändert werden muss, da die relevanten Daten nach Verlassen beziehungsweise vor Erreichen der entsprechenden Protokollebene ver- beziehungsweise entschlüsselt werden.

In der Regel wird für die über SSL verschlüsselte Kommunikation ein anderer TCP-Port verwendet, die Nachrichtenübermittlung via SMTP bildet dabei eine Ausnahme, hier wird die Kommunikation im Klartext wie verschlüsselt über TCP-Port 25 abgewickelt.

ISA-Server – Einführung und Grundlagen

Am oben gezeigten Beispiel der sicheren Datenübertragung zwischen einem Webserver und dem Internet Explorer soll das Verfahren hier einmal verdeutlicht werden:

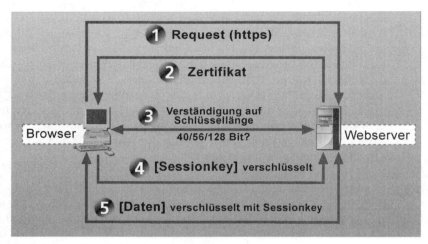

SSL-Funktionsweise zwischen Browser und Webserver

1. Der Benutzer gibt bei Auswahl einer Website das Protokoll nicht wie standardmäßig gewählt mit http:// und somit TCP-Port 80, sondern mit https:// an und der Browser öffnet eine Verbindung zum Webserver auf TCP-Port 443.

2. Der Webserver identifiziert sich gegenüber dem Internet Explorer mit seinem digitalen Zertifikat. Damit ist für den Benutzer sichergestellt, dass er wirklich mit dem gewünschten System verbunden ist und seine Anfrage nicht auf ein getarntes, unbefugtes System umgeleitet wurde, welches seine Eingaben auf das eigentliche Zielsystem umleitet, protokolliert und somit später einen Zugriff auf die Daten des Benutzers, zum Beispiel Kennwörter und Kontonummer im Internet Banking etc. erlaubt. Gleichzeitig erhält der Explorer den öffentlichen Schlüssel des Webservers und kann jetzt bereits alle Daten zum Server verschlüsselt übertragen.

3. Aufgrund früherer US-Exportbestimmungen und, wie zum Beispiel in Frankreich, aufgrund nationaler Gesetze verfügt noch nicht jeder Browser oder Server über eine starke Verschlüsselung mit einer Schlüssellänge von 128 Bit. Anhand des digitalen Zertifikats des Servers und seiner eigenen Version kann der Browser nun die passende Schlüssellänge auswählen. Genügt die ausgewählte Schlüssellänge nicht den Sicherheitsanforderungen des Benutzers oder des Administrators des Webservers, wird an dieser Stelle die Verbindung aus Sicherheitsgründen beendet.

Datenverschlüsselung und digitale Signaturen

4. Der Internet Explorer generiert nun einen nur während dieser Verbindung verwendeten Sitzungsschlüssel, mit dem später die eigentliche Datenübertragung verschlüsselt wird.

5. Dieser Sitzungsschlüssel wird nun mit dem öffentlichen Schlüssel des Webserver codiert und an den Webserver übermittelt, der diesen wieder mit seinem geheimen Schlüssel decodiert.

6. Beide Seiten verfügen nun über den gemeinsamen Sitzungsschlüssel, mit dem jede weitere Kommunikation symmetrisch und damit effizient verschlüsselt wird.

Ob ein Benutzer allerdings in der Lage ist, sich mit dem Server zu verbinden, hängt auch stark von den Einstellungen des Webbrowsers ab. Viele öffentlich zugängliche Internet-Terminals sind so konfiguriert, dass zum Beispiel überhaupt keine Verbindung über Secure HTTP erlaubt ist. Andere wiederum lehnen Sicherheitszertifikate ab, die von dem Browser nicht bekannten Zertifizierungsinstanzen stammen. Dies ist der Fall, wenn wir ein solches Zertifikat selbst generieren und nicht zum Beispiel über VeriSign (http://www.verisign.com) beziehen. In einigen Konfigurationen ist es allerdings möglich, das Zertifikat der Zertifizierungsinstanz selbst zu installieren und damit die selbst erstellten Zertifikate wieder zu nutzen.

Lösung

Zunächst muss N in seine Primteiler zerlegt werden. Für N=51 ergibt dies also P=3 und Q=17.

Als Nächstes wird aus den soeben ermittelten Werten Z berechnet, Z=32.

Für D suchen wir jetzt aus der Liste der Primzahlen einen Wert, der kein Teiler von Z ist, dazu beachten wir, dass (E * D) modulo Z = 1 und E = 11.

Da (E * D) modulo 32 = 1 für alle Zahlen der Folge 33,65,97,... gilt, können wir in diesem Fall leicht durch Ausprobieren herausbekommen, dass D=3 ist.

Wie schon erwähnt, kann der korrekte Wert für D sehr leicht durch Ausprobieren ermittelt werden, für D = 3 ergibt sich das Lösungswort ENIGMA.

2. Der IIS 5.0 als Grundlage für den ISA-Server

Die für uns wichtigsten Internetdienste werden im Windows 2000-Server vom Internet Information Server (IIS) zur Verfügung gestellt. Auch wenn der ISA-Server 2000 auf diese Komponenten nicht direkt zurückgreift, so werden wir die Konfiguration dieser Komponenten in diesem Kapitel trotzdem behandeln. Besonderer Wert wird dabei auf die Angriffsmöglichkeiten und eine entsprechende Anpassung der jeweiligen Parameter gelegt. In diesem Kapitel werden wir uns der Installation und Konfiguration der Dienste

- SMTP
- NNTP
- WWW
- FTP

sowie der zur Unterstützung benötigten Komponenten

- ILS
- Certificate Server
- Windows Media Services

widmen. Dabei wird besonderes Augenmerk auf die sichere Konfiguration dieser Komponenten gelegt. Alle entsprechenden Konfigurationsoptionen werden dazu auch separat als Tipp hervorgehoben.

2.1 Die Vorbereitung

In der Standardinstallation des Windows 2000-Servers werden der SMTP- und der Webserver bereits installiert. Alle weiteren Komponenten müssen manuell hinzugefügt werden. Damit der ISA-Server überhaupt installiert werden kann, ist die Installation des Service Packs 1 für Windows 2000 sowie weiterer Fehlerkorrekturen notwendig. Diese sind im zur Drucklegung aktuellen Service Pack 2 für Windows 2000 bereits vollständig enthalten, weshalb wir uns hier direkt der Installation der aktuellen Version des Servicepacks widmen.

Installation der für den ISA-Server-Betrieb benötigten IIS-Komponenten

Bevor der ISA-Server 2000 installiert werden kann, muss sichergestellt sein, dass alle benötigten Komponenten zur Verfügung stehen, da das Installationsprogramm ansonsten mit einer Fehlermeldung abbricht. Im Folgenden wird die Installation aller benötigten sowie optionalen Komponenten beschrieben.

SMTP

Beim SMTP-Dienst (**S**imple **M**ail **T**ransfer **P**rotocol) handelt es sich nicht um einen vollständigen E-Mail Server, sondern nur um eine Teilkomponente, die zur Weiterleitung von Nachrichten verwendet werden kann. So kann mit diesem Dienst eine Nachricht aus dem Internet angenommen und anschließend an den internen Mailserver weitergeleitet werden.

NNTP

Der NNTP-Dienst (**N**etwork **N**ews **T**ransfer **P**rotocol) wird zwingend benötigt, wenn Newsgroups auf einem Server zur Verfügung gestellt werden sollen, auf die der Anwender mit einem Newsreader wie Outlook Express zugreifen kann. Im Gegensatz zum SMTP-Dienst handelt es sich hier um einen voll funktionstüchtigen Newsserver.

FTP

Vor der Einführung der Webserver war FTP (**F**ile **T**ransfer **P**rotocol) das beliebteste Protokoll zum Austausch von Dateien und jeder Benutzer war noch in der Lage, in einem Textfenster die nötigen Kommandos zum Durchsuchen der Verzeichnisse und Übertragen der Dateien von Hand einzugeben. Auf der Seite der Server hat sich bei der Bedienung bis heute nichts getan, lediglich die Clients wurden so aufgewertet, dass sie heute wie ein gewöhnlicher Browser verwendet werden können. In den meisten Fällen wurden die Dateien allerdings bereits auf Webserver übertragen beziehungsweise sind von Webseiten aus direkt über einen Link im Webbrowser downloadbar, weshalb der Up- und Download nicht mehr per FTP erfolgen.

WWW

Die letzte Komponente wird in vielen Fällen mit dem IIS gleichgestellt, ist sie doch der wichtigste und am häufigsten genutzte Dienst – der Webserver. Der WWW-Dienst (**W**orld **W**ide **W**eb) bietet einen vollständigen Webserver, der auf vielen Systemen kommerziell eingesetzt wird.

Die Vorbereitung

1 Um die Installation zu starten, klicken Sie in der Systemsteuerung auf *Add/Remove Programs* und danach auf *Add/Remove Windows Components*.

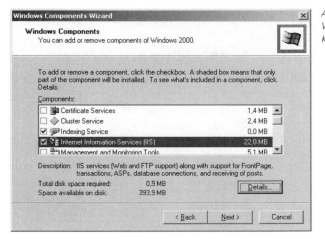

Auswahl weiterer Windows 2000-Komponenten

Der NNTP-Dienst ist eine Komponente des Internet Information Servers (IIS) 5.0 und wird im Gegensatz zu vielen anderen IIS-Komponenten in der Standardeinstellung nicht installiert. Dass der IIS 5.0 nicht vollständig mit allen Komponenten installiert wurde, erkennen Sie daran, dass das Kontrollfeld des IIS grau hinterlegt ist.

2 Klicken Sie nun nicht auf dieses Kontrollfeld, sondern auf den Text dahinter. Ersteres würde dazu führen, dass alle IIS-Komponenten deinstalliert würden. Klicken Sie deshalb auf *Details*, um zu sehen, welche Komponenten bereits installiert wurden.

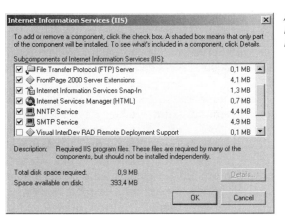

Auswahl weiterer Komponenten des Internet Information Servers

Der IIS 5.0 als Grundlage für den ISA-Server

3 Aktivieren Sie nun die Kontrollfelder für alle gewünschten Dienste. Klicken Sie auf *OK*, um die Auswahl zu bestätigen, und danach auf *Next*, um mit der Installation zu beginnen. Das Installationsprogramm wird Sie danach auffordern, die Windows 2000-Server-CD und gegebenenfalls den Datenträger mit dem Windows 2000-Service Pack einzulegen.

ILS-Dienst für NetMeeting-Konferenzen hinzufügen

Der **I**nternet **L**ocator **S**ervice (ILS) ist ein optionaler Dienst, der benötigt wird, wenn Anwender mit Microsoft NetMeeting Audio- oder Videokonferenzen durchführen sollen. NetMeeting unterstützt zwar auch die direkte Eingabe der IP-Adresse des Konferenzpartners, was einem Anwender jedoch nicht zuzumuten ist. Wie schon die Dienste des IIS wird auch der ILS Server über die Systemsteuerung installiert.

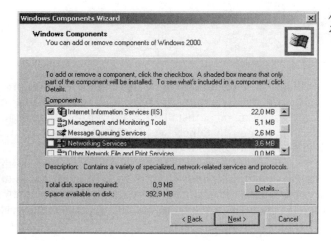

Auswahl weiterer Windows 2000-Komponenten

Der ILS-Dienst ist eine Teilkomponente der Netzwerkdienste. Auch hier sehen Sie wieder, dass nur ein Teil aller verfügbaren Netzwerkdienste installiert sind und der ILS-Server augenscheinlich nicht zu den Standardkomponenten des Windows 2000-Servers gehört.

1 Wählen Sie die Komponenten *Networking Services*, ohne den Status des Kontrollfelds zu verändern, und klicken Sie danach auf *Details*.

2 Aus der Liste der verfügbaren Teilkomponenten wählen Sie nun *Site Server ILS Services* und aktivieren das Kontrollfeld. Klicken danach auf *OK* und dann auf *Next*, um die Teilkomponente zu installieren. Das Installationsprogramm wird Sie danach auffordern, die Windows 2000-Server-CD und gegebenenfalls den Datenträger mit dem Windows 2000-Service-Pack einzulegen.

Die Vorbereitung

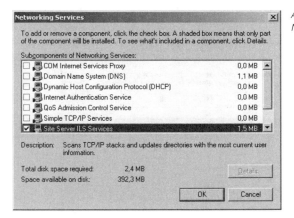

Auswahl weiterer Netzwerkdienste

Zertifikatsdienste

Um zu vermeiden, dass Unbefugte die Datenübertragung in Ihrem Netzwerk mitschneiden und ausspionieren, muss dafür gesorgt werden, dass diese Daten für den Angreifer nutzlos sind.

Dazu kann der Datentransfer zwischen zwei SMTP-Servern oder auch zwischen dem Webserver und dem Browser verschlüsselt werden, was aber den Einsatz von Zertifikaten zur Verschlüsselung voraussetzt. Diese Zertifikate können Sie von offiziellen Stellen wie der Deutschen Telekom, RSA Inc. oder Verisign kaufen.

Der Einsatz solcher offizieller Zertifikate ist aber nur dann sinnvoll, wenn Sie Daten über das Internet verschlüsselt übertragen wollen. Soll die Verschlüsselung nur innerhalb Ihres Unternehmens eingesetzt werden, können Sie auf den Kostenaufwand für die Anschaffung offizieller Zertifikate verzichten und diese selbst mit den Zertifikatsdiensten generieren. Erneut erfolgt die Installation der Komponente über die Systemsteuerung.

Beachten Sie, dass dieser Server nach der Installation der Zertifikatsdienste nicht mehr umbenannt, einer Domäne hinzugefügt oder aus einer Domäne entfernt werden kann. In diesem Fall müssen die Zertifikatsdienste zuvor wieder deinstalliert und später wieder installiert werden.

Der IIS 5.0 als Grundlage für den ISA-Server

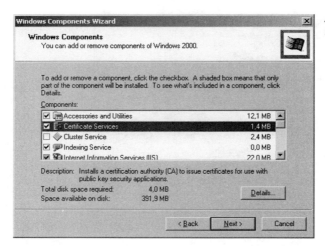

Auswahl weiterer Windows-Komponenten

Nachdem Sie die Zertifikatsdienste ausgewählt haben, bestätigen Sie die folgende Meldung.

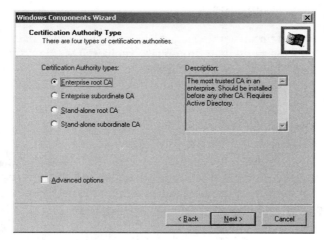

Einstellung des Zertifizierungsstellentyps

Als Nächstes müssen Sie den Typ der Zertifizierungsstelle festlegen. In unserem Beispiel scheiden die eigenständigen Zertifizierungsstellen direkt aus, wir den ISA-Server später in der so genannten Array-Konfiguration einsetzen werden, die den Einsatz des Active Directory erfordert. Wenn noch keine weitere Zertifizierungsstelle innerhalb des Netzwerks existiert, müssen Sie zunächst eine *Enterprise root CA* einrichten.

Die Vorbereitung

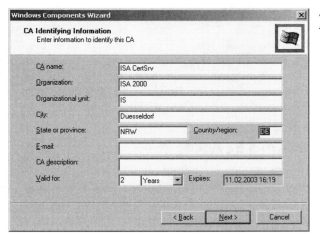

Angaben über die Zertifizierungsstelle

Um die Echtheit eines Zertifikats überprüfen zu können, muss man zunächst wissen, von welcher Stelle dieses Zertifikat ausgestellt wurde. Dazu muss die Zertifizierungsstelle identifiziert werden. Geben Sie dazu wie oben gezeigt die benötigten Informationen ein. Tragen Sie unter *E-Mail* die Adresse des Verwalters dieses Servers an. Über die Gültigkeitsdauer definieren Sie, wie lange ein ausgestelltes Zertifikat gültig sein soll. Wenn ein Zertifikat nach Ablauf dieser Zeit noch eingesetzt wird, hängt es von der Einstellung der Server und Clients ab, ob eine Verbindung trotzdem aufgebaut wird oder ob es zum Abbruch kommt.

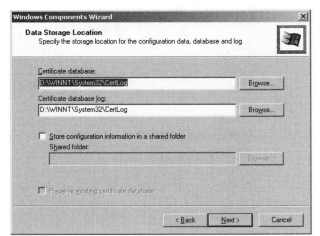

Angabe der Pfade für den Zertifikatsdienst

Die Informationen über ausgestellte Zertifikate werden vom Server in einer eigenen Datenbank gespeichert, deren Format dem des Active Directory entspricht. Die Datenbank besteht also ebenfalls aus zwei Teilen, der eigentlichen Datenbankdatei, deren Pfad Sie unter *Certificate database* anpassen

Der IIS 5.0 als Grundlage für den ISA-Server

können, sowie den Protokolldateien, deren Pfad unter *Certificate database log* angegeben wird. Da die Zertifizierungsdienste im Active Directory registriert sind, wird keine zusätzliche Freigabe benötigt, über die der Datenaustausch mit den Diensten durchgeführt wird. Klicken Sie abschließend auf *Next*, um die Installation fortzusetzen. Bestätigen Sie dann, dass die Dienste des IIS kurzzeitig beendet werden. Danach wird die Installation durchgeführt und anschließend werden alle Dienste wieder neu gestartet.

Windows Media Services

Bei den Anwendern werden Streaming Mediaformate immer beliebter. Dabei wird eine Audio- oder Video-Datei nicht zunächst komplett auf den lokalen Rechner übertragen und dann abgespielt sondern direkt, während des Downloads bereits abgespielt.

Die Übertragung solcher Formate wird vom ISA-Server unterstützt, sofern diese über die Protokolle MMS (Windows Media Player), PNM (RealPlayer) oder RTSP (RealPlayer G2, QuickTime 4) übertragen werden. Dazu müssen auf dem ISA-Server die Windows Media Services installiert sein, beziehungsweise zumindest der Windows Media Service Admin, wenn ein WMT Server Pool verwendet wird.

Auch bei den WMS handelt es sich um eine Systemkomponente, die Sie über die Windows 2000-Systemsteuerung installieren.

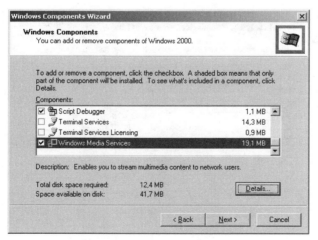

Auswahl der Windows Media Services

Um nur den Windows Media Services Admin zu installieren, wählen Sie die Komponente *Windows Media Services*, ohne den Status des Kontrollfelds zu verändern, klicken danach auf *Details* und wählen anschließend nur diese Teilkomponente aus. Da in den meisten Fällen die Windows Media Services allerdings noch nicht installiert sind und eine Kombination dieser Dienste aus Performancegründen auch sinnvoll ist, sollten Sie auf dem designierten ISA-Server die kompletten Windows Media Services installieren.

Servicepack 2

Windows 2000 weist leider einige Fehler auf. Daher müssen vor der Installation des ISA Servers zunächst das Service Pack 1 für Windows 2000 sowie ein weiterer Hotfix eingespielt werden. Mittlerweile ist bereits Windows 2000 Service Pack 2 verfügbar, das Sie unter www.microsoft.com/windows2000 downloaden können. Dieses beinhaltet auch die Fehlerkorrekturen aus Service Pack 1 und den Hotfix, es genügt also, nach der Installation von Windows 2000 nur Service Pack 2 einzuspielen.

> **Tipp**
>
> **Schneller mit Slipstream-Verfahren des SP2**
>
> Alle folgenden Windows 2000-Installationen lassen sich durch ein neues Feature des Service Packs 2 beschleunigen. Mit der so genannten Slipstream-Funktion können Sie ein beliebiges Windows 2000-Installationsverzeichnis so patchen, dass Service Pack 2 direkt mit dem Betriebssystem installiert wird. Kopieren Sie dazu die Installationsdateien von der Windows 2000-CD auf die Festplatte und starten Sie danach die Installation des Servicepacks mit dem Parameter /s. Starten Sie alle folgenden Windows 2000-Installationen über die so aktualisierten Dateien. Diese Funktion kann für alle Versionen von Windows 2000 verwendet werden. Weitere Informationen zum Service Pack 2 entnehmen Sie bitte der Windows 2000-Website.

Das Servicepack liegt als selbstentpackende Datei mit dem Namen *Sp2network.exe* vor oder bereits entpackt. Im ersten Fall rufen Sie einfach die Datei auf, womit die Installation automatisch gestartet wird. Im zweiten Fall starten Sie im Unterverzeichnis *Update* das Programm *Update.exe*.

Bestätigen Sie danach, dass Sie mit den Lizenzvereinbarungen einverstanden sind. Erst wenn Sie das entsprechende Feld aktiviert haben, können Sie die Installation fortsetzen. Bereits aktiviert ist dagegen das Kontrollfeld *Backup files neccessary to uninstall this Service Pack at a later time*. Alle veränderten Dateien werden dann in einem Unterverzeichnis des Windows 2000-Systemdirectorys gesichert. Um möglichst wenig Speicherplatz zu verwenden, wird auf NTFS-Volumes die Komprimierung eingeschaltet. Wenn Sie sicher sind, dass Sie das Servicepack nicht wieder entfernen wollen, dann können Sie dieses Kontrollfeld auch deaktivieren und damit Speicherplatz sparen. Klicken Sie danach auf *Install*, um das Update zu starten.

Der IIS 5.0 als Grundlage für den ISA-Server

Das Installationsprogramm ermittelt nun, welche Windows 2000-Komponenten auf Ihrem Server installiert wurden und was davon jetzt aktualisiert werden kann. Anschließend werden alle benötigten Dateien übertragen. Nach Abschluss der Installation muss ein Neustart des Computers durchgeführt werden, damit alle Module neu geladen werden können. Klicken Sie dazu auf *Restart*.

Um zu ermitteln, ob das Service Pack 2 auf diesem Computer bereits installiert wurde, geben Sie unter *Start/Run* das Kommando *Winver* ein.

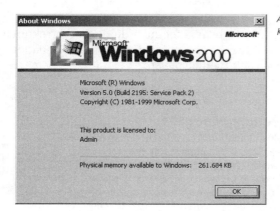

Anzeige der Windows-Version über das Kommando Winver

Der mittels Winver abgefragte Computer in der obigen Abbildung läuft unter Windows Version 5.0, also Windows 2000. Service Pack 2 ist bereits installiert.

Erstellen einer benutzerdefinierten Verwaltungskonsole

Die Verwaltung des IIS 5 erfolgt ausschließlich über die **M**icrosoft **M**anagement **C**onsole (MMC). Die MMC wurde mit Windows 2000 als zentrales Administrationswerkzeug eingeführt, nachdem Sie unter Windows NT 4.0 erstmals mit dem Windows NT 4 Option Pack eingesetzt wurde. Der besondere Vorteil der MMC liegt in ihrer Erweiterbarkeit durch die so genannten Snap-Ins, wodurch das Programm nicht auf einen vorgegebenen Funktionsumfang beschränkt ist. Für die Verwaltung der IIS 5-Organisation benötigen Sie nur eines dieser Snap-Ins, Internet Services Manager.

Einsatz der Verwaltungsprogramme unter Windows 2000 Professional

In vielen Umgebungen befinden sich die Server nicht immer im direkten Zugriff der Administratoren. Vielmehr möchten die meisten von Ihnen die Ad-

Die Vorbereitung

ministration von der lokalen Arbeitsstation aus vornehmen. Dazu müssen jedoch zunächst die Verwaltungsprogramme auf Ihrer Windows 2000 Professional-Workstation installiert werden:

1 Legen Sie dazu die Windows 2000-Server-CD ein und starten Sie im Verzeichnis *I386* die Datei *Adminpak.msi* mit den Verwaltungsprogrammen. Beim Dateiformat *.msi* handelt es sich um ein Installationspaket, das von Windows 2000 automatisch erkannt wird und mit dem integrierten Windows Installer installiert wird.

2 Klicken Sie danach auf *Next*, um die Installation zu starten, und abschließend auf *Finish*, um den Prozess zu beenden. Danach finden Sie alle Verwaltungsprogramme wie auf dem Server im Startmenü unter *Programme/Verwaltung*.

Erstellen einer angepassten MMC

Um eine angepasste MMC zu erstellen, beginnen wir zunächst mit einer leeren Umgebung, in die wir dann die benötigten Snap-Ins einfügen.

1 Dazu starten Sie das Programm über den ausführen Dialog (*Start/Run*) von Windows 2000 über den Dateinamen *Mmc.exe*.

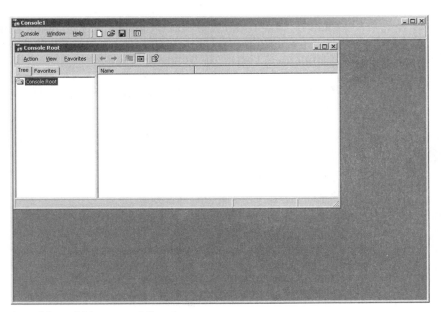

Leere Microsoft Management Console

Der IIS 5.0 als Grundlage für den ISA-Server

2 In diese leere MMC nehmen Sie nun neue Snap-Ins auf, indem Sie in der Menüleiste zunächst auf *Console* und dann auf *Add/Remove Snap-In* klicken. Der folgende Dialog zeigt nun an, welche Snap-Ins bereits hinzugefügt wurden, und ist nach dem Start der MMC zunächst einmal leer.

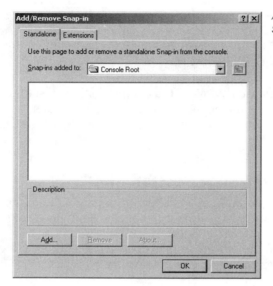

Anzeige bereits installierter Snap-Ins

Klicken Sie jetzt auf *Add*, um im folgenden Dialog die hinzuzufügenden Erweiterungen auszuwählen. (Um ein bereits installiertes Snap-In später zu entfernen, klicken Sie auf dieses Snap-In und dann auf *Remove*.)

Liste aller verfügbaren Snap-Ins

3 Wählen Sie aus der angezeigten Liste jetzt das Snap-In *Internet Information Server*, indem Sie auf das Snap-In klicken und danach auf die Schaltfläche *Add*. Danach klicken Sie auf *Close*, um zur Anzeige der installierten Snap-Ins zurückzukehren, und dort dann auf *OK*, um auch diesen Dialog wieder zu schließen.

Wenn Sie die MMC nun schließen, erkennt das Programm, dass Sie Änderungen an der Auswahl der Snap-Ins vorgenommen haben, und fragt Sie, ob diese Änderungen gespeichert werden sollen. Klicken Sie auf *Yes* und speichern Sie die Konfiguration wie angegeben auf dem Windows 2000-Desktop.

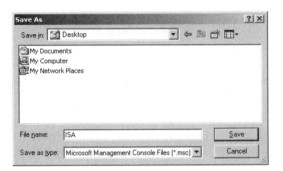

Durch einen Doppelklick auf das Symbol auf dem Desktop können Sie diese angepasste MMC nun jederzeit wieder starten.

2.2 Virtuelle Server

Das Prinzip der virtuellen Server ist in der Microsoft-Umgebung nicht neu. Mit dem Internet Information Server 4, der mit dem Windows NT-Option Pack eingeführt wurde, konnte diese Technik erstmals eingesetzt werden. Dabei stellt ein Dienst ein bestimmtes Protokoll (zum Beispiel SMTP) zur Verfügung. Für jedes Protokoll ist ein virtueller Standardserver konfiguriert, der die Kommunikation über dieses Protokoll mit den Standardparametern erlaubt. Das ist notwendig, damit Benutzer über das Internet problemlos mit diesem Server kommunizieren können. Wenn jetzt jedoch innerhalb einer Organisation bestimmte Anforderungen an den Server gestellt werden, so wirken sich diese Einstellungen auch auf die Kommunikation mit der Außenwelt über denselben Server aus. In der Praxis vermeidet man solche Konflikte einfach, indem zwei separate Server aufgestellt werden. Dies ist jedoch nicht immer möglich, weshalb ein Administrator dann doch wieder vor dem Problem steht, dass er Funktionalität und Sicherheit gegeneinander abwägen muss. An dieser Stelle kommen nun die virtuellen Server zum Einsatz, die von einem Dienst zur Verfügung gestellt werden, aber auf verschiedenen Adressen oder Ports arbeiten und jeweils mit den gewünschten Einstellungen versehen werden.

Der IIS 5.0 als Grundlage für den ISA-Server

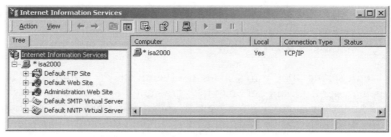

Auflistung aller Internetprotokolle mit den zugehörigen virtuellen Servern

Die Konfiguration der Internet-Komponenten wird in einer separaten Datenbank, der so genannten Metabase, gespeichert. Generell gilt leider für alle hier angesprochenen Protokolle, dass Sie den zugehörigen Dienst beenden und neu starten müssen, wenn Sie Änderungen in der Konfiguration vorgenommen haben. In der folgenden Tabelle finden Sie die Aufstellung aller Dienstnamen, für den Fall, dass Sie die Dienste nicht über die entsprechende Verwaltungskonsole, sondern manuell von der Kommandoziele aus per *net stop* beenden und per *net start* wieder starten wollen.

Dienst	Name
SMTP	Smtpsvc
NNTP	Nntpsvc
FTP	Ftpsvc
Webserver	W3svc

2.3 SMTP

Das **S**imple **M**ail **T**ransfer **P**rotocol (SMTP) ist das Kernprotokoll, das für die Mailanbindung an das Internet verwendet wird. Es kann ebenfalls verwendet werden, um Active Directory-Informationen zwischen Domaincontrollern zu replizieren. Beim SMTP-Dienst in Windows 2000 handelt es sich allerdings nicht um einen vollständigen Mailserver. Der Einsatz beschränkt sich auf die Annahme und Weiterleitung von Nachrichten, die von anderen SMTP-Servern oder auch von Benutzern über Webserver gesendet werden.

Verwalten virtueller SMTP-Server

Nach der Installation des SMTP-Dienstes steht der virtuelle Standardserver für SMTP zur Verfügung. Starten Sie – falls noch nicht geschehen – den Internet Services Manager aus dem Startmenü heraus. Öffnen Sie die Eigenschaften dieses virtuellen Servers, um die Konfiguration an die jeweiligen Bedürfnisse anzupassen.

SMTP

Allgemeine Einstellungen des virtuellen SMTP-Servers

Die SMTP-Einstellungen auf der Registerkarte *General* beziehen sich zunächst auf eingehende Verbindungen. Unter *IP address* konfigurieren Sie die IP-Adresse, über die dieser virtuelle SMTP-Server angesprochen wird. In diesem Fall bedeutet die Anzeige *(all unassigned)* nicht, dass diesem Server keine IP-Adresse zugewiesen ist, sondern vielmehr, dass dieser virtuelle Server auf alle konfigurierten IP-Adressen reagiert, die nicht explizit anderen virtuellen Servern zugewiesen wurden. Wählen Sie *Advanced*, um die Einstellungen für die verwendeten IP-Adressen zu ändern.

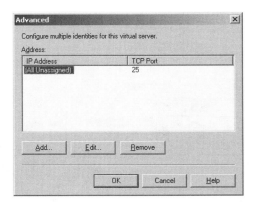

Über die erweiterten Einstellungen der IP-Adresse können Sie zunächst alle IP-Adressen zuweisen, über die dieser virtuelle Server angesprochen werden kann. Außerdem ist es an dieser Stelle möglich, auch den Port zu ändern, auf dem der virtuelle Server angesprochen wird. So ist es möglich, mehrere virtuelle Server unter der gleichen IP-Adresse, aber auf verschiedenen TCP-Ports

Der IIS 5.0 als Grundlage für den ISA-Server

zu betreiben. Allerdings müssen Sie bei einer Abweichung von Standardports immer beachten, den Anwender über die Änderung auch zu informieren, damit er seine Software entsprechend konfigurieren kann. Einen Hacker schrecken Sie mit einer solchen Portänderung allerdings nicht ab, da dieser mithilfe eines Port Scanners feststellen kann, auf welchen Ports Dienste von Servern bereitgestellt werden. Über die Schaltflächen *Add*, *Edit* und *Remove* können Sie die Liste der IP-Adressen und Ports bearbeiten.

Nachdem Sie *Add* oder *Remove* gewählt haben, sehen Sie die oben abgebildete Eingabemaske. Hier können Sie neue IP-Adressen und TCP-Ports eingeben. Beachten Sie bei der Angabe des TCP-Ports bitte, dass der Port nicht bereits von einer anderen Anwendung verwendet wird. Öffnen Sie dazu die Eingabeaufforderung und geben Sie darin den Befehl *netstat -a|more* ein. Daraufhin erscheint eine Liste aller aktuell verwendeten Ports wie unten aufgeführt. Wenn der von Ihnen für den virtuellen SMTP-Server vorgesehene Port in dieser Liste nicht erscheint, ist er frei und kann verwendet werden. Ändern sollten Sie den Standard-TCP-Port allerdings nur dann, wenn Sie sicher sein können, dass die Gegenseite diese Änderung ebenfalls übernimmt. Ein virtueller SMTP-Server, über den Sie Nachrichten aus dem Internet erhalten wollen, muss also immer auf den IP-Port 25 konfiguriert bleiben, damit alle anderen Server Ihr System auch erreichen können.

Aufstellung der aktiven Ports

SMTP

Wie Sie sehen, wird allerdings nicht jeder Port mit seiner Nummer und dem Protokoll TCP oder UDP angezeigt, stattdessen wird der Name des entsprechenden, auf diesem Port laufenden Dienstes angegeben. In der in Kapitel 1 aufgeführten Tabelle finden Sie eine Zuordnung der Namen und der entsprechenden Ports.

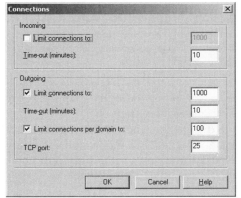

Einschränkung eingehender und ausgehender Verbindungen

Einstellungen für eingehende sowie ausgehende Verbindungen nehmen Sie auf der Registerkarte *General* über die Schaltfläche *Connection* vor.

Begrenzung eingehender und abgehender Verbindungen

Die Anzahl eingehender Verbindungen ist in der Standardeinstellung nicht begrenzt. Problematisch kann diese fehlende Begrenzung werden, wenn zu viele Server gleichzeitig versuchen, diesem System Mails zuzustellen, und die Verbindung zwischen den Servern zu langsam ist. In diesem Fall kann es unter Umständen zu lange dauern, bis der entfernte SMTP-Server eine Rückantwort bekommt, was ein Timeout und damit einen Verbindungsabbruch zur Folge hat. Außerdem wird das System so anfällig gegen **D**enial **o**f **S**ervice (DoS)-Angriffe, bei denen der Angreifer den Server mit einer Vielzahl von Verbindungsanfragen attackiert, woraufhin zu viele Ressourcen des Servers in Anspruch genommen werden und der Server somit bis zum Stillstand gebremst werden kann. Wird dagegen die Zahl der Verbindungen beschränkt, dann kann der Angreifer zwar die Verbindung des Servers zur Außenwelt blockieren, jede das Limit überschreitenden Anfrage würde aber abgelehnt und die verbleibende Funktionalität des Servers bliebe damit erhalten. Ein zweiter virtueller SMTP-Server kann in einem solchen Fall dann noch weiterhin interne Nachrichten verarbeiten, weil dazu noch ausreichend Ressourcen zur Verfügung stehen.

Der IIS 5.0 als Grundlage für den ISA-Server

Als Nächstes ist noch ein Timeout zu definieren. Wenn über eine Verbindung mehr als 10 Minuten keine Daten mehr übertragen werden, dann wird diese Verbindung vom virtuellen SMTP-Server beendet und die dafür bereitgestellten Ressourcen werden wieder freigegeben.

> **Tipp**
> **Einschränkung der SMTP-Verbindungen gegen DoS-Attacken**
> Beschränken Sie die Anzahl der eingehenden SMTP-Verbindungen, um die Blockade des kompletten Servers durch DoS-Attacken abzuwehren. Setzen Sie zusätzlich den Timeout-Wert auf das Minimum von einer Minute.

Ebenso wie für eingehende Verbindungen können auch für ausgehende Verbindungen Grenzwerte gesetzt werden. Auch hier gilt für die Anzahl der gleichzeitigen Verbindungen die gleiche Überlegung wie für eingehende Verbindungen. Je geringer die Bandbreite ist, die über diese Leitung verwendet werden kann, desto schneller kann es zu Verbindungsabbrüchen kommen, weil zu viele Daten parallel übertragen werden sollen.

Eine Verbindung zu einem Zielserver kann bis zu einer unter *Timeout* definierten Zeit aufrechterhalten werden, auch wenn keine weiteren Nachrichten mehr übertragen werden müssen. Damit wird die Nachrichtenübertragung beschleunigt, wenn innerhalb der angegebenen Zeit weitere Nachrichten übertragen werden müssen. Wenn die Verbindung zum Zielserver noch besteht, erfolgt kein erneuter Verbindungsaufbau inklusive gegebenenfalls notwendiger Anmeldung.

Der virtuelle SMTP-Server ist in der Lage, mehrere Nachrichten gleichzeitig zu übertragen, auch wenn es sich um Empfänger in der gleichen Domäne handelt. Je mehr Nachrichten parallel übertragen werden, desto langsamer wird jedoch die Übertragung und es kann zu Time outs kommen. Daher ist der Wert auf 100 Verbindungen pro Domäne beschränkt.

Falls auf dem Zielserver die Standardeinstellungen für den Empfang von Nachrichten so verändert wurden, dass der Server nicht mehr auf dem TCP-Port 25 auf Anfragen reagiert, dann müssen Sie an dieser Stelle ebenfalls den *TCP port* angeben, auf den der Zielserver konfiguriert wurde. Dieser Wert ist dabei unabhängig von der Einstellung des Ports, auf dem dieser virtuelle Server arbeitet.

Protokollierung konfigurieren

Alle Zugriffe auf die virtuellen Server können protokolliert werden. Damit sind Sie einerseits in der Lage, Auswertungen durchzuführen, um zum Beispiel die Auslastung einzelner Systeme auszuwerten. Die vollständige Auflistung aller eingehenden und ausgehenden Verbindungen hilft außerdem dabei, zu ermitteln, ob jemand versucht, unbefugt auf diese Server zuzugreifen. Damit lässt sich zurückverfolgen, woher dieser Zugriff erfolgt ist. Für virtuelle Server, bei denen keine Auswertung gewünscht wird und nicht die Gefahr eines unbefugten Zugriffs besteht, können Sie die Protokollfunktion abschalten, indem Sie das Kontrollfeld *Enable logging* deaktivieren. Damit sparen Sie einerseits Festplattenplatz und entlasten zusätzlich das Gesamtsystem.

Auswahl der Protokollformate

Da es bereits eine Vielzahl von Programmen zur Auswertung dieser Protokolldateien gibt, bietet der IIS verschiedene Formate an, in denen die Protokolle geschrieben werden. Welches Protokollformat von diesem Server verwendet wird, stellen Sie über *Active log format* ein. Standardmäßig verwenden die Dienste des Microsoft IIS ihr eigenes Format. Wenn Sie Programme zur Auswertung der Protokolldateien verwenden, die dieses Format nicht unterstützen, können Sie auch die weiter verbreiteten Standardformate NCSA Common und W3C Extended wählen. Jedes Protokoll kann dabei zusätzlich über *Properties* konfiguriert werden.

Die Formate IIS und NCSA bieten zur Konfiguration nur die Registerkarte *General Properties*. In der Standardeinstellung wird für jeden Tag eine neue Protokolldatei erstellt. Damit können Sie leicht alte Protokolle archivieren und damit gegebenenfalls Trends verfolgen. Wenn Sie die Einstellung *Weekly* oder sogar *Monthly* wählen, achten Sie darauf, dass ausreichend freier Speicherplatz für die Speicherung der Protokolldatei zur Verfügung steht. Alternativ können Sie auch bestimmen, dass erst dann eine neue Protokolldatei erstellt wird, wenn die bestehende Datei eine bestimmte, unter *When file size reaches* angegebene, maximale Protokolldateigröße erreicht hat. In der Einstellung *Unlimited file size* werden alle Einträge in eine einzige Protokolldatei geschrieben. Dabei wird die Protokolldatei allerdings niemals geschlossen, was dazu führen kann, dass Programme zur Auswertung Zugriffsprobleme bekommen können.

Protokollierungseinstellungen

Wenn Sie die Protokolldateien auswerten, beachten Sie bitte, dass alle Zeiten im UTC-Format geschrieben werden. Daher müssen Sie zusätzlich die Zeitzone berücksichtigen, die Sie für den jeweiligen Server eingestellt haben (in der Regel GMT+1). Nur das Protokollformat W3C unterstützt zusätzlich die Angabe der Zeit unter der Berücksichtigung der Zeitzone. Aktivieren Sie dazu das Kontrollfeld *Use local time for file naming and rollover*. Diese Einstellung können Sie wählen, wenn sich alle Server innerhalb der gleichen Zeitzone befinden. Ansonsten würden Auswertungsprogramme falsche Daten liefern.

Gespeichert werden die Protokolldateien im Verzeichnis *Logfiles* unterhalb des Windows 2000 *System32*-Verzeichnisses, da es sich hier um Komponenten von Windows 2000 handelt. Klicken Sie auf *Browse*, wenn Sie einen anderen Pfad angeben wollen. Ein Abweichen von Standardpfaden erhöht die Sicherheit des Systems, da Angreifer nach erfolgtem Eindringen in den Server auch versuchen werden, ihre Spuren wieder zu verwischen. Dazu muss ihnen aber der Pfad zu den Protokolldateien bekannt sein. Ohne einen kompletten Einblick in das System bleibt ihnen dann nur das Ausprobieren bekannter Standardverzeichnisse. Damit es beim Betrieb mehrerer virtueller Server noch möglich ist, die zugehörigen Protokolldateien zu unterscheiden, wird für jeden virtuellen Server ein Unterverzeichnis angelegt. Der Dateiname wird vom Server so gewählt, dass die ersten beiden Zeichen das Protokollformat kennzeichnen. Dabei steht *ex* für W3C, *nc* für NCSA und *in* für IIS. Danach wird das Datum in der Reihenfolge Jahr, Monat, Tag angegeben.

Die Registerkarte *Extended Properties* steht nur für das Format W3C zur Verfügung. Darüber definieren Sie, welche Daten überhaupt protokolliert werden. So lässt sich der benötigte Speicherplatz auf die Daten reduzieren, die Sie wirklich zur Auswertung und Überwachung benötigen.

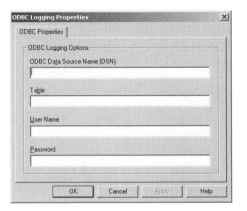

Wenn Sie planen, regelmäßig Protokolldaten zu analysieren und auszuwerten, sollten Sie besser *ODBC* als Protokollformat verwenden. Damit können Sie die Daten in jeder beliebigen Datenbank speichern, für die ein ODBC-Treiber zur Verfügung steht. Diese Datenbank lässt sich dann beliebig auswerten. Um die Performance des IIS nicht unnötig zu belasten, sollte die Datenbank auf jeden Fall auf einem separaten Server gespeichert werden. Dieser Server allerdings kann dann problemlos von IIS-Servern zur Speicherung der Protokolldaten genutzt werden. Dazu geben Sie lediglich den *ODBC Data Source Name* und den Namen der *Table* an sowie den *Username* und das *Password*, mit dem sich der IIS-Dienst bei dem Datenbanksystem anmeldet.

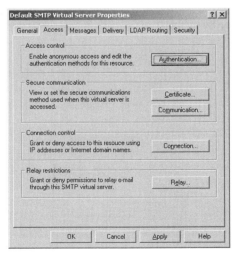

Einstellung des Zugriffs und der Anmeldung

Authentifizierung, TLS und Windows security package

Über die Registerkarte *Access* können Sie die Sicherheit beim Zugriff auf diesen virtuellen SMTP-Server steuern. Auch hier beziehen sich alle Angaben auf eingehende Verbindungen. Über Zugriffskontrolle definieren Sie, ob und wie sich ein anderes System bei diesem virtuellen SMTP-Server zunächst anmelden muss, bevor Nachrichten übertragen werden können. Wählen Sie *Authentication*, um diese Einstellungen vorzunehmen.

Einstellungen zur Anmeldung an einem virtuellen SMTP-Server

Grundsätzlich muss jedes System in der Lage sein, bei einem Server über SMTP Mail abliefern zu können. Daher ist auch in der Standardeinstellung der anonyme Zugriff erlaubt. Der SMTP-Server erwartet also keine Anmeldung. Wenn Sie sicher sind, dass über diesen virtuellen Server nur Benutzer miteinander kommunizieren, die über ein Benutzerkonto verfügen, dann sollten Sie zur Erhöhung der Systemsicherheit den anonymen Zugriff deaktivieren.

Bei der *Basic Authentication* werden Name und Passwort des Benutzers im Klartext zum virtuellen SMTP-Server übertragen. Wenn Sie nur eine Active Directory-Domäne verwenden, dann können Sie unter *Default domain* den Namen dieser Domäne angeben, was die Angabe des Benutzerkontos auf der Seite des Senders etwas abkürzt. Verwenden Sie dabei immer den DNS-Domänennamen und nicht den NetBIOS-Namen der Domäne, da die Auflösung des Domänennamens in diesem Fall länger dauert und den Verbindungsaufbau damit verlangsamt.

Der Nachteil dieses Verfahrens liegt allerdings darin, dass ein Angreifer nur die Daten zwischen dem Sender und dem virtuellen SMTP-Server protokollieren muss und damit sofort über Namen und Passwort des Senders verfügt.

SMTP

Dieses Verfahren kann zwar innerhalb eines Netzwerks verwendet werden, in dem nicht mit Angriffen gerechnet werden muss. Sobald aber die Daten über ein öffentliches IP-Netzwerk geschickt werden, wie zum Beispiel das Internet, darf eine Übertragung auf keinen Fall im Klartext erfolgen. In diesem Fall müssen Sie über das Feld *Requires TLS encryption* die codierte Übertragung von Namen und Passwörtern erzwingen. Die **T**ransport **L**ayer **S**ecurity (TLS) ist von der Funktionsweise vergleichbar mit SSL, erfordert also ebenfalls ein Zertifikat.

Als letzte Möglichkeit bleibt noch das Windows security package, bei dem die Anmeldung für den Benutzer völlig transparent erfolgt. Dieses Verfahren ist allerdings nur dann einsetzbar, wenn der Sender entweder ebenfalls auf einem Microsoft Windows-System läuft oder aber Kerberos unterstützt.

Tipp
TLS aktivieren oder Anmeldung über security package
Aktivieren Sie für die Anmeldung entweder TLS zur Verschlüsselung von Namen und Passwörtern oder deaktivieren Sie die Basic authentication und erlauben Sie nur die Anmeldung über das Windows security package.

Zertifikate für verschlüsselte Datenübertragung

Wenn die Daten zwischen den Servern und von den Clients verschlüsselt übertragen werden sollen, klicken Sie als Nächstes im Bereich *Secure communication* auf *Certificate*. Damit starten Sie einen Assistenten, der ein Zertifikat an den virtuellen Server bindet. Danach ist die verschlüsselte Datenübertragung möglich. Klicken Sie auf *Next*, um den Assistenten zu starten.

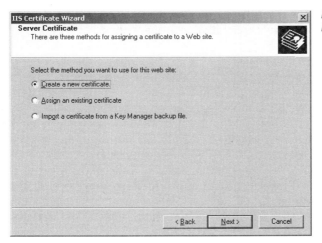

Ein neues Zertifikat erstellen lassen

Wählen Sie nun *Create a new certificate* aus, um ein neues Zertifikat vom Microsoft-Zertifizierungsdienst erstellen zu lassen. Wenn Sie Nachrichten über das Internet verschlüsselt übertragen wollen, sollten Sie jedoch ein offizielles Zertifikat einsetzen, da das selbst generierte von einigen Servern abgelehnt würde.

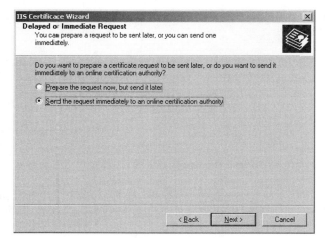

Die Anforderung erstellen

Wenn Sie ein offizielles Zertifikat benutzen wollen, erstellen Sie ein so genanntes Requestfile, das Sie dann an den Aussteller des Zertifikats senden, der Ihnen dann wiederum ein Zertifikat schickt. In unserer Umgebung nutzen wir dagegen den direkt verfügbaren Zertifizierungsdienst und werden die Anforderung sofort an eine Onlinezertifizierungsstelle senden und erhalten ohne Verzögerung sofort ein Zertifikat. Klicken Sie danach erneut auf *Next*. Geben Sie nun einen Namen für das Zertifikat ein und wählen Sie die gewünschte Schlüssellänge. Je länger der gewählte Schlüssel ist, desto schwieriger wird es für einen Angreifer, die damit verschlüsselten Daten zu lesen. Stellen Sie die Länge des Schlüssels deshalb auf 4096 Bit ein und klicken Sie erneut auf *Next*.

In dem folgenden Eingabefenster tragen Sie nun Informationen zu Ihrer Organisation ein. Diese Informationen kann der Benutzer auf der Gegenstelle abfragen und weiß damit sicher, dass er es wirklich mit dem Kommunikationspartner zu tun hat, den er erwartet. Diese Angaben können Sie frei wählen. Lediglich bei der Angabe des *Common Name* gilt es, den Namen so einzutragen, wie er auch von der Gegenstelle angegeben wird, wenn Sie die Verbindung zu diesem Server aufbauen will. Andernfalls erkennt die Software den Unterschied zwischen dem angeforderten Server und dem Namen, der im Zertifikat aufgeführt ist. Je nach Sicherheitseinstellungen kann die Gegenstelle nun entweder gar nicht mit uns kommunizieren oder gibt zumindest eine Warnung aus.

SMTP

Schließlich wählen Sie noch aus der Liste der verfügbaren Zertifizierungsdienste denjenigen aus, an den die Anfrage gesendet werden soll, und bestätigen dann noch mal alle eingegebenen Daten. Danach wird die Anfrage zum Zertifizierungsdienst geschickt, ein Zertifikat generiert und mit dem virtuellen SMTP-Server verbunden. Klicken Sie abschließend auf *Finish*, um den Vorgang zu beenden.

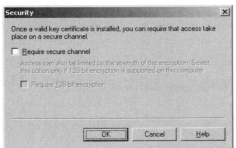

Einstellung minimaler Verschlüsselungsanforderung

Nachdem Sie nun ein Zertifikat eingesetzt haben, klicken Sie in der Registerkarte *Access* auf *Communication*, um die Einstellungen zur verschlüsselten Datenübertragung vorzunehmen. Zunächst wird die Verschlüsselung nur als Option zur Verfügung gestellt, jeder Server und Client kann die Daten also auch weiter unverschlüsselt im Klartext übertragen. Wenn Sie nur noch verschlüsselte Daten annehmen wollen, aktivieren Sie das Kontrollfeld *Require secure channel* und Versuche, Daten unverschlüsselt zu übertragen werden vom Server abgelehnt.

Die Gegenstelle muss also ebenfalls in der Lage sein, Daten zumindest mit 40 oder 56 Bit zu verschlüsseln. Da diese Schlüssellänge mittlerweile aber nicht mehr als besonders sicher gilt, können Sie auch über *Require 128-bit encryption* vorgeben, dass nur eine starke Verschlüsselung mit 128 Bit erlaubt ist. ist. Den Hinweistext über dem Kontrollfeld können Sie getrost vergessen, da spätestens mit Windows 2000 Service Pack 1 die Unterstützung für starke Verschlüsslung installiert wurde. Mit dieser Einstellung sperren Sie jedoch komplett alle Systeme aus, die diese starke Verschlüsselung nicht unterstützen. Besondere Probleme gibt es da zum Beispiel mit unseren französischen Nachbarn, deren Systeme auf 56 Bit beschränkt sind.

Regulierung des Zugriffs auf den virtuellen SMTP-Server

Unter *Connection control* können Sie über die Schaltfläche *Connection* bestimmen, welche Systeme auf diesen virtuellen SMTP-Server zugreifen können. Damit sind Sie in der Lage, unabhängig von einem Passwortschutz, der durch Passwortdiebstahl, Protokollieren der gesendeten Daten oder andere

Der IIS 5.0 als Grundlage für den ISA-Server

Verfahren ausgehebelt werden kann, zu definieren, von welchen Systemen aus ein Zugriff auf diesen virtuellen SMTP-Server möglich ist.

Diese Einschränkung sollte auf allen virtuellen SMTP-Servern vorgenommen werden, die zur internen Kommunikation verwendet werden. Besonders Server, die einen Übergang in ein öffentliches IP-Netzwerk zur Verfügung stellen, müssen so geschützt werden. Andernfalls kann ein Angreifer mit einem so genannten Port-Scanner feststellen, dass außer auf dem Standardport 25 noch ein weiterer virtueller SMTP läuft. Wenn dieser zur internen Kommunikation eingesetzt wird, kann er aufgrund seiner entsprechenden Einstellungen leicht missbraucht werden.

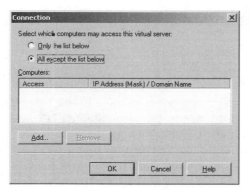

Negativliste zur Sperrung unbefugter Computer

Sie haben die Wahl, ob Sie mit einer Positivliste arbeiten wollen oder mit einer Negativliste. Standardmäßig ist der virtuelle SMTP-Server auf eine leere Negativliste konfiguriert, das heißt, alle Systeme mit Ausnahme derer, die in der Liste stehen, dürfen eine Verbindung zu diesem Server aufnehmen. Diese Einstellung bietet die höchste Sicherheit, da Sie dem Grundsatz für die Konfiguration der Sicherheit entspricht, zunächst den kompletten Zugriff zu sperren und anschließend nur so weit den Zugang zu erlauben, wie es zur Funktion des Betriebs nötig ist.

Wenn Sie nur bestimmten Servern den Zugriff erlauben wollen, arbeiten Sie mit einer Positivliste. Klicken Sie dazu auf *All execpt the list below* und tragen Sie dann in der Liste die Systeme ein, von denen aus der Zugriff auf diesen virtuellen SMTP-Server möglich sein soll. Klicken Sie auf *Add* beziehungsweise *Remove*, um die Liste zu bearbeiten.

Um die Konfiguration der Positiv- oder Negativliste zu vereinfachen, sieht das Eingabefenster nicht nur die Eingabe einzelner IP-Adressen vor. Zunächst einmal müssen Sie die IP-Adresse eines Systems nicht unbedingt wissen, es genügt, wenn Sie den Hostnamen kennen und dieser bei seinem zugehörigen DNS-Server seiner Domäne eingetragen ist. Klicken Sie dann auf

DNS Lookup, um einen Hostnamen einzugeben und die entsprechende IP-Adresse zu erhalten.

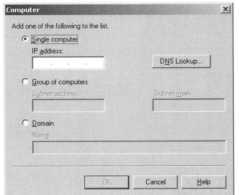

Auswahl von Computern oder Computergruppen

Alternativ können Sie ebenfalls Gruppen von Computern definieren, indem Sie die Adresse des entsprechenden Subnetzwerks und die Subnetzmaske angeben. Der gesamte IP-Adressbereich wird damit in die Liste aufgenommen.

Als Letztes können Sie Systeme auch unabhängig von IP-Adressbereichen eintragen, indem Sie lediglich den Namen der Domäne angeben, deren Computer in die Liste aufgenommen werden sollen. Klicken Sie auf *OK*, um den Eintrag in die Liste zu übernehmen, ansonsten auf *Cancel* und dann erneut auf *OK*, um die Änderungen der Liste zu übernehmen.

Einschränkung der SMTP-Weiterleitung

Als Letztes ist sind auf dieser Registerkarte über die Schaltfläche *Relay* die Relayeinschränkungen zu definieren. Grundsätzlich sind zunächst einmal alle SMTP-Server offen. Das bedeutet, dass ein SMTP-Server von einem sendenden System eine Nachricht erhält und überprüft, an welche Domäne diese Nachricht gesendet wurde. Wenn die Nachricht an eine lokale Domäne adressiert ist, was auch als Inbound bezeichnet wird, wird sie intern zugestellt. Andernfalls leitet der Server die Nachricht an einen anderen SMTP-Server weiter.

Die automatische Weiterleitung stellt nun eine gewisse Sicherheitslücke dar, wobei die Sicherheit unseres SMTP-Servers eigentlich nicht gefährdet ist. Außer der direkten Zustellung einer Nachricht können SMTP-Server auch so konfiguriert werden, dass sie einen Relayhost, auch Smarthost genannt, verwenden. Dabei wird jede Nachricht, unabhängig von der Zieldomäne, an einen angegebenen SMTP-Server weitergeleitet. Dieser leitet die Nachricht nun weiter an das eigentliche Zielsystem.

Der IIS 5.0 als Grundlage für den ISA-Server

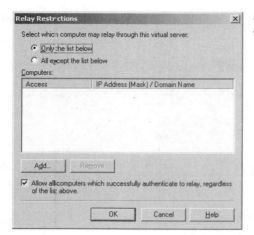

Positivliste zur Einschränkung der SMTP-Weiterleitung

An dieser Stelle kann ein potenzieller Gegner nun unser System angreifen. Statt eine Nachricht an 100 Benutzer in verschiedenen Domänen einzeln zuzustellen, wird eine einzige Nachricht mit 100 Empfängern an einen Relayhost geschickt. Dieser SMTP-Server führt nun für jeden Empfänger eine DNS-Auflösung durch, ermittelt so den eigentlichen Zielhost und stellt die Nachricht dann zu, wobei aus einer Nachricht 100 werden. Diese 100 Nachrichten werden jetzt aber von unserem virtuellen SMTP-Server aus geschickt und belegen nun unsere Internetverbindung, verursachen also Kosten zu unseren Lasten. Außerdem taucht nun unser SMTP-Server in der Liste der weiterleitenden Systeme in der Nachricht auf, wodurch wir unser System gegenüber dem Empfänger ebenfalls als angreifbar outen.

Um die Angreifbarkeit unseres Systems von vornherein zu reduzieren, ist die Weiterleitung von Nachrichten direkt so konfiguriert, dass nur Nachrichten von den Systemen weitergeleitet werden, die in eine Positivliste aufgenommen wurden. Ebenso wie bei der Verbindungskontrolle können Sie auch hier alternativ eine Negativliste verwenden, die auch auf die gleiche Weise konfiguriert wird.

Zwar erhöht diese Einstellung die Sicherheit unseres Systems, schränkt zunächst aber auch die Funktionalität ein. Wenn Benutzer über das Internet auf ihre Postfächer zugreifen und dazu die Protokolle POP3 oder IMAP4 verwenden, dann werden über diese Protokolle nur die Nachrichten abgerufen. Nachrichten des Benutzers werden über SMTP geschickt. Da die IP-Adresse des Benutzers jedoch meistens dynamisch vergeben wird, besteht keine Chance, diese vorher in die Liste der Systeme aufzunehmen, für die eine Weiterleitung erfolgen darf. Damit wären die Benutzer nun nur noch in der Lage, Nachrichten an die eigene Domäne zu schicken, aber nicht mehr ins Internet.

SMTP

Um diesen Funktionsmangel überhaupt nicht erst entstehen zu lassen, ist der Server in der Lage, Nachrichten auch dann weiterzuleiten, wenn die IP-Adresse des Senders nicht zu den Systemen gehört, für die dies laut Liste vorgesehen ist. Dazu muss sich der Sender lediglich bei diesem virtuellen SMTP-Server beim Verbindungsaufbau mit dem gleichen Konto und Passwort anmelden, das auch für die Anmeldung am POP3- oder IMAP4-Server verwendet wird. Die Funktion *Allow all computers which successfully authenticate to relay, regardless of the list above* ist dazu bereits aktiviert.

Nachdem Sie die Konfiguration wie gewünscht vorgenommen haben, klicken Sie auf *OK*, um die Einstellungen zu übernehmen.

Konfiguration der Nachrichtenübermittlung für eingehende Nachrichten

Die Registerkarte *Messages* erlaubt eine Reihe von Einschränkungen für die Nachrichtenübermittlung. Wenn Sie sich vor zu großen Nachrichten schützen wollen, aktivieren Sie das Kontrollfeld *Limit message size to* und geben Sie dann einen Höchstwert in KByte an. Damit niemand zur Umgehung dieses Limits große Nachrichten einfach aufteilt, können Sie zusätzlich die Sitzungsgröße über *Limit session size* beschränken sowie die Anzahl der Nachrichten pro *Verbindung*. Nach Überschreiten dieser Grenze beendet der virtuelle SMTP-Server die Verbindung.

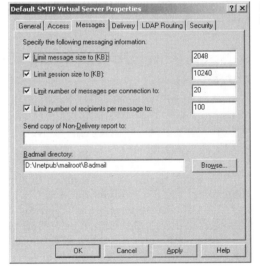

Konfiguration der Nachrichtenübermittlung für eingehende Nachrichten

Die Beschränkung der Zahl der Empfänger pro Nachricht hat lediglich eine Bedeutung, wenn Nachrichten an SMTP-Server im Internet geschickt werden. Gemäß eines Standards im Internet ist die maximale Anzahl der Empfänger pro Nachricht auf 100 beschränkt. Systeme, deren Administratoren sich strikt an die Einhaltung dieses Standards halten, lassen keine Nachrichten in ihre Systeme, die dieses Limit überschreiten.

Achten Sie daher darauf, dass die virtuellen SMTP-Server, über die die Verbindung zum Internet hergestellt werden, dieser Vorgabe entsprechen. Eine Nachricht, die an mehr als diese 100 Empfänger geschrieben wurde, wird dann in mehrere Nachrichten unterteilt, die jeweils nur an 100 Empfänger gerichtet und damit wieder konform sind.

Wenn der Server nicht in der Lage ist, eine Nachricht zuzustellen, sendet er einen entsprechenden Bericht an den Absender und löscht die Originalnachricht. Wenn der Absender nun nicht die genaue E-Mail-Adresse des Empfängers kennt, stehen die Chancen recht schlecht, dass die Nachricht jemals ihr Ziel erreicht. Wenn unter *Send copy of Non-Delivery report to* nun die E-Mail-Adresse eines zuständigen Administrators eingetragen wird, sendet der virtuelle Server den Bericht ebenfalls an diesen Administrator. Da dieser Bericht nicht nur die ursprüngliche Nachricht, sondern auch die Zieladresse beinhaltet, kann der Administrator die Nachricht schließlich an den richtigen Empfänger weiterleiten, da er aus der falschen Adresse den richtigen Empfänger ableiten kann.

Nachrichten, bei deren Empfang ein Fehler aufgetreten ist, werden in einem separaten *Badmail directory* gespeichert, aus dem der Administrator bei Bedarf versuchen kann, den Inhalt zu rekonstruieren und die Nachricht an den Empfänger weiterzuleiten.

Konfiguration der Nachrichtenübermittlung für ausgehende Nachrichten

Auf der Registerkarte *Delivery* konfigurieren Sie letztendlich die Parameter für ausgehende SMTP-Verbindungen. Das Wiederholungsintervall gibt an, wie oft und in welchen Abständen der Server versucht, eine Nachricht zu einem anderen SMTP-Server zu übertragen.

Kommt es bei der ersten Übertragung zu einem Fehler beziehungsweise kommt die Verbindung überhaupt nicht zustande, dann versucht der lokale virtuelle SMTP-Server nach 15 Minuten eine erneute Übertragung, nach einem weiteren fehlgeschlagenen Übertragungsversuch erfolgt 30 Minuten später ein dritter Versuch, der vierte nach einer Stunde und schließlich wird das Intervall für jeden weiteren Versuch auf 4 Stunden ausgeweitet.

SMTP

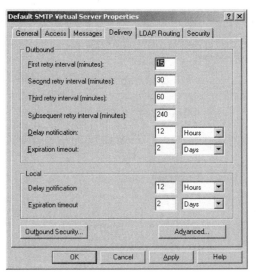

Konfiguration der Nachrichtenübermittlung für ausgehende Nachrichten

Konnte die Nachricht nach 12 Stunden noch immer nicht zugestellt werden, bekommt der Absender eine Benachrichtigung über die Verzögerung. In dieser Benachrichtigung wird dem Absender mitgeteilt, dass die Nachricht bisher nicht zugestellt werden konnte, der lokale virtuelle SMTP-Server aber weiterhin versucht, die Nachricht zuzustellen. Wenn die Nachricht 2 Tage nach dem ersten Übertragungsversuch nicht zugestellt werden konnte, dann erhält der Absender einen Nichtzustellbarkeitsbericht (NDR).

Tipp
Zeitspanne für Nichtzustellbarkeitsbericht verkürzen
Die Zeitspanne von zwei Tagen bis zum Nichtzustellbarkeitsbericht hat sich in der Praxis als zu hoch erwiesen. Bereits nach wenigen Stunden werden die Benutzer sehr ungeduldig und senden die Nachricht in der Regel erneut in der Hoffnung, sie möge beim zweiten Versuch beim Empfänger ankommen

Unter *Local* definieren Sie die zulässige Höchstzeit für eine lokale Zustellung, also die Übertragung innerhalb der Komponenten des Servers. Auch hier können Sie wieder einen Zeitraum angeben, nach dem der Benutzer über die Verzögerung informiert wird, und wann eine Nachricht als nicht zustellbar zurückgeschickt wird.

Einstellungen zur Anmeldung der ausgehenden Verbindungen und der erweiterten Übermittlungsoptionen

Nachdem Sie eingehend definiert haben, ob und wie sich ein System, das Kontakt zu diesem virtuellen Server aufnimmt, zu identifizieren hat, muss dies noch für ausgehende Verbindungen geschehen.

Angaben zur Anmeldung bei ausgehenden Verbindungen

Wenn Sie also für die interne Kommunikation angegeben haben, dass eine Anmeldung erforderlich ist, müssen Sie auch hier angeben, mit welchem Namen und Passwort die Anmeldung am SMTP-Server des Zielsystems erfolgt. Auch hier können Sie wählen, ob diese Informationen im Klartext übertragen werden, was der *Basic authentication* entspricht, oder ob die Anmeldung über das *Windows security package* durchgeführt wird, bei der zur Laufzeit entschieden wird, welches Verfahren verwendet wird.

Die zu übertragenden Daten werden zunächst im Klartext übertragen, es sei denn, Sie geben an, dass eine *TLS encryption* erfolgen soll. Dies ist allerdings nur dann möglich, wenn dies auf der Gegenseite auch konfiguriert und dem Server ein Zertifikat zur Verschlüsselung zugewiesen wurde.

Klicken Sie in der Registerkarte *Delivery* nun auf *Advanced*. Neben der Standardmethode, eine Nachricht direkt zum Zielserver weiterzuleiten, besteht auch die Möglichkeit, eine E-Mail zunächst über einen oder mehrere so genannte Smarthosts in Richtung des Empfängers zu routen.

SMTP

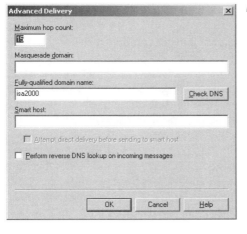

Erweiterte Übermittlungsoptionen

Die statische Weiterleitung birgt jedoch immer die Gefahr, dass eine Nachricht aufgrund einer Fehlkonfiguration immer im Kreis geleitet wird. Um dies zu erkennen und zumindest teilweise zu verhindern, wird mit jeder Weiterleitung, einem so genannten Hop, ein interner Zähler innerhalb der Nachricht um eins erhöht. Sobald der *Maximum hop count* erreicht ist, wird die Weiterleitung der Nachricht abgebrochen und ein Nichtzustellbarkeitsreport an den Absender geschickt.

Gewachsene Strukturen arbeiten intern teilweise mit anderen Domänennamen als im Internet schließlich registriert wurden. In diesem Fall tragen Sie im Feld *Masquerade domain* die offiziell im Internet verwendete Domäne ein, mit der ihr interner Domänenname maskiert, also überschrieben wird.

Wie schon erwähnt, handelt es sich bei SMTP um ein sehr einfaches, offenes Protokoll, das leider jedem erlaubt, auch manuell Nachrichten direkt an einem SMTP-Server einzugeben und dabei einen beliebigen Absender einzutragen. Um sich vor solchen gefälschten Nachrichten zu schützen, führen viele SMTP-Server einen so genannten Reverse-DNS-Lookup durch. Beim Aufbau der Verbindung meldet sich der sendende Server zunächst mit seinem Hostnamen. Dem empfangenden Server ist zu diesem Zeitpunkt bereits die IP-Adresse des Senders bekannt. Über den Reverse-DNS-Lookup ermittelt der Empfänger nun die zugehörige IP-Adresse zum angegebenen Hostnamen. Stimmen diese Adressen nicht überein, erzeugt der empfangende SMTP-Server einen Eintrag im Nachrichtenkopf, in dem er auf diesen Unterschied hinweist. Einige SMTP-Server können eine Nachricht in diesem Fall sogar komplett ablehnen. Um Probleme beim Versenden von Nachrichten zu vermeiden, tragen Sie im Feld *Fully-qualified domain name* deshalb einen Hostnamen ein, für den Sie auch einen DNS-Eintrag sowie einen Reverse-DNS-Eintrag erstellt haben. Klicken Sie nach der Eingabe auf *Check DNS*, um sicherzustellen, dass der Eintrag korrekt ist. Um selbst eine solche Überprü-

Der IIS 5.0 als Grundlage für den ISA-Server

fung für eingehende Verbindungen durchzuführen, aktivieren Sie das Kontrollfeld *Perform reverse DNS lookup on incoming messages*. Bitte beachten Sie dabei, dass dabei zusätzliche Last durch die DNS-Abfragen entsteht.

Statt eine Nachricht direkt zum Zielserver zu übertragen, kann der Server diese zunächst an einen weiteren SMTP-Server weiterleiten, der diese dann schließlich zum Zielserver zustellt. Ein solches Szenario trifft man häufig dort an, wo zwar mehrere SMTP-Server eingesetzt werden, aus Sicherheitsgründen aber nur ein einziger über einen direkten Zugang ins Internet verfügt. Dieser Server wird dann also, so genannter Relay- oder auch *Smart host* bezeichnet. Die bedingungslose Weiterleitung aller Nachrichten an diesen Smarthost führt jedoch in dem soeben beschriebenen Szenario zu einer überflüssigen Belastung des Smarthosts sowie des Netzwerks, wenn eine Nachricht von einem internen SMTP-Server zu einen anderen internen SMTP-Server übertragen wird, da diese immer zunächst über den Smarthost läuft. Sie vermeiden diese zusätzliche Last, indem Sie nach dem Eintrag des Smarthost zusätzlich das Kontrollfeld *Attempt direct delivery before sending to smart host* aktivieren. Dann werden interne Nachrichten direkt zugestellt und nur E-Mails ins Internet werden an den Smarthost weitergeleitet.

LDAP-Routing mit dem IIS 5

Eine Neuerung gegenüber dem IIS 4 ist die Verknüpfung des SMTP-Servers mit einem auf LDAP (**L**ightweigth **D**irectory **A**ccess **P**rotocol) basierenden Verzeichnisdienst. Der SMTP-Server kann aus diesem Verzeichnis Informationen zur Weiterleitung von Nachrichten abrufen.

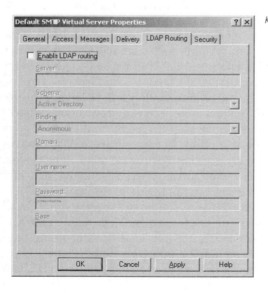

Konfiguration des LDAP-Routings

So ist es zum Beispiel möglich, im Active Directory eine Verteilerliste zu erstellen und diese mit einer E-Mail-Adresse zu versehen. Wird jetzt an diese Adresse eine E-Mail geschickt, kann der SMTP-Dienst daraus die Adressen der einzelnen Empfänger ermitteln und die Nachrichten entsprechend zustellen. In der Standardeinstellung ist die Abfrage eines Verzeichnisses über LDAP ausgeschaltet. Aktivieren sie das Kontrollfeld *Enable LDAP routing*, um solche Abfragen auszuführen.

Nachdem Sie die Funktion aktiviert haben, wählen sie zunächst aus, an welchen LDAP-Server die Anfragen gerichtet werden sollen. Da die verschiedenen LDAP-Server nicht alle die gleichen Informationen liefern, wählen Sie als Nächstes das *Schema* aus, also das Format der Daten für die Abfrage. Zur Verfügung stehen dabei *Active Directory*, *Site Server Membership Diectory* und *Exchange LDAP Server*. Wählen Sie die Einstellung entsprechend des von Ihnen ausgewählten Servers.

Verzeichnisdienste enthalten in der Regel vertrauliche Informationen, die nicht allgemein publik gemacht werden sollen. Damit der SMTP-Dienst nun an die benötigten Informationen herankommt, ist in den meisten Fällen eine Anmeldung am LDAP-Server erforderlich. Je nach Konfiguration des LDAP-Servers können aber auch Informationen an nicht angemeldete Systeme weitergegeben werden. Falls diese Informationen ausreichen, können Sie die Einstellung *Anonymous* beibehalten, andernfalls muss eine Anmeldung erfolgen. Die Übermittlung der Anmeldeinformationen kann dabei, vergleichbar mit der Anmeldung am virtuellen SMTP-Server selbst, im Klartext oder über das Windows Security Package erfolgen. Letzteres ist dabei zu bevorzugen, weil die Übermittlung im Klartext von einem Angreifer wieder problemlos abgefangen werden kann. Falls Sie zur Anmeldung eine der beiden Optionen ausgewählt haben, geben Sie als Nächstes noch die Domäne, das Konto sowie das Passwort für die Anmeldung ein.

Alternativ kann der SMTP-Dienst zur Anmeldung am LDAP-Server auch das Konto verwenden, mit dem er selbst beim Start am System angemeldet wurde. Dabei handelt es sich in der Regel um das Systemkonto des Computers. Dieses ist auf anderen Servern allerdings nicht bekannt, was eine Anmeldung daher unmöglich macht. Wenn der LDAP-Server also nicht auf demselben Computer läuft wie der SMTP-Dienst, dann muss in der Konfiguration der Dienste ein anderes Konto zum Start des SMTP-Dienstes angegeben werden.

In der Konsole *Services* unter *Programs/Administrative* tools öffnen Sie dazu die Eigenschaften des Dienstes *Simple Mail Transport Protocol (SMTP)* und wählen auf der Registerkarte *Log On* statt der Standardeinstellung *Local System account* die Einstellung *This account* und geben dann den Namen und das Passwort des Kontos an, das die Zugriffsrechte auf den LDAP-Server hat

Der IIS 5.0 als Grundlage für den ISA-Server

und auf der lokalen Maschine mit den Berechtigungen zur lokalen Anmeldung und der Anmeldung als Dienst ausgestattet ist.

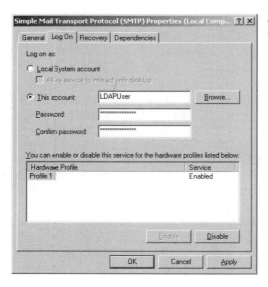

Änderung der Anmeldung beim Start des SMTP-Dienstes

Um die Suche etwas zu beschleunigen, können Sie unter *Base* abschließend angeben, ab welcher Stelle im Active Directory nach den Informationen gesucht werden soll. So könnten Sie zum Beispiel alle benötigten Verteilerlisten in einer eigenen Organisationseinheit ablegen und diese dann als Basis für die Suche über LDAP angeben.

Bei Bedarf weitere Verwaltungsberechtigte hinzufügen

In geringem Maße kann schließlich über die Registerkarte *Security* noch bestimmt werden, wer den soeben konfigurierten virtuellen Server überhaupt verwalten darf. Im Gegensatz zu den Ihnen vielleicht bereits aus dem Active Directory bekannten feinen Abstufungen der Berechtigungen kann an dieser Stelle allerdings nur eine komplette Berechtigung zur Administration dieses virtuellen Servers erteilt werden. Die lokale Gruppe der Administratoren ist in der Standardeinstellung bereits eingetragen. Passen Sie die Liste derer, die eine Berechtigung zur Verwaltung erhalten sollen, über *Add* und *Remove* an.

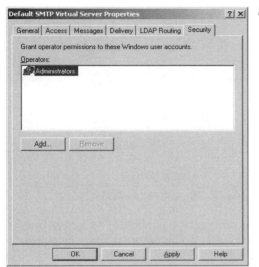

Einstellen der Verwaltungsberechtigungen

Einrichten virtueller SMTP-Server

Weitere virtuelle SMTP-Server erstellen Sie, indem Sie im Kontextmenü des Computers unter *New SMTP Virtual Server* auswählen. Geben Sie anschließend dem neuen virtuellen SMTP-Server einen Namen und wählen Sie dann aus, über welche IP-Adresse der Server angesprochen werden soll. Achten Sie dabei darauf, dass sich entweder die IP-Adresse oder der TCP-Port oder beides von den Einstellungen bereits existierender virtueller Server unterscheiden, da es sonst zu Kommunikationsproblemen kommt und beim Abschluss der Einrichtung bereits eine Fehlermeldung ausgegeben wird.

Als Zwischenspeicher verwendet der SMTP-Dienst ein Verzeichnis auf der Festplatte, das als Nächstes angegeben werden muss. Um die Übersicht nicht zu verlieren, sollten Sie das neue Verzeichnis ebenfalls unterhalb von *Inetpub* anlegen. Danach geben Sie die Standarddomäne ein, die von diesem virtuellen Server verwaltet wird. Anschließend steht der neue virtuelle SMTP-Server bereits zur Verfügung.

Einrichten von E-Mail-Domänen

Da wir bei der Konfiguration des virtuellen SMTP-Servers bereits angegeben haben, dass keine Weiterleitung von Nachrichten erfolgt, werden zunächst einmal alle Nachrichten vom System abgewiesen. Im folgenden Schritt werden daher jetzt die Domänen angelegt, für die der virtuelle SMTP-Server E-Mails annimmt und an die entsprechenden Mailserver weiterleitet.

Der IIS 5.0 als Grundlage für den ISA-Server

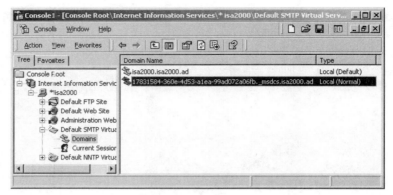

Anzeige der von einem virtuellen SMTP-Server verwalteten E-Mail-Domänen

In der obigen Abbildung sehen Sie, dass der Server selbst bereits als eine lokale Domäne eingetragen ist, also Nachrichten von sich selbst, zum Beispiel von einem auf diesem Server laufenden Webserver, annimmt. Die zweite Domäne mit der kryptischen Bezeichnung wurde eingerichtet, da es sich bei dem Server in unserer Beispielkonfiguration um einen Active Directory-Domänencontroller handelt und dieser auch per SMTP die Replikation mit anderen Domänencontrollern durchführen kann.

Um eine neue E-Mail-Domäne zu erstellen, wählen Sie unterhalb des gewünschten virtuellen Servers den Eintrag *Domains* und klicken Sie dort im Kontextmenü des Eintrags auf *New* und dann auf *Domain*.

Als Nächstes wählen Sie aus, ob Sie eine Remote- oder eine Alias-Domäne einrichten wollen. Eine Alias-Domäne erlaubt lediglich, diesem System eine weitere Domäne zuzuweisen, wählen Sie daher *Remote* und geben Sie anschließend den Namen der neuen Domäne an. Damit ist die neue Domäne erstellt. Öffnen Sie die Eigenschaften der neuen Domäne, um weitere Einstellungen vorzunehmen.

Auf der Registerkarte *General* nehmen Sie die wichtigste Einstellung für die Domäne vor. Damit Nachrichten an den eigentlichen, die Domäne verwaltenden Mailserver weitergeleitet werden könne, muss zunächst das Kontrollfeld *Allow incoming mail to be relayed to this domain* aktiviert werden. Diese Funktion ist in der Standardeinstellung nicht aktiviert, ein einfaches Erstellen der Domäne genügt daher nicht, damit der SMTP-Dienst die Mails weiterleitet.

Falls es sich beim internen Mailserver um eine ältere Version handelt oder es beim Verbindungsaufbau über die erweiterte SMTP-Variante ESMTP, die zusätzliche Funktionen zur Sicherung und Beschleunigung des Nachrichtentransfers bietet, zu Problemen kommt, schalten Sie die Erweiterung aus, in-

SMTP

dem Sie das Kontrollfeld *Send HELO instead of EHLO* aktivieren. Damit verhält sich der virtuelle Server wie ein SMTP-Server und verwendet keine eventuell problematischen Erweiterungen.

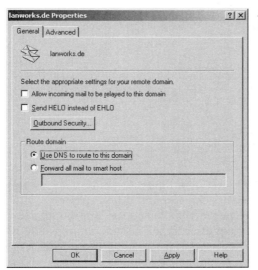

Allgeimeine Einstellungen einer Remote E-Mail-Domäne

Das Ziel der Weiterleitung wird danach unter *Route domain* konfiguriert. Dabei sorgt die Standardeinstellung *Use DNS to route to this domain* allerdings in vielen Fällen für Probleme. Zunächst einmal wird der SMTP-Server im DNS für die Annahme von Mails für eine bestimmte Domäne angegeben.

Wenn jetzt diese DNS-Informationen wieder herangezogen werden, um zu ermitteln, an welchen Server die Weiterleitung erfolgen soll, dann würde der SMTP-Server die Nachricht an sich selbst weiterleiten. Hier müsste also eine parallele DNS-Konfiguration vorhanden sein, anhand derer der Zielserver ermittelt werden kann.

Ist dies nicht der Fall, ändern Sie die Einstellung auf *Forward all mail to smart host* und tragen Sie im Feld darunter die IP-Adresse beziehungsweise den Hostnamen des internen Mailservers ein. Beachten Sie dabei bitte, dass eine IP-Adresse in eckige Klammern eingeschlossen werden muss (zum Beispiel [192.168.100.16]).

Der IIS 5.0 als Grundlage für den ISA-Server

Konfiguration der Anmeldung bei der Weiterleitung von E-Mails

Damit die Kommunikation mit dem internen Mailserver reibungslos funktioniert, muss über die Schaltfläche *Outbound Seecurity* noch die Anmeldung konfiguriert werden. Wenn Sie für die interne Kommunikation angegeben haben, dass eine Anmeldung erforderlich ist, müssen Sie auch hier angeben, mit welchem Namen und Passwort die Anmeldung am SMTP-Server des Zielsystems erfolgt. Auch hier können Sie wählen, ob diese Informationen im Klartext übertragen werden, was der *Basic authentication* entspricht, oder ob die Anmeldung über das *Windows security package* durchgeführt wird, bei der zur Laufzeit entschieden wird, welches Verfahren verwendet wird. Die zu übertragenden Daten werden zunächst im Klartext übertragen, es sei denn, Sie geben an, dass eine *TLS encryption* erfolgen soll. Dies ist allerdings nur dann möglich, wenn dies auf der Gegenseite auch konfiguriert und dem Server ein Zertifikat zur Verschlüsselung zugewiesen wurde.

Einstellung von Authenticated TURN (ATRN)

Bei der bisherigen Einstellung der Remote-Domänen sind wir zunächst einfach davon ausgegangen, dass eine dauerhafte Verbindung zwischen dem virtuellen SMTP-Server und dem internen Mailserver besteht. Dies ist in der Praxis allerdings nicht immer der Fall, oft werden die Nachrichten zwischen zwei Standorten auch noch per Modem oder ISDN übertragen. Dies ist nun auch noch nicht weiter problematisch, da der virtuelle SMTP-Server schließlich über RAS eine Verbindung zum Zielserver öffnen könnte. An dieser Stelle entstehen die Kosten jetzt jedoch beim sendenden System, weshalb es oft gewünscht ist, dass der Empfänger selbst die Mail abholt und damit die Kosten zu seinen Lasten gehen.

Um dies zu ermöglichen, hat man im SMTP die Funktion TURN implementiert, bei der ein SMTP-Server die Nachrichten für eine bestimmte Domäne so lange in einer Warteschlange hält, bis sie vom Empfängersystem abgeholt werden. Dieses ursprüngliche Variante hatte allerdings einen kleinen Haken – der Empfänger hat lediglich die Domäne angegeben, für die er die E-Mails abrufen will, worauf der SMTP-Server die Übertragung gestartet hat. Damit war allerdings jeder in der Lage, die Nachrichten für eine bestimmte Domäne abzurufen. Diese Sicherheitslücke wurde mit der Einführung von ETRN (Extended TURN) gestopft, da hier zunächst eine Anmeldung erfolgen muss, bevor der Mailabruf durchgeführt werden kann. ETRN beinhaltet nun noch weitere Funktionen, die sich allerdings nicht auf die Sicherheit beziehen. Eine abgespeckte Version wurde daher später mit ATRN (Authenticated TURN) eingeführt, die lediglich die Anmeldung beinhaltet.

Um die Mails für eine Domäne nun in der Warteschlange zu halten, bis sie vom Zielsystem abgerufen werden, aktivieren Sie auf der Registerkarte *Advanced* das Kontrollfeld *Queue messages for remote triggered delivery* und geben Sie danach die Konten ein, denen ein Abrufen der Mails erlaubt ist.

Abschalten bestimmter ESMTP-Funktionen

Bei der Weiterleitung von E-Mails über SMTP kann es bei bestimmten Mailservern, zum Beispiel Exchange-Server 5.5, zu Problemen beim Mailempfang kommen, die darauf zurückzuführen sind, dass der Windows 2000-SMTP-Dienst Funktionen unterstützt, die in Exchange 5.5 noch nicht implementiert sind.

Ursprünglich war die Datenübertragung im Internet darauf ausgelegt, von einem Byte lediglich sieben Bit zu verwenden und das achte Bit für Steuerbefehle zu verwenden. Eine Binärdatei musste daher so konvertiert werden, dass Bit Nummer 8 nicht verwendet wird, was natürlich zur Folge hatte, dass sich das zu übertragende Datenvolumen um den Faktor 1,5 erhöhte. Um die Datenmenge zu reduzieren und eine Binärdatei ohne Konvertierung übertragen zu können, war jedoch eine Erweiterung des bestehenden SMTP-Protokolls notwendig.

Der IIS 5.0 als Grundlage für den ISA-Server

Mit der Erweiterung von SMTP zu ESMTP wurden zunächst keine neuen Funktionen definiert, sondern es wurden lediglich vorgegeben, wie ein ESMTP-Server bekannt gibt, welche Funktionen er unterstützt. Dies geschieht, indem der empfangende Server beim Verbindungsaufbau die Liste der Erweiterungen sendet. Eine der heute implementierten Erweiterungen ist 8bitmime oder BINARYMIME, mit der die Übertragung von Daten auch mit 8 Bit möglich ist. Diese Erweiterung wird zwar vom Windows 2000-SMTP-Dienst unterstützt, jedoch nicht vom Exchange-Server 5.5. Leider ist der SMTP-Server aber nicht in der Lage, eine im 8-Bit-Format erhaltene Nachricht vor der Weiterleitung an den Exchange-Server ins 7-Bit-Format zu konvertieren. Beim Versuch, eine solche Nachricht an den Exchange-Server zu übermitteln, kommt es somit zu einem Fehler, wodurch die Nachricht nicht zugestellt werden kann. Behoben werden kann dieses Problem nur, indem der SMTP-Dienst so konfiguriert wird, dass beim Verbindungsaufbau die Unterstützung von 8bitmime nicht angezeigt wird.

Da der IIS seine Konfiguration allerdings, wie bereits bemerkt, nicht in der Registry speichert, sondern in der Metabase, benötigen wir für die Konfiguration ein eigenes Utility. Microsoft selbst stellt dafür zwei Programme zur Verfügung, von denen das eine, Mdutil, nur für Kommandozeilenfetischisten zu empfehlen ist. Etwas komfortabler kommt dagegen MetaEdit daher. Dieses Programm müssen Sie allerdings zunächst von der Microsoft-Website unter http://download.microsoft.com/download/iis40/other/4.0/WIN98/EN-US/MtaEdt21.exe downloaden.

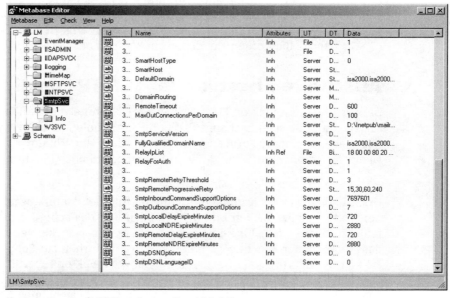

Konfiguration der SMTP-Einstellungen über MetaEdit

NNTP

Leider ist die Funktion 8bitmime in dieser Form nicht einfach so zu deaktivieren. Microsoft hat diese Funktion und einige andere in einem 32-Bit-Wert abgelegt. In der folgenden Tabelle sehen Sie, welche Funktionen durch welchen Wert repräsentiert werden. Addieren Sie einfach die Werte der gewünschten Funktionen und tragen Sie das Ergebnis abschließend mit MetaEdit im Schlüssel *SmtpInoundCommandSupportOptions* wie unten angegeben ein.

Funktion	Wert
DSN	64
ETRN	128
TURN/ATRN	1024
ENHANCEDSTATUSCODES	4096
CHUNKING	1048567
BINARYMIME	2097152
8bitmime	4194304

Wenn jetzt nur die Funktion *8bitmime* deaktiviert werden soll, tragen Sie den Wert 3503297 ein.

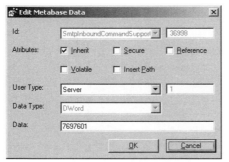

Einstellung der verwendeten Funktionen bei einkommenden Verbindungen

Beenden Sie danach den SMTP-Dienst und starten Sie ihn neu, damit die Änderungen aus dem Metabase übernommen werden.

2.4 NNTP

Ein ebenfalls sehr wichtiges Protokoll bei der Informationsübermittlung im Internet ist das **N**etwork **N**ews **T**ransfer **P**rotocol (NNTP). Über NNTP stellen Sie so genannten Newsgroups für Benutzer mit Newsreadern wie Outlook Express zur Verfügung. Auch hier arbeiten wir wieder mit virtuellen Servern. Wählen Sie im Protokollcontainer *NNTP* und öffnen Sie die Eigenschaften des virtuellen NNTP-Standardservers.

Der IIS 5.0 als Grundlage für den ISA-Server

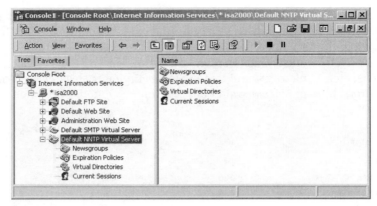

Ansicht des virtuellen NNTP-Standardservers in der MMC

Verwalten virtueller NNTP-Server

Allgemeine Einstellungen eines virtuellen NNTP-Servers

Die NNTP-Einstellungen auf der Registerkarte *General* beziehen sich zunächst auf eingehenden Verbindungen. Unter *IP address* konfigurieren Sie die IP-Adresse, über die dieser virtuelle NNTP-Server angesprochen wird. In diesem Fall bedeutet die Anzeige *(All Unassigned)* nicht, dass diesem Server keine Adresse zugewiesen ist, sondern vielmehr, dass dieser virtuelle Server auf konfigurierte IP-Adressen reagiert, die nicht explizit anderen virtuellen Servern zugewiesen wurden. Wählen Sie *Advanced*, um die Einstellungen für die verwendeten IP-Adressen zu ändern.

NNTP

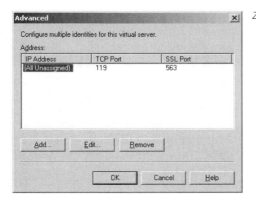

Zugewiesene IP-Adresse und Ports

Wie bereits für virtuelle SMTP-Server beschrieben, definieren Sie in diesem Fenster die IP-Adresse sowie den TCP-Port, über den dieser virtuelle NNTP-Server angesprochen wird. Für die verschlüsselte Datenübertragung über SSL muss zusätzlich ein weiterer TCP-Port angegeben werden. Dieser darf nicht mit dem Standardport identisch sein, da der virtuelle Server nur anhand des TCP-Ports, auf dem er angesprochen wird, entscheidet, ob die Datenübertragung verschlüsselt oder unverschlüsselt erfolgen soll. Klicken Sie auf *Add*, *Edit* oder *Remove*, um die Listen zu modifizieren.

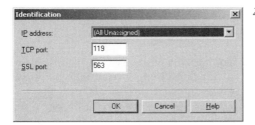

Zuweisung weiterer IP-Adressen und Ports

Wählen Sie nun aus, ob dieser virtuelle NNTP-Server über alle IP-Adressen des Windows 2000-Servers angesprochen werden kann, die nicht explizit anderen virtuellen NNTP-Servern zugewiesen wurden, oder nur über eine spezielle Adresse. Definieren Sie danach einen Port, über den die Daten unverschlüsselt übertragen werden sollen, im Feld *TCP port* sowie einen Port für die verschlüsselte Kommunikation im Feld *SSL port*. Auch wenn Sie eine der beiden Übertragungsmöglichkeiten nicht nutzen wollen, müssen Sie beide Ports definieren.

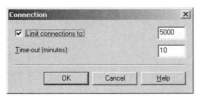

Verbindungsbeschränkungen des virtuellen NNTP-Servers

Der IIS 5.0 als Grundlage für den ISA-Server

Als Nächstes definieren Sie von der Registerkarte *General* aus über die Schaltfläche *Connection* weitere Einstellungen zu eingehenden Verbindungen. Die Anzahl eingehender Verbindungen ist in der Standardeinstellung auf 5000 begrenzt. Problematisch kann diese hoch angesetzte Begrenzung werden, wenn zu viele Server gleichzeitig versuchen, diesem System Mails zuzustellen oder abzurufen, und die Verbindung zwischen den Servern zu langsam ist. In diesem Fall kann es unter Umständen zu lange dauern, bis der entfernte NNTP-Server oder Client eine Rückantwort bekommt, was ein Timeout und damit einen Verbindungsabbruch zur Folge hat. Außerdem wird das System so anfällig gegen **D**enial **o**f **S**ervice (DoS)-Angriffe, bei denen der Angreifer den Server mit einer Vielzahl von Verbindungsanfragen attackiert, woraufhin zu viele Ressourcen des Servers in Anspruch genommen werden und der Server somit bis zum Stillstand gebremst werden kann. Wird dagegen die Zahl der Verbindungen beschränkt, dann kann der Angreifer zwar die Verbindung des Servers zur Außenwelt blockieren, jede das Limit überschreitende Anfrage würde aber abgelehnt und die verbleibende Funktionalität des Servers bliebe damit erhalten. Ein zweiter virtueller NNTP-Server kann in einem solchen Fall dann noch weiterhin interne Nachrichten verarbeiten, weil dazu noch ausreichend Ressourcen zur Verfügung stehen.

Als Nächstes ist noch ein *Timeout* zu definieren. Wenn über eine Verbindung mehr als 10 Minuten keine Daten mehr übertragen werden, dann wird diese Verbindung vom virtuellen NNTP-Server beendet und die dafür bereitgestellten Ressourcen werden wieder freigegeben.

Newsserver tauschen in vielen Fällen ihre Newsgroups in Ringstrukturen aus und erreichen damit eine Ausfallsicherheit sowie möglichst kurze Nachrichtenlaufzeiten. Damit eine Nachricht nicht mehrfach im Kreis gesendet wird, müssen die Server erkennen, dass Sie eine Nachricht bereits einmal empfangen haben. Dazu trägt jeder Server eine unter *path header* angegebene eindeutige Kennung, den vollständigen Hostnamen, im Nachrichtenkopf ein.

Die Konfigurationsmöglichkeiten über die Registerkarte *Access* haben wir bereits im Abschnitt über virtuelle SMTP-Server besprochen, für virtuelle NNTP-Server erfolgt sie analog. Lediglich die Zugriffskontrolle wurde etwas erweitert. Klicken Sie auf *Authentication*, um die erweiterten Einstellungen vorzunehmen.

NNTP

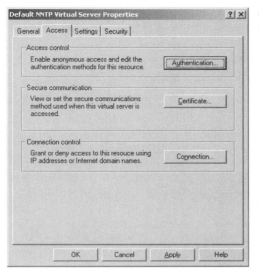

Einschränkungen des Zugriffs auf einen virtuellen NNTP-Server

Zunächst geben Sie ebenfalls an, ob und auf welche Weise sich ein Benutzer bei diesem virtuellen NNTP-Server anmelden muss. Gegenüber dem virtuellen SMTP-Server kann sich ein Benutzer hier auch ohne direkte Eingabe seines Namens anmelden, indem Sie die *SSL-client authentication* aktivieren. Ein Benutzer kann dann im Newsreader sein Zertifikat einbinden und sich mit diesem Zertifikat anmelden.

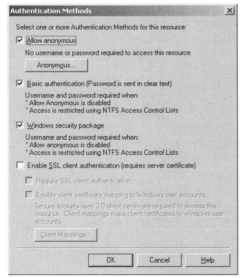

Anmelderichtlinien

Diese Methode kann auch erzwungen werden, indem Sie das Kontrollfeld *Require SSL client authentiction* aktivieren, womit ein Benutzer ohne Zertifi-

83

Der IIS 5.0 als Grundlage für den ISA-Server

kat keinen Zugang zu diesem Server mehr erhält. Abschließend lässt sich dann noch eine Zuordnung von Clientzertifikaten zu Windows-Benutzerkonten aktivieren, was von Bedeutung ist, wenn das Zertifikat nicht den im Active Directory angelegten Benutzernamen enthält. Klicken Sie dazu auf *Client mappings* und wählen Sie dann jeweils ein Zertifikat und den zugehörigen Benutzernamen aus.

Da der Server technisch jedoch immer eine Anmeldung erwartet, müssen Sie über *Anonymous* ein Konto angeben, mit dem eine automatische Anmeldung erfolgt, falls der Client keine Anmeldeinformationen sendet.

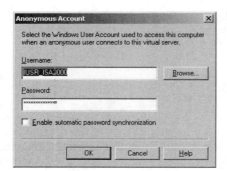

Vorgabe des Kontos für anonyme Verbindungen

Über *Browse* wählen Sie aus der Liste das Konto aus, mit dem die automatische Anmeldung erfolgen soll. Geben Sie danach das Kennwort für das Konto ein. Wenn Sie das Kennwort für diesen Account ändern, müssen Sie es entweder hier ebenfalls ändern oder Sie aktivieren das Kontrollfeld *Enable automatic password synchronization* und müssen sich nach kommenden Kennwortänderungen nicht mehr darum kümmern.

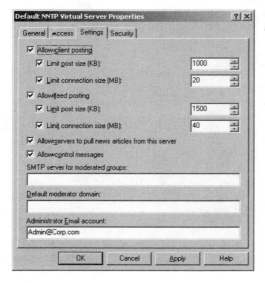

Weitere Einstellungen für virtuelle NNTP-Server

NNTP

Unter Windows 2000 ist es möglich, exakt zu unterscheiden, ob eingehende Nachrichten von Clients oder Servern empfangen wurden. Die Unterscheidung wird dabei anhand der NNTP-Befehle durchgeführt, die von der Gegenstelle verwendet werden. Über die Kontrollfelder *Allow client posting* und *Allow feed posting* können Sie auswählen, von wem Sie Beiträge in Newsgroups zulassen. Für beide lässt sich zusätzlich die Beitragsgröße einschränken sowie die Verbindungsgröße, sprich, wie groß ein einzelner Beitrag inklusive Dateianhang sein darf und wie viele Daten während einer Verbindung überhaupt gesendet werden dürfen.

Zusätzlich lässt sich jetzt auch in der Gegenrichtung festlegen, ob nur Clients Beiträge von diesem Server beziehen können oder ob auch anderen Servern erlaubt wird, komplette Newgroups anzufordern. Deaktivieren Sie das Kontrollfeld *Allow servers to pull news articles from this server* um nur Clients den Zugriff auf diesen Server zu ermöglichen. Wundern Sie sich aber nicht, wenn Sie feststellen, dass doch Server von Ihrem Server Newsgroups beziehen. Viele NNTP-Server sind in der Lage, den für die Abfragen verwendeten Befehlssatz anzupassen und sich wie ein Client zu verhalten.

Wenn Sie moderierte Newsgroups einrichten, wird jeder neue Beitrag zunächst als E-Mail an den angegebenen Moderator weitergeleitet. Dazu muss jedoch vorher eingestellt werden, über welchen SMTP-Server diese Nachrichten gesendet werden und welche Standarddomäne für den Moderator eingerichtet wird. Damit Warnmeldungen an den zuständigen Verwalter zugestellt werden können, geben Sie schließlich noch den *Administrator Email Account* an.

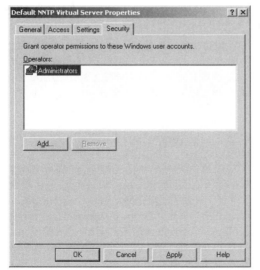

Vorgabe der zur Administration berechtigten Benutzer

Als Letztes bestimmen Sie über die Registerkarte *Security*, welche Benutzer berechtigt sind, diesen virtuellen NNTP-Server zu verwalten. In der Standardeinstellung ist die Gruppe der lokalen Administratoren als Verwalter eingetragen. Über *Add* und *Remove* können Sie diese Liste nach Belieben anpassen. Starten Sie danach den Dienst neu, damit die Einstellungen wirksam werden.

Einrichten weiterer virtueller NNTP-Server

Weitere virtuelle NNTP-Server erstellen Sie, indem Sie im Kontextmenü des Computers unter *New NNTP Virtual Server* auswählen. Geben Sie anschließend dem neuen virtuellen NNTP-Server einen Namen und wählen Sie dann aus, über welche IP-Adresse und welchen TCP-Port der Server angesprochen werden soll. Achten Sie dabei darauf, dass sich entweder die IP-Adresse oder der TCP-Port oder beides von den Einstellungen bereits existierender virtueller Server unterscheiden, da es sonst zu Kommunikationsproblemen kommt und beim Abschluss der Einrichtung bereits eine Fehlermeldung ausgegeben wird.

Als Zwischenspeicher für Systemdateien verwendet der NNTP-Dienst ein Verzeichnis auf der Festplatte, das als Nächstes angegeben werden muss. Um die Übersicht nicht zu verlieren, sollten Sie das neue Verzeichnis ebenfalls unterhalb von *Inetpub* anlegen. Danach geben Sie an, ob die eigentlichen Beiträge lokal oder über eine Freigabe auf einem anderen Server gespeichert werden, und geben den Pfad dazu an. Anschließend steht der neue virtuelle NNTP-Server bereits zur Verfügung.

Erstellen von Newsgroups

Zunächst existieren nur ein paar interne Newsgroups auf dem Server, weitere Newsgroups müssen also zunächst angelegt werden. Jeder Server kann dabei immer nur die öffentlichen Ordner zur Verfügung stellen, die auch auf diesem gespeichert sind oder über eine Freigabe auf einem anderen Server zur Verfügung stehen.

Unterhalb des virtuellen NNTP-Servers sehen Sie in der MMC den Container Virtual. Die im rechten Fenster dargestellten Virtual Verzeichnisse werden direkt bei der Installation angelegt. Sie bestimmen dabei über den Newsgroupnamen, in welchem virtuellen Verzeichnis eine Newsgroup angelegt wird. So liegt zum Beispiel die Newsgroup *control.cancel* im virtuellen Verzeichnis *control*. Alle Newsgroups, für die kein eigenes Verzeichnis angelegt wurde, werden unter *Default* abgelegt. Über die virtuellen Verzeichnisse können Sie verschiedene Einstellungen (Speicherort, Verschlüsselung) unabhängig voneinander je nach Bedarf konfigurieren.

NNTP

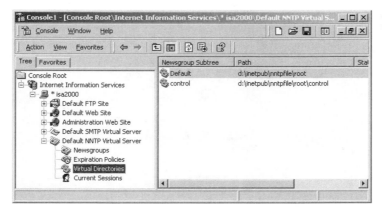

Liste aller virtuellen NNTP-Verzeichnisse

Erstellen von virtuellen Newsgroup-Verzeichnissen

Klicken Sie nun im Kontextmenü des Containers *Virtual Directories* auf *New* und dann auf *Virtual Directorys*, um den Assistenten für die Konfiguration zu starten.

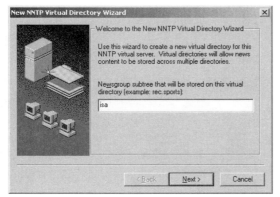

Erstellen eines virtuellen Newsgroup-Verzeichnisses

Alle Newsgroups sind in so genannte Hierarchien unterteilt, das heißt, sie sind in einen gewissen Kontext eingegliedert, damit die Suche innerhalb der im Internet mittlerweile in fünfstelliger Anzahl vorhandenen Newsgroups etwas leichter fällt. Sie müssen nun überlegen, ob Sie sich in eine bestehende Struktur eingliedern oder eine eigene Struktur einrichten wollen. Viele Unternehmen, die ihren Kunden Newsgroups zur Verfügung stellen, wählen als oberste Ebene den eigenen Namen, so wie wir hier in dem oben abgebildeten Beispiel *isa* verwenden.

Oft werden Newsgroups nicht nur für Kunden, sondern auch für Mitarbeiter zur Verfügung gestellt. Daher empfiehlt sich darunter noch eine weitere Unterteilung. In der Regel wird daher die Ebene *public* eingefügt.

Der IIS 5.0 als Grundlage für den ISA-Server

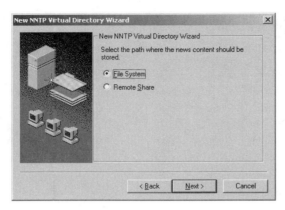

Auswahl des Speicherorts für eine neue Newsgroup-Hierarchie

Wie schon angesprochen, können Newsgroups im *Dateisystem* auf einem lokalen Datenträger oder über eine *Remotefreigabe* auf einem anderen Server gespeichert werden. Damit kann sehr einfach eine Lastverteilung durchgeführt werden. Zwei oder mehr Server werden dann parallel genutzt, speichern alle Beiträge aber auf einem gemeinsam genutzten Dateiserver. Fällt nun einer der NNTP-Server aus, stehen die anderen weiterhin zur Verfügung, lediglich die Antwortzeiten verschlechtern sich etwas, da die Benutzer nun auf die verbliebenen Server verteilt werden müssen. In unserem Szenario wollen wir das lokale Dateisystem nutzen, weshalb wir hier *File System* wählen.

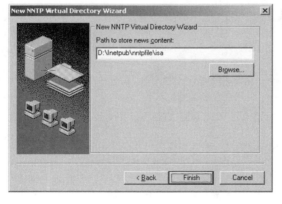

Angabe des Pfads für eine neue Newsgroup-Hierarchie

Wählen Sie über *Browse* das Verzeichnis aus, das als Speicherort für die Newsgroups dienen soll. Alternativ können Sie auch von Hand ein neues Verzeichnis angeben, das bei Bedarf automatisch erstellt wird. Alle Newsgroups, die mit dem zuvor angegebenen *isa* beginnen, werden dann in diesem Verzeichnis gespeichert.

Haben Sie dagegen angegeben, dass Sie eine Freigabe auf einem anderen Server verwenden wollen, dann geben Sie den Server und die Freigabe an und tragen danach noch ein, als welcher Benutzer mit welchem Passwort die Verbindung mit dieser Freigabe geschehen soll.

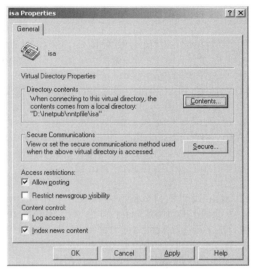

Eigenschaften des virtuellen News-Verzeichnisses

Nachdem das neue virtuelle Verzeichnis eingerichtet worden ist, können Sie nachträglich noch ein paar weitere Einstellungen vornehmen beziehungsweise die im Assistenten gemachten Angaben anpassen oder korrigieren. Über die Schaltfläche *Contents* ändern Sie den Pfad, von dem aus die Newsgroups zur Verfügung gestellt werden. Sie haben hier wieder die Wahl zwischen lokalen Datenträgern und Remotefreigabe. Beachten Sie bitte, dass Sie für die Übertragung der Daten selbst verantwortlich sind, ein automatisches Verschieben ist nicht vorgesehen.

Parallel zu den Einstellungen für den virtuellen NNTP-Server können Sie über *Secure* für dieses virtuelle Verzeichnis angeben, ob eine Verschlüsselung erforderlich ist und ob eine starke Verschlüsselung verlangt wird. Sie können hier die Einstellungen für den Server nur verschärfen, wird also bereits für den Server die sichere Kommunikation vorausgesetzt, können Sie hier nur noch zusätzlich starke Verschlüsselung fordern, ein Abschalten der Sicherheit ist nicht möglich.

Grundsätzlich kann jeder Benutzer eine Newsgroup so weit nutzen, wie es die für den öffentlichen Ordner eingestellten Berechtigungen zulassen. Deaktivieren Sie das Kontrollfeld *Allow posting*, damit die Newsgroups in diesem virtuellen Verzeichnis nur noch gelesen werden können, egal, welche Zugriffsrechte der Benutzer hat.

Sobald der Benutzer in seinem NNTP-Client die Liste der verfügbaren Newsgroups vom Server anfordert, werden die Namen aller öffentlichen Ordner übermittelt, die unterhalb des Stammordners angelegt wurden. Das kann natürlich in dem Fall zu Problemen führen, in dem ein Benutzer anschließend auf eine Newsgroup zugreifen möchte, auf die er allerdings keine Zugriffsrechte hat. Falls Sie den anonymen Zugang gewähren, ist dies kein Problem und Sie sparen damit die Überprüfung der Zugriffsrechte für jeden einzelnen Ordner. Hat der Benutzer allerdings nicht auf alle angebotenen Ordner zumindest Leserechte, bekommt er eben auch Ordner angeboten, die er nicht nutzen darf. Der Benutzer wird sich mit diesem „Fehler" dann an Sie wenden und Sie berechtigterweise fragen, wieso er eine Newsgroup erst sieht und sie dann nicht nutzen darf. Aktivieren Sie in diesem Fall das Kontrollfeld *Restrict newsgroup visibility*, damit die Anwender nur noch die Newsgroups auswählen können, auf die sie auch Zugriffsrechte haben.

Je nach Einstellung des virtuellen NNTP-Servers wird jeder Zugriff auf die Newsgroups protokolliert. Diese Option lässt sich für jedes virtuelle Verzeichnis über das Kontrollfeld *Log access* separat deaktivieren. Protokolliert wird allerdings nur dann, wenn auch beim virtuellen NNTP-Server die Protokollierung aktiv ist. Ebenso separat abgeschaltet werden kann die Indizierung der Nachrichten in diesem virtuellen Verzeichnis. Wenn Sie *Index news content* wählen, können Benutzer über NNTP schneller nach Schlagworten in den Beiträgen suchen.

Neue Newsgroups erstellen

Nachdem wir nun den virtuellen Pfad für die Newsgroups bereitgestellt haben, gilt es, die Newsgroups selbst einzurichten. Überlegen Sie vorher, wie Sie die Newsgroups benennen wollen, damit Sie eine möglichst klare Struktur aufbauen, die leicht zu durchsuchen ist.

Wählen Sie im Kontextmenü des Eintrags *Newsgroups* unterhalb des gewünschten virtuellen NNTP-Servers *New* und dann *Newsgroup*. Geben Sie anschließend den Namen der neuen Newsgroup ein und danach eine Beschreibung des Inhalts. Damit ist die Newsgroup bereits erstellt und kann genutzt werden.

Die Beschreibung und der so genannte Pretty name für die Newsgroup können über die *Eigenschaften* einer Newsgroup nachträglich noch verändert werden. Der Pretty name kann vom Client anstelle des eigentlichen Namens angezeigt werden und erlaubt auch die Darstellung von Zeichen im Unicode-Format und kann damit auch für länderspezifische Zeichensätze verwendet werden.

NNTP

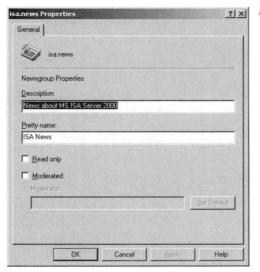

Eigenschaften einer Newsgroup

Wenn Sie die Newsgroup auf *Read only* setzen, kann kein Benutzer eigene Beiträge mehr veröffentlichen, aktivieren Sie jedoch das Kontrollfeld *Moderated*, so wird jeder Beitrag zunächst per E-Mail an den angegebenen *Moderator* gesendet, der den Beitrag dann schließlich in der Newsgroup freigibt.

Begrenzungen über Expiration Policies

Bisher haben wir uns lediglich damit beschäftigt, Newsgroups zur Verfügung zu stellen. Diese werden allerdings im Laufe der Zeit immer mehr Platz auf den Festplatten belegen, weshalb jetzt noch definiert werden muss, wie lange Beiträge in diesen Newsgroups erhalten bleiben sollen. Wer mit dem IIS 4 vertraut ist, wird nun die Möglichkeit suchen, zusätzlich die Anzahl der Nachrichten zu beschränken, was in der neuen Version jedoch ausgelassen wurde.

Definiert wird die Altersbeschränkung über die so genannten Expiration Policies, die es erlauben, für jede einzelne Newsgroup ein anderes maximales Alter festzulegen. Um den Arbeitsaufwand zu reduzieren, können Sie aber auch ganze Newsgroup-Teilbereiche mit einer Policy belegen.

Wählen Sie im Kontextmenü des Eintrags *Expiration Policies* unterhalb des gewünschten virtuellen NNTP-Servers *New* und dann *Expiration Policy*. Geben Sie anschließend den Namen der neuen Policy ein.

Der IIS 5.0 als Grundlage für den ISA-Server

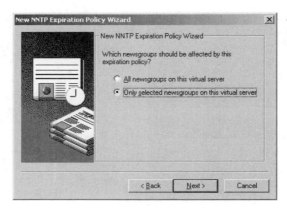

Auswahl des Geltungsbereichs einer Policy

Die Policy kann nun entweder für alle Newsgroups dieses virtuellen NNTP-Servers gelten oder nur für bestimmte, im Folgendenden anzugebende Newsgroups. Definieren Sie daher zunächst eine Policy für alle Newsgroups, die generell dafür sorgt, dass der Speicherplatz auf dem Server nicht irgendwann knapp wird, und erstellen Sie anschließend weitere Policies für die Newsgroups, für die Sie andere Werte angeben wollen.

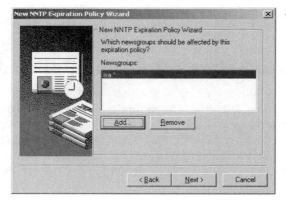

Auswahl der Newsgroups

Wenn Sie im letzten Schritt angegeben haben, dass diese Policy nur für einige Newsgroups gelten soll, geben Sie jetzt die entsprechenden Newsgroups an. Der Stern als Platzhalter erleichtert wie oben dargestellt die Angabe der Newsgroups. So müssen Sie nicht alle Newsgroups innerhalb der Struktur *isa* eintragen, sondern erreichen die gleiche Wirkung mit der Eingabe von *isa.**.

Als Letztes geben Sie dann noch an, wie lange ein Beitrag in einer Newsgroup auf dem Server gehalten werden soll. Die Standardeinstellung beträgt 168 Stunden, also eine Woche. Wenn Sie das Feld leer lassen, werden die Nachrichten nicht automatisch gelöscht.

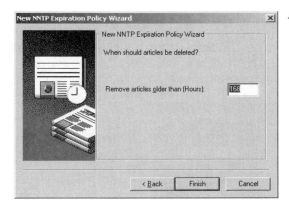
Angabe des maximalen Alters

Über die Eigenschaften der Policy können Sie jederzeit den Geltungsbereich der Policy sowie das maximale Alter der Beiträge anpassen.

2.5 FTP

Das **F**ile **T**ransfer **P**rotocol (FTP) wurde lange Zeit hauptsächlich verwendet, um Dateien zwischen Computern zu übertragen. Downloads werden heutzutage meistens direkt über Webserver durchgeführt. Eingesetzt wird FTP in vielen Fällen heute noch, um Webseiten auf den Server des Providers zu übertragen, herunterzuladen oder zu löschen.

Die größte Gefahr dabei besteht darin, dass FTP zwar eine Anmeldung vor dem Zugriff erfordert, jedoch keine Verschlüsselung unterstützt. Jeder Benutzer eines FTP-Servers läuft daher Gefahr, seine Anmeldedaten einem Angreifer im Internet preiszugeben.

Tipp
Sichere Downloadbereiche

Wenn Downloadbereiche auf dem Server angeboten werden sollen, verwenden Sie FTP nur dann, wenn keine Anmeldung erforderlich ist oder der Zugriff über ein sicheres Netzwerk erfolgt, in dem kein Unbefugter die übertragenen Daten mitschneiden kann. Weichen Sie andernfalls auf einen Webserver aus oder sorgen Sie dafür, dass die gesamte Kommunikation zum Beispiel über IPSec geschützt wird.

Konfiguration des FTP-Servers

Wie für die anderen virtuellen Server auch, lassen sich die verwendete IP-Adresse sowie der TCP-Port angeben. Im Gegensatz zu anderen Protokollen kann für FTP allerdings nur eine Adresse und ein Port angegeben werden.

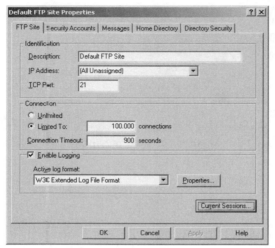

Allgemeine Einstellungen des virtuellen FTP-Servers

Die Anzahl eingehender Verbindungen ist in der Standardeinstellung auf 100.000 gesetzt, was faktisch keiner Begrenzung entspricht, weshalb Sie in diesem Fall auch *Unlimited* wählen können. An dieser Stelle gelten wieder die gleichen Überlegungen für die Beschränkungen wie für die anderen virtuellen Server bezüglich der Anfälligkeit gegenüber DoS-Angriffen.

Die Auswahl der verschiedenen Formate der Protokolldateien ist bei FTP auf W3C Extended, ODBC und Microsoft IIS beschränkt, ansonsten ist die Konfiguration der Protokollierung identisch mit den bisher bereits beschriebenen Protokollen.

Die aktuell mit dem virtuellen FTP-Server verbundenen Benutzer können Sie jederzeit über die Schaltfläche *Current Sessions* anzeigen lassen.

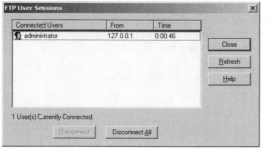

Anzeige der am FTP-Server angemeldeten Benutzer

FTP

Neben dem Benutzernamen, mit dem sich ein Anwender am FTP-Server angemeldet hat, sehen Sie zusätzlich, von welcher IP-Adresse aus der Zugriff erfolgt ist. Die Dauer der Verbindung wird ebenfalls angezeigt. Falls die Verbindung nicht mehr benötigt wird oder Sie vermuten, dass es sich bei dem Benutzer um einen unbefugten Eindringling handelt, wählen Sie den entsprechenden Benutzer aus und beenden Sie die Verbindung über *Close*.

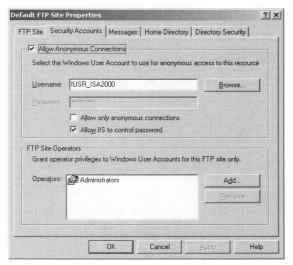

Sicherheitseinstellungen des virtuellen FTP-Servers

FTP wird häufig, wie Webserver auch, öffentlich eingesetzt und soll möglichst allen Benutzern im Internet zugänglich sein. Da der Server technisch jedoch immer eine Anmeldung erwartet, müssen Sie ein Konto angeben, mit dem eine automatische Anmeldung erfolgt, falls der Client keine Anmeldeinformationen sendet.

Über *Browse* wählen Sie aus der Liste das Konto aus, mit dem die automatische Anmeldung erfolgen soll. Geben Sie danach das Kennwort für das Konto ein. Wenn Sie das Kennwort für diesen Account ändern, müssen Sie es entweder hier ebenfalls ändern oder Sie aktivieren das Kontrollfeld *Enable automatic password synchronization* und müssen sich nach kommenden Kennwortänderungen nicht mehr darum kümmern.

Falls Sie den virtuellen FTP-Server in einer gesicherten Umgebung einsetzen wollen, in der nur autorisierte Benutzer Zugriff auf die Dateien haben sollen, deaktivieren Sie das Kontrollfeld *Allow Anonymous Connections*.

Unter *FTP Site Operators* definieren Sie anschließend wieder, welche Benutzer die Konfiguration dieses virtuellen FTP-Servers verwalten dürfen.

Der IIS 5.0 als Grundlage für den ISA-Server

Konfiguration von Texten und Beschränkung der gleichzeitigen Benutzer

Da FTP ein rein textbasiertes Protokoll ist, lassen sich keine passenden Umgebungen entwerfen, wie es bei Webservern möglich ist. Sie haben über die Registerkarte *Messages* lediglich die Möglichkeit, einen *Welcome*-Text anzugeben, der dem Anwender beim Aufbau der Verbindung angezeigt wird. Ein kurzer *Exit*-Text erlaubt eine kurze Nachricht zum Ende der Verbindung.

Etwas versteckt und auf dieser Registerkarte eigentlich vollkommen falsch platziert finden Sie unter *Maximum Conections* schließlich auf bei virtuellen FTP-Servern die Möglichkeit, die Anzahl der gleichzeitigen Verbindungen zu beschränken. Auch hier sollten Sie den Wert immer so wählen, dass die Anwender, die bereits mit dem Server verbunden sind, auch noch so schnell arbeiten können, dass Sie den Server nicht für abgestürzt halten.

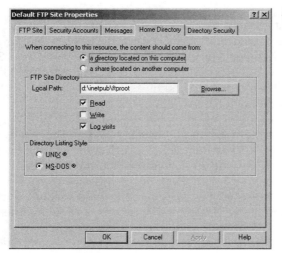

Freigaben definieren

Über den FTP-Server ist einerseits der Zugriff auf die lokalen Laufwerke des Servers möglich, andererseits können aber auch Freigaben auf anderen Servern zugänglich gemacht werden. So genügt ein einziger FTP-Server, um auf alle Ressourcen im gesamten Netzwerk zuzugreifen. Über die virtuellen Verzeichnisse, mit denen wir uns im Anschluss beschäftigen, wird ein solcher Zugriff eingerichtet. In der Standardeinstellung *a directory located on this computer* wird ein lokales Verzeichnis verwendet. Wählen Sie *a share located on another computer* für den Zugriff auf die Freigabe eines anderen Servers. Anschließend geben Sie unter *FTP Site directory* den lokalen Pfad beziehungsweise die Freigabe an.

Wie auch bei Standardfreigaben unter Windows 2000 können an dieser Stelle auch generell Berechtigungen für den Zugriff über FTP gesetzt werden. Zur Verfügung stehen allerdings nur das Leserecht *Read*, das standardmäßig gesetzt ist. Schreibzugriffe sowie das Löschen von Dateien sind erst dann möglich, wenn das Schreibrecht *Write* gegeben wird. Zusätzlich können die einzelnen Dateien und Verzeichnisse auch noch lokal über NTFS-Berechtigungen einzeln mit Berechtigungen versehen werden. Falls Sie auf der Registerkarte *FTP Site* die Protokollierung aktiviert haben, aktivieren Sie das Kontrollfeld *Log visits*, um die Zugriffe in diesem Verzeichnis zu protokollieren.

Um die Anzeige der Dateien an die Gewohnheiten der Anwender anpassen zu können, haben Sie unter *Directory Listing Style* noch die Möglichkeit, zwischen den Formaten *UNIX* und *MS-DOS* zu wählen.

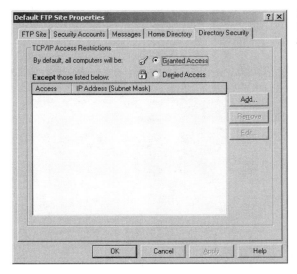

Einstellung der zum Zugriff berechtigten Systeme nach Adressen

Neben der Zugriffssicherung über die Anmeldung kann zusätzlich noch anhand von Adressen eine Einschränkung des Zugriffs durchgeführt werden. Das ist besonders dann wichtig, wenn Anwender von sicheren wie unsicheren Netzwerken aus auf den FTP-Server zugreifen können. Sofern die Gefahr besteht, dass ein Angreifer die unverschlüsselte Anmeldung protokolliert und somit in den Besitz der Benutzernamen und Passwörter gelangt, sollten Sie den Zugriff über die Registerkarte *Directory Security* einschränken. Dabei können Sie entweder mit einer Positiv- oder Negativliste arbeiten. In der Standardeinstellung wird mit einer leeren Negativliste gearbeitet, es wird also allen Systemen der Zugriff gestattet. Fügen Sie die Systeme der Liste hinzu, denen Sie explizit den Zugriff verweigern wollen. Andererseits können Sie über *Denied Access* auch zunächst allen Systemen den Zugriff verweigern und anschließend den gewünschten Systemen explizit erlauben.

Erstellen virtueller Verzeichnisse

Über den virtuellen FTP-Server ist zunächst einmal nur der Zugriff auf die lokale Festplatte des Servers beziehungsweise eine Freigabe im Netzwerk möglich. Ein Anwender, der Daten von mehreren Servern haben möchte, müsste sich daher mit allen Servern verbinden und jeweils die benötigten Daten übertragen. Über virtuelle Verzeichnisse können allerdings andere Laufwerke oder Computer unter einem einzigen FTP-Server zusammengefasst werden, die dann nach außen für den Anwender wie ein einziges System erscheinen, in dessen Verzeichnissen er irgendwo die benötigten Dateien findet.

Sie erstellen ein virtuelles Verzeichnis aus dem Kontextmenü des jeweiligen virtuellen FTP-Servers heraus über *New/Virtual Directory*. Eine Verschachtelung virtueller Verzeichnisse ist ebenfalls möglich, wählen Sie dann den gleichen Menüpunkt, allerdings dann aus dem Kontextmenü eines bereits angelegten virtuellen Verzeichnisses.

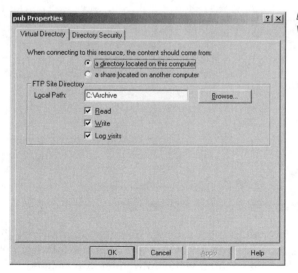

Einstellungen eines virtuellen Verzeichnisses

Geben Sie anschließend den *Alias* an, also den Namen, mit dem der Anwender in das virtuelle Verzeichnis wechselt, und den Pfad, in dem die Daten des virtuellen Verzeichnisses tatsächlich liegen. Als Nächstes definieren Sie die Zugriffsrechte der Anwender, wobei das Leserecht über *Read* bereits gesetzt ist. Gewähren Sie über *Write* bei Bedarf auch Schreibrechte.

Die Konfiguration eines virtuellen Verzeichnisses beschränkt sich auf die Möglichkeiten der Konfiguration, wie sie bereits für die Registerkarten *Home Directory* und *Directory Security* für virtuelle FTP-Server beschrieben wurden.

Erstellen virtueller FTP-Server

Weitere virtuelle FTP-Server erstellen Sie, indem Sie im Kontextmenü des Computers unter *New Site* auswählen. Geben Sie anschließend dem neuen virtuellen FTP-Server einen Namen und wählen Sie dann aus, über welche IP-Adresse und welchen TCP-Port der Server angesprochen werden soll. Achten Sie dabei darauf, dass sich entweder die IP-Adresse oder der TCP-Port oder beides von den Einstellungen bereits existierender virtueller Server unterscheiden, da es sonst zu Kommunikationsproblemen kommen wird.

Danach geben Sie an, welches lokale Verzeichnis beziehungsweise welche Freigabe über den virtuellen FTP-Server zur Verfügung gestellt werden soll und ob der Anwender Lese- und/oder Schreibrechte bekommen soll. Anschließend steht der neue virtuelle FTP-Server bereits zur Verfügung.

2.6 Webserver

Der Webserver ist der eigentliche Kerndienst des IIS und hat sich im Laufe der Zeit zu einem kommerziell erfolgreichen Produkt entwickelt. Das Anzeigen von Webseiten allein ist nur noch ein Teil der Funktionalität, die der Webserver bietet. Exchange 2000 zum Beispiel nutzt den Webserver als Basis für die Webstorage Services.

Konfigurieren virtueller Webserver

Wie schon bei den virtuellen Servern zuvor geben Sie für den virtuellen Webserver ebenfalls zunächst die IP-Adressen sowie die TCP-Ports an, über die Clients den Server ansprechen können. Der SSL-Port kann an dieser Stelle noch nicht gesetzt werden, da bisher kein Zertifikat zur Verschlüsselung zugewiesen worden ist. Ebenfalls übernommen wurden die Einschränkung der maximalen gleichzeitigen Verbindungen, das Time out für inaktive Verbindungen sowie die Optionen zur Protokollierung der Zugriffe.

Der IIS 5.0 als Grundlage für den ISA-Server

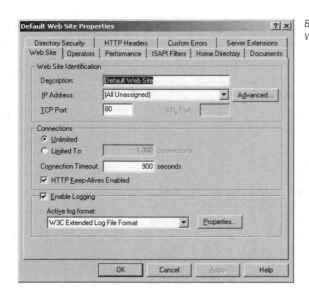

Basiseinstellungen des virtuellen Webservers

Damit eine Webseite übertragen werden kann, muss der Webbrowser zunächst eine Verbindung zum Server herstellen. Besteht eine solche Seite allerdings aus mehreren Elementen, wie zum Beispiel Text und Grafiken, muss für jedes Objekt zunächst eine eigene Verbindung hergestellt werden. Da der Verbindungsaufbau allerdings gewisse Zeit dauert, verzögert dieser Vorgang die Übertragung der kompletten Seite und belastet zusätzlich auch den Webserver.

Über die Funktion *HTTP Keep-Alives Enabled* hat der Webbrowser jetzt die Möglichkeit, die Verbindung nach der Übertragung nicht sofort zu beenden, sondern geöffnet zu halten. Alle weiteren Elemente der Webseite können somit über die gleiche Verbindung übertragen werden, wodurch die Verzögerung sowie die zusätzliche Belastung des Webservers durch die Herstellung einer weiteren Verbindung entfallen. Der Nachteil der Funktion liegt allerdings darin, dass der Webbrowser die Verbindung blockiert und bei Erreichen der maximalen Anzahl an Verbindungen kein weiterer Benutzer mehr Zugang zum Server erhält.

Neben der bisher bekannten Aufteilung mehrerer virtueller Webserver auf verschiedene IP-Adressen und TCP-Ports bietet der Webserver noch eine weitere Möglichkeit, die Ihnen von der Registerkarte *Web Site* über die Schaltfläche *Advanced* zur Verfügung steht.

Webserver

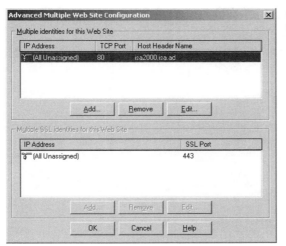

Einstellung von Adressen, Ports und Namen

Viele Websites werden in der Praxis nicht auf eigenen Webservern betrieben, sondern laufen parallel mit anderen Sites zusammen auf einem Server. Da die Anwender im Internet sicherlich keine TCP-Ports zusätzlich zur Webadresse angeben werden, wäre noch eine Unterscheidung über die IP-Adresse denkbar. In der Praxis scheidet dies allerdings auch aus, weil dazu eine Vielzahl offizieller (und damit teurer) IP-Adressen an einen Webserver gebunden sein müsste. Stattdessen wird die Tatsache genutzt, dass der Webbrowser bei der Abfrage einer Webseite den kompletten URL mit an den Server übermittelt. Dieser URL wird nun vom Server verwendet, um den richtigen virtuellen Server und somit den vom Anwender gewünschten Inhalt zu ermitteln. So können mehrere Websites auf einem Server mit einer IP-Adresse und einem TCP-Port betrieben werden.

Wenn also mehrere Websites auf einem Server betrieben werden sollen, geben Sie unter *Host Header Name* den URL der Website an und behalten Sie bei jedem virtuellen Webserver die gleiche IP-Adresse und den gleichen Port bei. Geben Sie dann anschließend für jede Site ein eigenes Verzeichnis für die Webseiten an.

Leider gibt es für einen Server keine allgemeingültige Konfiguration, weshalb Sie an dieser Stelle selbst ein wenig Tuning am Webserver vornehmen können. Wenn Sie abschätzen können, wie viele Seiten täglich von Ihrem Webserver abgerufen werden, stellen Sie den Wert unter *Performance tuning* ein. Der Dienst stellt dann entsprechende Ressourcen zur Verfügung, um möglichst kurze Antwortzeiten zu ermöglichen. Die Maxime „Viel hilft viel" sollten Sie an dieser Stelle jedoch nicht anwenden, da nicht benötigte Ressourcen an anderer Stelle wieder fehlen könnten. Halten Sie den eingestellten Wert daher immer möglichst nahe an der tatsächlichen Auslastung des virtuellen Webservers.

Der IIS 5.0 als Grundlage für den ISA-Server

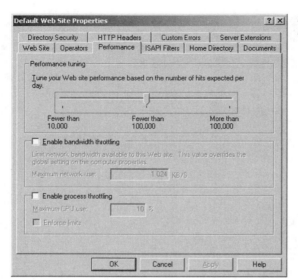

Einschränkung verwendeter Ressourcen

Falls die zur Verfügung stehende Netzwerkbandbreite beschränkt ist und nicht vollständig vom Webserver verwendet werden soll, aktivieren Sie das Kontrollfeld *Enable bandwith throttling* und geben Sie danach die maximal zu verwendende Bandbreite in KBit/s an. Die Datenübertragung wird daraufhin so gesteuert und bei Bedarf reduziert, falls das Limit überschritten wird. Auch wenn die verfügbare Bandbreite auf der Serverseite nicht beschränkt ist, kann diese Funktion auch sinnvoll eingesetzt werden, wenn getestet werden soll, wie schnell eine Webseite im Webbrowser dargestellt wird. Reduzieren Sie zum Beispiel die Bandbreite auf 64 KBit/s, um eine ISDN-Verbindung zu simulieren. Damit vermeiden Sie überladene Webseiten, die zwar im LAN schnell aufgebaut werden, beim Anwender im Internet aber viel zu langsam.

Wenn Sie viel mit dynamischen Webseiten und aktiven Inhalten mit Active Server Pages arbeiten, benötigt die Ausführung dieser Scripts natürlich auch Rechenzeit. Damit diese nicht den kompletten Server blockiert, können Sie über *Enable process throttling* eine obere Grenze für die verursachte Prozessorlast einsetzen. Wird das angegebene Limit überschritten, schreibt der Server einen Eintrag in das Anwendungsprotokoll, führt die Skripte aber weiterhin ohne Einschränkung aus. Erst wenn Sie zusätzlich das Kontrollfeld *Enforce limits* aktivieren, wird bei Erreichen des Limits keine weitere Rechenzeit zugeteilt.

Webserver

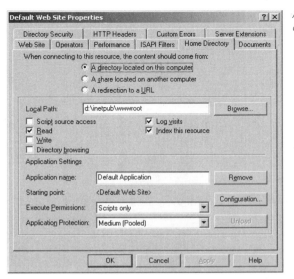

Angaben zum Basisverzeichnis der Website

Wie schon der FTP-Server erlaubt auch der Webserver nicht nur den Zugriff auf lokal gespeicherte Daten, sondern auch auf Dateien, die auf einem anderen Server abgelegt wurden. Dabei kann es sich entweder um eine Freigabe in einem Windows-Netzwerk handeln oder um einen anderen Webserver, auf dessen URL dann eine Weiterleitung erfolgt. Für die verschiedenen Speicherorte stehen dann allerdings auch verschiedene Konfigurationsmöglichkeiten zur Verfügung.

- *A directory located on this computer* – Über *Script source access* erlauben Sie dem Anwender, nicht nur die Ausgabe eines Scripts zu betrachten, sondern auch den Code des Scripts selbst. Normalerweise wollen Sie Ihren Code allerdings schützen, weshalb diese Option zunächst deaktiviert ist. Lediglich auf Webseiten, die zum Beispiel als Quelle für Entwickler dienen, ist die Aktivierung vorstellbar. Lesezugriff sollten Sie auf jeden Fall gewähren, da die Seiten ansonsten nicht angezeigt werden können. Einen generellen Schreibzugriff über *Write* geben Sie in der Regel ebenfalls nicht. Falls Anwender Webseiten ändern und zum Webserver zurückschicken möchten, können Sie dieses Kontrollfeld aktivieren. Sie sollten dann allerdings im lokalen Dateisystem über NTFS-Berechtigungen dafür sorgen, dass nur Befugte diese Dateien ändern. Das *Directory Browsing* ist in der Standardeinstellung ebenfalls zunächst deaktiviert. Damit wird verhindert, dass Anwender beliebig Dateien auf dem Webserver ansehen und sich abseits der durch unser Webdesign vorgegebenen Pfade bewegen. Wenn Sie aber den FTP-Server durch einen Webserver ersetzen wollen und nicht laufend Webseiten aktualisieren wollen, weil wieder eine neue Datei zum Downloaden hinzugekommen ist, aktivieren Sie dieses Kontrollfeld und der Anwender sieht alle Dateien und Verzeichnisse und kann darin navigieren wie zuvor auf dem FTP-Server. Da Sie in den meisten Fällen die Zugriffe auf den Webserver für spätere Auswertungen protokollieren sollen, lassen Sie das Kontrollfeld *Log visits* aktiviert. Schließlich können Sie noch entscheiden, ob der lokale Indexserver diesen virtuellen Webserver indizieren soll und die Seiten damit durchsucht werden können.

- *A share located on another computer* – Die Einstellungen sind mit denen für den lokalen Pfad nahezu identisch. Sie müssen lediglich zusätzlich angeben, mit welchem Benutzerkonto der Zugriff auf die Freigabe erfolgen soll.

- *A redirection to a URL* – Geben Sie den URL ein, zu dem die Umleitung erfolgen soll. Da der Anwender nach dem URL des Servers noch weitere Angaben machen kann, können Sie einstellen, ob die angegebenen Zusätze berücksichtigt werden. Über *The exact URL entered above* wird alles ignoriert, was der Anwender zusätzlich zum eigentlichen URL des virtuellen Webservers angegeben hat. A *directory below this one* dagegen leitet den Anwender vom aktuellen Verzeichnis in ein Unterverzeichnis weiter. Die Umleitungen werden vom Webserver an den Webbrowser gemeldet, von diesem allerdings immer als temporär angesehen. Wenn Sie das Kontrollfeld *A permanent redirection fort his resource* aktivieren, können einige Webbrowser diese jetzt permanente Umleitung als solche erkennen und zum Beispiel Bookmarks an den neuen URL anpassen.

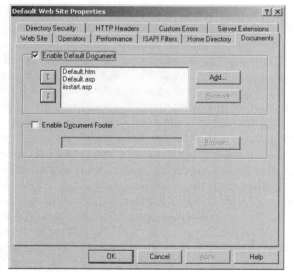

Angabe der Standarddokumente

Bei der Beschreibung des Directory Browsing haben wir bereits erläutert, dass wir den Anwender auf einem Webserver gern innerhalb der Bahnen unseres Webdesigns führen wollen und er nicht selbständig Dateien und Verzeichnisse ansehen soll. Damit das funktioniert, muss der Anwender aber immer die passende Webseite aufrufen. Da zumindest bei der ersten Verbindung immer nur der URL des Servers angegeben wird, würde der Webserver bei aktiviertem Directory Browsing jetzt den Inhalt des Basisverzeichnisses auflisten. Bei abgeschaltetem Directory Browsing dagegen würde die Anfrage des Anwenders abrupt mit einer Fehlermeldung beendet. Damit genau das nicht geschieht, sind auf der Registerkarte *Documents* so genannte *Default Documents* definiert, nach denen der Webserver zunächst sucht, wenn der Anwender nur der URL ohne Dateinamen angibt. Die erste Seite, die Sie für einen virtuellen Webserver erstellen, sollte daher immer den Namen *Default.htm* oder *Default.asp* haben. Wenn Sie den Server auch anderen Anwendern zur Verfügung stellen, ist es ratsam, auch *Welcome.htm* sowie *.html* als Endung zuzulassen, da solche Namen auf anderen Webservern als Standarddokument vorgegeben sein können.

In Bezug auf eine Corporate Identity möchten viele Webseitenbetreiber ein möglichst einheitliches Aussehen der einzelnen Seiten. Erleichtert wird dies, indem Sie das Kontrollfeld *Enable Document Footer* aktivieren und anschließend eine HTML-Datei auswählen, die jeweils an die eigentliche Webseite angehängt werden soll.

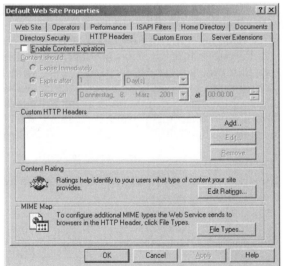

HTTP-Header-Konfiguration

Eine Funktion das ISA-Servers ist die Beschleunigung von Webzugriffen. Dabei werden vom Benutzer angeforderte Webseiten in einem Cache abgelegt. Bei häufig aktualisierten Webseiten kann es durch dieses Caching jetzt allerdings passieren, dass ein Anwender veraltete Informationen aus dem Cache erhält, während die Originalseite bereits verändert wurde. Die Einstellung, wie lange eine Seite im Cache gehalten wird, ist durch den Administrator des jeweiligen Proxy-Servers vorgegeben. Um ständig aktualisierte Inhalte auch zum Anwender zu bekommen, kann bei der Übertragung einer Seite angegeben werden, wie lange sie im Cache gehalten werden soll. Aktivieren Sie dazu das Kontrollfeld *Enable Content Expiration*. Seiten, die laufend aktualisiert werden, sollen unter Umständen überhaupt nicht im Cache gespeichert werden. Wählen Sie in diesem Fall die Einstellung *Expire Immediately*. Alternativ können Sie auch über *Expire after* angeben, wie lange die Seiten im Cache gehalten werden. Schließlich haben Sie über *Expire on* auch noch die Möglichkeit, das genaue Datum und die Uhrzeit anzugeben, zu der die Daten aus dem Cache entfernt werden.

Die Entwicklung des HTTP-Protokolls schreitet immer weiter voran und so können bald neue Optionen verfügbar sein, die vom IIS 5 noch nicht unterstützt werden. Auf diese neuen Funktionen müssen Sie aber trotzdem nicht verzichten, da Sie über die *Custom HTTP Headers* die neuen Funktionen manuell implementieren können. Microsoft selbst nennt hier als Beispiel eine Erweiterung der Richtlinien zur Speicherung der Daten im Cache. Dabei übernimmt ein Proxy zwar die oben eingestellte Ablaufzeit und speichert ein Objekt nicht im Cache, für den Webbrowser selbst aber wird ein anderer Wert übertragen und dieser legt die Seite dann im eigenen Cache ab.

Ebenfalls innerhalb des Headers übertragen wird eine Angabe zum übertragenen Dateiformat. Für die Darstellung von Webseiten ist zunächst der Webbrowser zuständig. Sobald jedoch Erweiterungen wie zum Beispiel Flash hinzukommen, wird die Darstellung an externe Programme übergeben. Damit der Webbrowser aber die richtige Applikation startet, wird anhand des MIME-Typs eine Zuordnung durchgeführt. Diese Liste ist bei den meisten Webbrowsern bereits recht umfangreich, kann aber für Erweiterungen jederzeit ergänzt werden. Damit aber nicht jeder Anwender die Änderungen durchführen muss, geben Sie bei Bedarf in der *MIME Map* die Erweiterungen ein.

Beispiel: Für die Registrierung des Citrix ICA-Clients geben Sie für die Erweiterung *.ica* ein und als Content Type *application/x-ica,ica,,.*

Das so genannte *Content Rating* basiert auf freiwilligen Angaben zum Inhalt der Website. Ein entsprechend konfigurierter Browser sorgt dann anhand dieser Informationen dafür, dass Kindern kein Zugriff auf Seiten gewährt wird, deren Inhalte nicht jugendfrei sind.

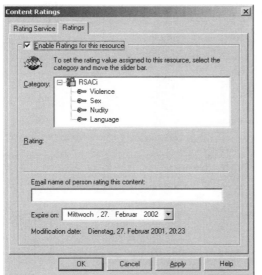

Definition jugendgefährdender Inhalte

Selbstkontrolle und Beurteilung jugendgefährdender Inhalte erfolgen nach den Standards des **R**ecreational **S**oftware **A**dvisory **C**ouncil (RSAC) und wurden in die Bereiche Gewalt, Sex, Nackte Personen sowie Sprache und Gestik unterteilt.

Auf der Registerkarte *Ratings* aktivieren Sie zunächst das Kontrollfeld *Enable Ratings for his resource* und definieren anschließend den Inhalt der Seite. Zu jedem Teilbereich können Sie eine Einstellung von 0 (nicht vorhanden) bis 4 (extrem) vornehmen. Diese Informationen werden anschließend mit den Seiten übertragen und bei Bedarf beim zu schützenden Anwender gefiltert.

Zu bedenken sind dabei natürlich die unterschiedlichen Kulturen und Wertmaßstäbe, besonders da als Maß für die Einstufung die USA als Norm genommen wurden. Während sich ein Europäer darüber auslässt, dass in den USA bereits nachmittags Actionfilme im Fernsehen laufen, regt sich der Amerikaner darüber auf, dass bei uns im Vorabendprogramm leicht bekleidete Damen Werbung für Körperpflegeprodukte machen.

Immerhin hat das RSAC allerdings verstanden, dass sich Wertmaßstäbe im Laufe der Zeit auch ändern, weshalb die Information mit einer Art Verfallsdatum versehen ist. So wird allerdings auch verhindert, dass eine Seite, deren Inhalt sich im Laufe der Zeit „verschlimmert" hat, die aber nicht neu bewertet wurde, ebenfalls gesperrt werden kann. Damit der zuständige Administrator bei Unstimmigkeiten informiert werden kann, geben Sie abschließend noch die E-Mail-Adresse des Verwalters an.

Der IIS 5.0 als Grundlage für den ISA-Server

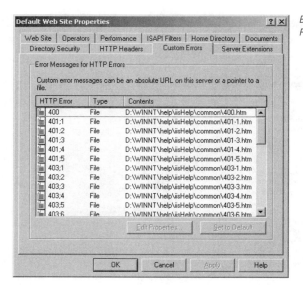

Benutzerdefinierte Fehlermeldungen

Oft sind die vom Webserver gesendeten Fehlermeldungen für den Anwender nicht besonders aussagekräftig, lediglich Administratoren können anhand der Fehlernummer direkt erkennen, wo genau die Ursache des Problems liegt. Dieses Wissen können sie allerdings auch direkt an die Anwender weitergeben, indem sie zu jedem Fehler eine eigene HTML-Datei generieren und die Fehlerbeschreibung auf das eigene Netzwerk anpassen und Möglichkeiten zur Fehlerbehebung beziehungsweise zuständige Ansprechpartner angeben. Zu jedem Fehlercode können Sie über die Registerkarte *Custom Errors* nun auswählen, ob die Standarddatei, eine interne Fehlermeldung oder ein eigener Text übertragen werden soll.

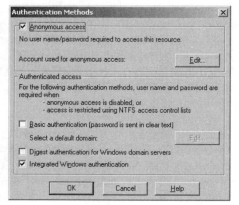

Steuerung der Anmeldung am virtuellen Webserver

Die Registerkarte *Directory Security* weist keine Unterschiede zu den bereits besprochenen Protokollen auf, lediglich bei den *Authentication Methods* gibt es eine Neuerung. Der virtuelle Webserver unterstützt die Übertragung der

Anmeldeinformationen über die so genannte *Digest authentication*, die jedoch nur verwendet werden kann, wenn der Server in eine Active Directory-Domäne eingebunden ist. Bei dieser Art der Anmeldung wird im Gegensatz zur Klartext-Anmeldung ein Hashcode aus dem Passwort berechnet und dieser mit dem auf dem Domänencontroller gespeicherten Passwort verglichen. Das setzt allerdings zusätzlich voraus, dass die Passwörter der Anwender im Active Directory mit umkehrbarer Verschlüsselung gespeichert werden, was wiederum eine große Gefahr darstellt, sobald jemand direkten Zugriff auf die Actvie Directory-Datenbank hat und dann selbst die Passwörter wieder entschlüsselt. Vorzuziehen ist hier eine über SSL verschlüsselte Verbindung und damit gesicherte Übertragung der Anmeldeinformationen.

Funktionell identisch mit den bisher vorgestellten virtuellen Servern ist die Registerkarte *Operators*.

Erstellen weiterer virtueller Webserver

Weitere virtuelle Webserver erstellen Sie, indem Sie im Kontextmenü des Computers unter *New* Web *Site* auswählen. Geben Sie anschließend dem neuen virtuellen Webserver einen Namen und wählen Sie dann aus, über welche IP-Adresse, welchen TCP-Port und welchen Hostnamen der Server angesprochen werden soll. Achten Sie dabei darauf, dass sich entweder die IP-Adresse, der TCP-Port oder der Hostname von den Einstellungen bereits existierender virtueller Server unterscheiden, da es sonst zu Kommunikationsproblemen kommen kann.

Danach geben Sie an, welches lokale Verzeichnis beziehungsweise welche Freigabe oder welchen URL über den virtuellen Webserver zur Verfügung gestellt werden soll und ob der Anwender sich vor dem Zugriff anmelden muss. Abhängig davon, ob Sie einen lokalen Pfad, eine Freigabe im Netzwerk oder einen URL angegeben haben, definieren Sie anschließend noch Zugriffsrechte, Konten etc., wie oben für die Registerkarte *Home Directory* beschrieben. Anschließend steht der neue virtuelle Webserver bereits zur Verfügung.

Erstellen virtueller Verzeichnisse

Nicht immer wollen Sie eine komplette Struktur des Webservers innerhalb eines einzigen Verzeichnisses aufbauen, sondern andere Verzeichnisse oder sogar Laufwerke wählen. Ein Beispiel dafür ist die zum Exchange 5.5-Server gehörende Komponente Outlook Web Acces, die zwar über den URL http://server/exchange angesprochen wird, deren Dateien aber in einem Verzeichnis unterhalb der Exchange-Installation abgelegt sind. Damit dies möglich ist, wird ein virtuelles Verzeichnis angelegt, über das eine Umleitung auf das lokale Verzeichnis durchgeführt wird.

Der IIS 5.0 als Grundlage für den ISA-Server

Wählen Sie dazu im Kontextmenü des virtuellen Webservers oder eines Verzeichnisses – eine Verschachtelung ist durchaus möglich – *New* und dann *Virtual Directory*. Geben Sie anschließend den *Alias*, also den Namen des virtuellen Verzeichnisses und den Speicherort der Dateien an. Abhängig davon, ob Sie einen lokalen Pfad, eine Freigabe im Netzwerk oder einen URL angegeben haben, definieren Sie anschließend noch Zugriffsrechte, Konten etc., wie oben für die Registerkarte *Home Directory* beschrieben.

Die Konfiguration des neuen virtuellen Verzeichnisses erfolgt analog zum virtuellen Webserver, wobei allerdings nicht alle Registerkarten zur Verfügung stehen.

Indizieren von Webseiten

Je größer eine Website wird, desto schwerer wird es für den Anwender auch, bestimmte Inhalte zu finden. Viele Betreiber setzen daher eine lokale Suchmaschine ein, mit der das Auffinden von Inhalten erleichtert werden kann. Eine solche Möglichkeit ist für den IIS ebenfalls gegeben. Während Sie unter Windows NT und dem IIS 4 den Indexserver allerdings noch manuell installieren mussten, ist diese Komponente unter Windows 2000 und dem IIS 5 bereits vorhanden.

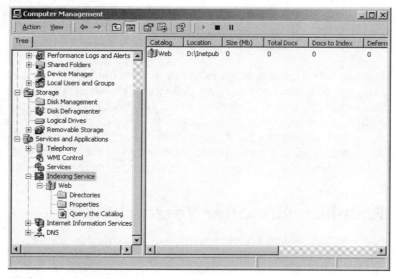

MMC-Konsole für das Computermanagement

Die Verwaltung des Index-Dienstes erfolgt über die Computerverwaltung. Unter *Services and Applications* finden Sie dort den *Indexing Service*. Die Indizierung erfolgt über so genannte Kataloge, die jeweils einen virtuellen

Webserver

Webserver und/oder NNTP-Server durchsuchen und indizieren können. Indiziert werden dabei alle Seiten und Beiträge sowie Dateianhänge. Für die Größe des jeweiligen Katalogs müssen Sie ungefähr 20 % der zu indizierenden Daten kalkulieren. Über *Query the Catalog* führen Sie anschließend Abfragen durch. Da dies für den Anwender natürlich nicht möglich ist, können Sie die Datei *\Winnt\help\Ciquery.htm* bei Bedarf anpassen und auf dem virtuellen Webserver ablegen.

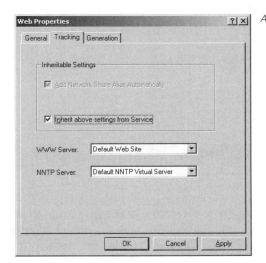

Auswahl der zu indizierenden Ressourcen

Über die Eigenschaften des jeweiligen Katalogs stellen Sie auf der Registerkarte *Tracking* ein, welcher Webserver und welcher NNTP-Server in diesen Katalog aufgenommen werden. Dabei kann jeweils nur ein virtueller Server ausgewählt werden. Wenn Sie mehrere virtuelle Server durchsuchen wollen, passen Sie die Datei *Ciquery.htm* so an, dass die Suche über mehrere Kataloge erfolgt. Im Ordner *Directories* definieren Sie anschließend, welche Verzeichnisse auf dem Server durchsucht werden sollen.

Verwaltung des Webservers über den Browser

Die Webserver-Komponente kann zusätzlich zur MMC auch über einen Browser administriert werden. Damit ist es möglich, die Verwaltung des Servers an einen Administrator zu delegieren, der keinen direkten Zugang zum System hat und daher nicht in der Lage ist, die Verwaltung über die MMC durchzuführen. Dies ist zum Beispiel der Fall, wenn für einen Kunden eine Webseite betrieben wird und dieser über das Internet bestimmte Verwaltungsaufgaben übernehmen will. Alle Verwaltungsfunktionen, die wir im letzten Abschnitt beschrieben haben, wurden komplett übernommen, es gibt

Der IIS 5.0 als Grundlage für den ISA-Server

also keine Einschränkung bei der Verwaltung. Sie rufen die Administrationsseite über den URL *http://servername/iisadmin* auf.

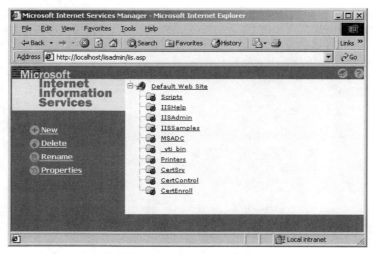

Verwaltung des virtuellen Webservers über einen Webbrowser

In der Standardeinstellung erlaubt der IIS zunächst nur eine Verbindung mit der Administrationsseite vom lokalen Computer, also dem Webserver selbst, aus. Wenn Sie die Verwaltung delegieren wollen und Anwender von ihren Computern diese Aufgaben übernehmen sollen, geben Sie in den Eigenschaften der *Administration Web Site* auf der Registerkarte *Directory Security* zunächst den Zugriff für weitere IP-Adressen frei.

Damit kein Unbefugter die Konfiguration während der Verwaltung einsehen kann, ist es außerdem dringendst empfohlen, die Verbindung zur Administrationsseite abzusichern und nur mit SSL verschlüsselte Verbindungen zuzulassen. Der anonyme Zugriff ist in der Standardeinstellung bereits gesperrt, ein Anwender muss sich daher also immer zunächst anmelden, bevor er überhaupt auf diese Webseite zugreifen kann.

3. Die Installation des ISA-Servers

Obwohl der ISA-Server nur aus ein paar Diensten besteht und nach der Installation lediglich 20 MByte Speicherplatz auf der Festplatte belegt, müssen Sie vor der Installation noch einiges überlegen. Im folgenden Kapitel werden wir folgende Aspekte betrachten:

- Komponenten des Servers
- Installationsmodi
- Auswahl der richtigen Version
- Hard- und Softwareanforderungen
- Installation der ISA-Servers und Pflege der Installation
- Herstellen einer Verbindung zum Service Provider
- Basiskonfiguration des ISA-Servers

3.1 Komponenten des ISA-Servers

Damit Sie nur die Komponenten installieren, die Sie wirklich benötigen, geben wir Ihnen im Folgenden eine Übersicht über die einzelnen Elemente des ISA-Servers. Die Richtlinie „Ich installiere einfach mal alles, dann ist das, was ich brauche, wenigstens schon auf der Platte" ist hier auf keinen Fall zu empfehlen, da der ISA-Server sehr ressourcenhungrig ist.

ISA-Services

Dies sind die Kernkomponenten, die immer installiert werden müssen. Welche Dienste dies genau sind, hängt davon ab, ob Sie nur die Firewall oder den Proxy beziehungsweise beides einsetzen wollen.

Add-In-Services

- *H.323 Gatekeeper Service* – Mit Windows 2000 wird Microsoft NetMeeting, ein Programm zur Durchführung von Audio- und Videokonferenzen,

Die Installation des ISA-Servers

bereits mitgeliefert. Die Verwendung dieses Programms innerhalb des privaten Netzwerks mit Partnern im Internet kann allerdings nicht direkt durchgeführt werden, sondern muss, wie in vielen Fällen auch beim Zugriff auf das World Wide Web, über eine Art Proxy laufen. Im Falle von NetMeeting, das den Standard H.323 zur Kommunikation nutzt, wird dies über den H.323 Gatekeeper-Service durchgeführt.

- *Message Screener* – Vielen Administratoren wird der Schrecken, den der Loveletter-Virus verursacht hat, noch in Erinnerung sein. Nach dieser Plage haben viele Unternehmen ihre Richtlinie für die IT-Sicherheit überarbeitet und ihre Systeme gegen Nachrichten mit Dateianhängen ganz oder teilweise gesperrt. Mit dieser Komponente können Sie auch entscheiden, welche Dateien noch erlaubt sind, und im Falle eines neuen, veränderten Virus blitzschnell anhand von Dateinamen oder Texten innerhalb der Nachricht ein Eindringen von außen verhindern, noch bevor Hersteller von Antivirenlösungen ein Update parat haben.

Administration Tools

Diese beiden Komponenten werden zur Verwaltung des ISA-Servers eingesetzt und können auch separat auf einer Windows 2000 Professional-Workstation installiert werden, damit Sie die Administration nicht am Server selbst durchführen müssen.

- *ISA-Management* – Das zentrale Snap-In für die MMC zur Verwaltung aller Komponenten des ISA-Servers

- *H.323 Gatekeeper Administration Tool* – Eine Erweiterung des ISA-Server-Snap-Ins, die entweder allein aufgerufen werden kann oder als Bestandteil des ISA-Manageent-Snap-Ins gestartet wird

Proxy, Firewall oder Integrated Mode

Grundsätzlich sind zwei verschiedene Betriebsmodi für den ISA-Server vorgesehen, Proxy und Firewall. Da beide Funktionen Ressourcen benötigen, kann durch die Aufteilung auf zwei getrennte Computer eine gewisse Lastenverteilung erfolgen. So kann ein ISA-Server als eigentliche Firewall aufgestellt werden und ein zweiter entweder innerhalb des privaten Netzwerks oder, sofern vorhanden, in der DMZ.

Eine reine Konfiguration als Proxy ist auch dort vorstellbar, wo zum Beispiel nur eine Abteilung mit schnellerem Webzugang versorgt werden soll und die eigentliche Absicherung des Netzwerks auf Unternehmensebene oder durch den Internet-Provider durchgeführt wird.

Komponenten des ISA-Servers

In vielen kleinen bis mittelgroßen Unternehmen werden beide Funktionen auch auf einem Computer zusammengefasst, weshalb zusätzlich auch die Installation im so genannten Integrated Mode möglich ist, in dem Firewall- und Proxy-Komponenten zusammen auf einem Server installiert werden.

Aus der folgenden Tabelle können Sie entnehmen, welche Funktionen in den jeweiligen Modi zur Verfügung gestellt werden, und danach entscheiden, welche Installation Sie benötigen.

Funktion	Aufgabe	Firewall	Cache
Access Policy	Steuerung des Zugriffs auf bestimmte Protokolle, Dienste und Inhalte	Ja	HTTP
Web Publishing	Zugang zu internen Webservern aus dem Internet	Ja	Ja
Server Publishing	Zugang zu internen Servern aus dem Internet	Ja	
Virtual Private Network	Erweiterung eines VPN über das Internet hinweg	Ja	
Cache Service	Beschleunigen von Zugriffen auf Webserver im Internet durch Zwischenspeicherung von Webseiten		Ja
Packet Filtering	Kontrolle der über den Server weitergeleiteten Daten auf der Basis von IP-Paketen	Ja	
Application-Filter	Kontrolle der über den Server weitergeleiteten Daten auf der Basis der verschiedenen Dienste	Ja	
Real-time Monitoring	Zentrale Überwachung der aktuellen Daten eines Servers	Ja	Ja
Alerts	Benachrichtigung der Administratoren beim Auftreten bestimmter Fehler beziehungsweise Überschreiten von Grenzwerten	Ja	Ja
Reports	Zusammenfassung der Aktivitäten auf einem Server	Ja	Ja

Stand-alone oder Array

Sofern Sie auch in Zukunft nur einen einzigen ISA-Server verwenden wollen, sollten Sie den Server auf jeden Fall im Stand-alone Modus installieren. Andernfalls ist zu überlegen, ob die Installation in einem Array erfolgen soll.

Ein Array ist ein Zusammenschluss mehrerer ISA-Server. Diese Server werden zentral über das Active Directory mit der gleichen Konfiguration ausgestattet, eine Änderung wirkt sich also auf alle Server des Arrays aus. Denkbar ist der Einsatz in zwei Szenarien.

Im ersten geht es um die Verfügbarkeit und Ausfallsicherheit der ISA-Server, weshalb am Übergang zwischen dem lokalen Netzwerk und dem Internet mehrere Server installiert werden. Kommt es zum Ausfall eines Servers, zum Beispiel durch einen Angriff aus dem Internet, stehen weitere Server zur Verfügung, die weiterhin den Zugang ermöglichen.

Die Installation des ISA-Servers

Im zweiten Szenario ist das Unternehmen auf mehrere Standorte verteilt, an denen es jeweils eigene Zugänge ins Internet gibt. Da die Sicherung eines Netzwerks immer nur so gut ist wie die schwächste Stelle, soll die Konfiguration der ISA-Server an den Übergängen ins Internet im Bezug auf die Sicherheitseinstellungen identisch sein. Daher wird eine zentrale Konfiguration gewünscht, um Verzögerungen oder Übertragungsfehler durch die manuelle Konfiguration der einzelnen Server zu vermeiden.

Standardversion oder Enterprise Edition

Vor der Installation müssen Sie auch überlegen, welche der beiden Versionen des ISA-Servers Sie einsetzen wollen, die Standardversion oder die erweiterte Enterprise Edition. Drei Aspekte sind bei der Auswahl zu beachten:

1. Anzahl der unterstützten Prozessoren
2. Konfiguration als Array
3. Preis

Wie Sie aus den noch folgenden Tabellen entnehmen können, benötigt der ISA-Server ab einer bestimmten Benutzeranzahl beziehungsweise einem bestimmten Datendurchsatz mehrere Prozessoren, um noch ausreichend schnell arbeiten zu können. Die Standardversion unterstützt dabei bis zu vier Prozessoren, wogegen es bei der Enterprise Edition theoretisch kein Limit gibt. Praktisch ist das Limit allerdings durch die maximal nutzbare Prozessoranzahl des Betriebssystems gesetzt. Windows 2000 Server unterstützt vier Prozessoren, Windows 2000 Advanced Server acht und Wiindows 2000 Datacenter Server bis zu 32 Prozessoren.

Wenn die Performance eines einzelnen ISA-Servers nicht ausreicht, aus Gründen der Ausfallsicherheit mehrere ISA-Server benötigt werden oder in einem Unternehmen mehrere dezentrale Internetzugänge geschaltet werden sollen, müssen natürlich auch alle ISA-Server konfiguriert werden. Dies ist besonders dann sehr umständlich, wenn eine Standardeinstellung für alle Server gelten soll. In diesem Fall bietet die Enterprise Edition die Möglichkeit, die Konfiguration zentral im Active Directory anzulegen und die einzelnen ISA-Server zu einem Array zusammenzufassen, die alle mit der gleichen Konfiguration betrieben werden und bei denen sich Änderungen direkt auf alle Server auswirken.

Ein weiteres Entscheidungskriterium ist natürlich auch immer der Preis. Bei den neuen Serverprodukten erfolgt die Lizenzierung nicht mehr auf der Basis der Anzahl der Anwender, die den Server nutzen, sondern auf der Basis der im Server eingesetzten Prozessoren. So liegt der Listenpreis für die Standardversion bei $1499 und für die Enterprise Edition bei $5999 pro CPU. Zusätzlich ist zu beachten, dass die Standardversion des Windows 2000-Servers auch nur bis zu vier Prozessoren unterstützt und Sie für den Einsatz von mehr als vier Prozessoren entweder Windows 2000 Advanced Server oder sogar Windows 2000 Datacenter Server benötigen, wodurch weitere Kosten entstehen.

3.2 Die Installation

Bevor Sie die eigentliche Installation starten können, ist es wichtig zu überprüfen, ob die Hardwareanforderungen überhaupt genügen. Anschließend gilt es gegebenenfalls noch Vorbereitungen am Active Directory durchzuführen. Diejenigen, die ein Update vom MS Proxy 2.0 auf den ISA-Server durchführen möchten, können nach dem folgenden Abschnitt über die Systemvoraussetzungen in Kapitel 10 fortfahren, in dem alle Schritte für das Update erläutert werden.

Systemvoraussetzungen

Anhand der folgenden, von Microsoft veröffentlichten Werte können Sie in etwa berechnen, wie viel Speicher der von Ihnen eingesetzte ISA-Server benötigt und welcher Prozessor verwendet werden sollte. Der Einsatz von Mehrprozessorsystemen ist durchaus möglich, wobei die Standardversion auf vier Prozessoren beschränkt ist.

Mindestanforderungen

Die offiziellen Mindestanforderungen für den ISA-Server gibt Microsoft folgendermaßen an:

Prozessor: Pentium II mit 300 MHz
Speicher: 256 MByte

Diese Werte stellen die absoluten Mindestanforderungen dar. Eine Testinstallation, bei der außer Windows 2000 nur der ISA-Server installiert war, benötigte bereits rund 200 MByte RAM. Für die weiteren Funktionen addieren Sie die aus den folgenden Tabellen entnommenen Werte hinzu.

Web-Proxy

Benutzer	Prozessor	Zusätzliches RAM	Plattenplatz für den Cache
<250	Pentium II 300 MHz	128 MByte	2 bis 4 GByte
<=2000	Pentium III 550 MHz	256 MByte	10 GByte
>2000	Ein Pentium III 550 MHz je 2.000 Benutzer	256 MByte je 2.000 Benutzer	10 GByte je 2.000 Benutzer

Veröffentlichen von Servern über den ISA-Server

Zugriff pro Sekunde	Prozessor	Zusätzliches RAM
< 800	Pentium II 300 MHz	128 MByte
~800	Pentium III 550 MHz	256 MByte
>800	Ein Pentium III 550 MHz je 800 Zugriffe/s	256 MByte

Firewall

Durchsatz	Prozessor	Zusätzliches RAM
<25 MBit/s	Pentium II 300 MHz	128 MByte
25 bis 50 MBit/s	Pentium III 550 MHz	128 MByte
>50 MBit/s	Ein Pentium III 550 MHz je 50 MBit/s Durchsatz	128 MByte

Die sich daraus ergebenden tatsächlichen Mindestanforderungen liegen daher bei einer Firewall mit integriertem Proxy immer bei einem Pentium III mit 512 MByte RAM und 4 GByte Festplattenplatz (2 GByte für Windows 2000 und 2 GByte als Cache).

Vorbereiten des Active Directory

Wenn sie beschlossen haben, den ISA-Server zusammen mit anderen Servern zu einem Array zusammenzuschließen, dann muss die Konfiguration der Server in einer zentralen Datenbank gespeichert werden. Microsoft hat dafür das Active Directory vorgesehen. Steht dies nicht zur Verfügung, können die Server nur im Stand-alone Modus installiert werden und müssen jeweils einzeln konfiguriert werden.

Der ISA-Server selbst ist dabei nicht geeignet für den Einsatz als Domänencontroller. Einerseits werden dadurch die verfügbaren Ressourcen reduziert und andererseits hat ein Angreifer freien Zugang zu allen Benutzerkonten der Domäne, sobald es ihm gelingt, die Sicherung des Servers zu überwinden. Zusätzlich wird auf einem Domänencontroller auch noch der Schreibcache für alle physischen Festplatten deaktiviert, auf denen Active Directory-Informationen gespeichert sind. Würde auf einer solchen Festplatte der Cache des ISA-Servers abgelegt, käme es zu erheblichen Performance-Einbußen.

Erstellen einer Active Directory-Domäne

Alle Administratoren, die schon unter Windows NT 4.0 Domänen erstellt haben, kennen die starre Festlegung, dass ein Domänencontroller nach der Installation nicht mehr verändert werden kann und neu installiert werden muss, wenn er zu einem einfachen Mitgliedsserver heruntergestuft werden soll. Gleiches gilt für das Heraufstufen einen Mitgliedservers zu einem Domänencontroller.

Windows 2000 Server dagegen werden zunächst immer als Mitgliedserver installiert und erst im Anschluss zu einem Domänencontroller heraufgestuft. Das Hilfsprogramm *Dcpromo* führt Sie dazu als Assistent durch alle notwendigen Schritte. Vorher allerdings müssen Sie dafür sorgen, dass zumindest ein Laufwerk mit dem NTFS-Dateisystem formatiert ist, da die Dateien aus Sicherheitsgründen auf keinem anderen Dateisystem abgelegt werden können.

Hinweis
Lokale Benutzerkonten werden gelöscht
Windows 2000-Server können nur auf eine einzige Benutzerdatenbank zugreifen, weshalb die lokale Benutzerdatenbank gelöscht wird, sobald ein Server zu einem Domänencontroller heraufgestuft wird.

Active Directory

Der ISA-Server 2000 kann das Active Directory zur Speicherung der Filter und sonstigen Einstellungen nutzen, die dann von mehreren ISA-Servern innerhalb eines so genannten Arrays zusammen genutzt werden, sodass sich eine Änderung in der Konfiguration auf alle anderen Server auswirkt. Dieser Verzeichnisdienst steht allen Windows 2000-Servern im Netzwerk zur Verfügung.

In diesem Abschnitt werden wir die Grundlagen des Active Directory kennen lernen und zum Abschluss eine Active Directory-Umgebung für die Beispielunternehmen entwerfen. Dabei können jedoch nicht alle Gegebenheiten berücksichtigt werden und auch die Grundlagen werden wir nur in groben Zügen betrachten, da sich mit einer vollständigen Einführung in das Active Directory ein eigenes Buch füllen ließe.

Active Directory-Domänen

In der einfachsten Form des Windows 2000-Netzwerks werden die Benutzerkonten der Anwender auf jedem Server und an jeder Workstation separat eingerichtet. Dieses so genannte Arbeitsgruppenmodell wird allerdings sehr schnell recht aufwendig, da Sie jeden neuen Benutzer auf allen Servern neu anlegen müssen, auf die er Zugriff erhalten soll. Praktischer wäre in diesem Fall eine zentrale Kontendatenbank, auf die alle Server und Workstations zugreifen können. Für jeden Anwender wird nur noch ein einziges Konto eingerichtet, über das er sich an jeder beliebigen Workstation anmeldet und das auch verwendet wird, um ihm Zugriffsrechte auf jedem beliebigen Server in der Domäne zu gewähren. Bereits Windows NT unterstützte dazu so genannte Domänen, in denen alle Benutzerinformationen abgelegt werden. Dieses Konzept wurde in Windows 2000 nochmals bedeutend erweitert.

Die Benennung der Domänen erfolgt im Active Directory parallel zur Benennung von Internet-Domänen, was Sie schon an der in unseren Beispielen verwendeten Active Directory-Domäne *isa2000.ads* sehen. Aus Sicherheitsgründen sollten Sie nicht die Domäne verwenden, die Sie für die Präsenz im Internet registriert haben, da sonst je nach Einstellung die gesamte Struktur Ihres Netzwerks nach außen sichtbar werden kann.

Organisationseinheiten

Während Windows NT-Domänen alle Benutzerkonten in einer langen Liste verwalteten, die auch für den Administrator ab einer gewissen Länge sehr schwer zu durchblicken ist, können Windows 2000-Domänen logisch unterteilt werden. Damit haben Sie die Möglichkeit, zum Beispiel die Struktur Ihres Unternehmens mit allen Abteilungen in der Domäne abzubilden. Dazu erstellen Sie so genannte Organisationeinheiten (engl. **O**rganizational **U**nits, OUs), in denen Sie dann anschließend die Benutzerkonten und Gruppen anlegen. Außerdem ist auch eine Verschachtelung der OUs möglich, damit auch eine weitergehende Unterteilung, zum Beispiel zunächst nach Standorten und dann nach Abteilungen, durchgeführt werden kann. Je tiefer Sie die Domäne allerdings verschachteln, desto länger kann die Anmeldung eines Benutzers dauern, weshalb Microsoft eine maximale Tiefe von acht OUs empfiehlt.

Domänencontroller und Domänenmitglieder

Alle Daten einer Active Directory-Domäne werden auf so genannten Domänencontrollern gespeichert. Dabei handelt es sich um Windows 2000-Server, denen diese Funktion jederzeit beliebig zugewiesen werden kann. Alle anderen Server sowie alle Workstations werden anschließend zu Domänenmitgliedern gemacht. Auch dieser Status kann jederzeit geändert und der Computer aus der Domäne herausgenommen werden. Ebenso kann jeder Domänencontroller bei Bedarf wieder zu einem Domänenmitglied herabgestuft werden.

Replikation

Ein Domänencontroller stellt aufgrund seiner zentralen Kontendatenbank zunächst einen Single Point of Failure dar, was bedeutet, dass keine Anmeldung im Netz mehr erfolgen kann, sobald der Domänencontroller nicht erreichbar ist, was einem Totalausfall des Netzwerks recht nahe kommt. Wenn es eben möglich ist, sollten Sie daher immer einen zweiten Windows 2000-Server als zweiten Domänencontroller einrichten. Alle Informationen aus der Domäne werden dann zwischen allen Domänencontrollern repliziert. Dieser Vorgang erfolgt automatisch und muss nicht weiter konfiguriert werden. Wenn Sie nun also ein Benutzerkonto einrichten, geschieht dies zuerst auf einem Domänencontroller. Mit einer Verzögerung von maximal 5 Minuten wird diese Information dann auch auf allen anderen Domänencontrollern verfügbar sein.

Die Replikation wurde dabei so optimiert, dass Sie auf der Ebene der Eigenschaften durchgeführt wird. Es wird also bei einer Änderung nicht das komplette Objekt übertragen, sondern nur die Änderungen, die Sie an diesem Objekt vorgenommen haben.

Einschränkungen

Auch wenn jeder weitere Domänencontroller die Ausfallsicherheit erhöht, dürfen Sie jetzt nicht blind jeden Windows 2000-Server zum Domänencontroller heraufstufen. Einerseits belegen die zusätzlich gestarteten Dienste zusätzlich Speicher, der anderen Diensten damit nicht mehr zur Verfügung steht. Besonders ins Gewicht fällt aber, dass der Schreibcache der Festplatten auf allen Domänencontrollern automatisch deaktiviert wird. Dadurch wird die Systemleistung besonders beeinträchtigt, die Sicherheit der Active Directory-Datenbank dafür aber erhöht. Sie können den Cache zwar wieder aktivieren, dieser wird jedoch beim nächsten Neustart sofort wieder deaktiviert.

Ebenso sollten Sie es unbedingt vermeiden, den ISA-Server zum Domänencontroller zu machen, da dieses System allen Angriffen aus dem Internet zunächst direkt ausgesetzt ist. Sollte es einem Angreifer gelingen, die Sicherheitsbarrieren des ISA-Servers zu überwinden, könnte er Zugang zu allen Kontoinformationen der Domäne erhalten.

Standorte

Die in der Active Directory-Domäne gespeicherten Daten werden grundsätzlich auf alle Domänencontroller innerhalb der Domäne repliziert. Wenn sich die Domäne jetzt allerdings über mehrere Niederlassungen erstreckt, müssen auch die Daten über WAN-Verbindungen repliziert werden. Gerade bei Wählverbindungen kann dies jedoch recht kostspielig werden, da die Replikation der Domänen immer durchgeführt wird, wenn es eine Änderung gegeben hat. Wenn Sie jedoch wollen, dass die Replikation nur nach einem bestimmten Zeitplan abläuft, müssen Sie die Domäne in mehrere Standorte unterteilen.

Die Installation des ISA-Servers

Ein Standort wird immer anhand einer Liste von IP-Netzwerken definiert, die Sie beliebig verändern können. Anschließend fügen Sie die entsprechenden Domänencontroller zu den neuen Standorten hinzu. Alle Workstations ermitteln beim Systemstart ihren Standort selbst, indem Sie ihre IP-Adressen mit den für die Standorte angegebenen Netzwerkadressen vergleichen. Zwischen diesen Standorten definieren Sie anschließend, wann die Replikation der Domänendaten erfolgen soll.

Struktur

Mehrere Windows-Domänen können im Active Directory zu einer so genannten Struktur (engl. Tree) zusammengefasst werden. Dabei bildet die erste Active Directory-Domäne den Stamm. In unserer Beispielkonfiguration ist *Isa2000.ads* diese Stammdomäne. Alle weiteren Domänen der Struktur werden dann immer als Unterdomänen angelegt. So würde eine weitere Domäne in der Struktur als *France.isa2000.ads* angelegt. Man sagt in diesem Fall auch, dass alle Domänen einer Active Directory-Struktur einen gemeinsamen Namensraum bilden.

Zwischen einer Active Directory-Domäne und ihrer übergeordneten Domäne besteht immer eine beidseitige transitive Vertrauensstellung. Das heißt, dass letztendlich jede Domäne jeder anderen Domäne in der Active Directory-Struktur vertraut.

Innerhalb der Struktur werden Teile der Domänendaten wie weiter unten beschrieben repliziert. Diese Replikation kann nicht eingeschränkt werden.

Gesamtstruktur

In einigen Fällen kann es sein, dass die Active Directory-Struktur nicht ausreicht, weil einige Domänen nicht in den Namensraum der bestehenden Domäne passen. In diesem Fall kann eine weitere Struktur erstellt werden, die mit der bereits existierenden Struktur eine so genannte Gesamtstruktur (engl. Forest) bildet. Zwischen den obersten Domänen einer Gesamtstruktur besteht wiederum eine beidseitige transitive Vertrauensstellung. Damit vertrauen auch alle Domänen der neuen Struktur allen Domänen der bestehenden Struktur.

Innerhalb der Gesamtstruktur werden Teile der Domänendaten wie weiter unten beschrieben repliziert. Diese Replikation kann nicht eingeschränkt werden.

Einschränkungen

Für die Planung und den Einsatz des ISA-Servers ist der Aufbau des Active Directory nicht von Bedeutung. Beachtet werden muss nur, dass ein ISA-Server-Array an die Grenzen der Active Directory-Gesamtstruktur gebunden ist. Wenn in einem Unternehmen zwei Active Directory-Gesamtstrukturen existieren, dann bedeutet dies auch automatisch, dass die ISA-Server auf zwei Arrays verteilt werden müssen. Andererseits ist es aber möglich, innerhalb einer Active Directory-Gesamtstruktur mehr als ein ISA-Server-Array zu erstellen.

> **Hinweis**
> **Active Directory erfordert eine sorgfältige Planung**
> Die Planung für den Einsatz von Domänen, Strukturen und Gesamtstrukturen muss sehr sorgfältig erfolgen, da eine Änderung zum aktuellen Zeitpunkt nur mit sehr viel Aufwand möglich ist.

Vertrauensstellungen

Innerhalb einer Domäne ist es sehr einfach, einem Benutzer Zugriffsrechte auf eine Ressource zu gewähren, da ja alle Server und Workstations auf die zentrale Kontendatenbank zugreifen können. Problematisch wird es allerdings, sobald eine weitere Domäne eingesetzt wird und ein Benutzer aus Domäne A auf einen Server in Domäne B zugreifen soll. In diesem Fall müsste für den Benutzer in Domäne B ein Konto eingerichtet werden, über das er sich in Domäne B anmeldet und dann auf den Server zugreifen darf. Für ein paar Benutzer wäre dies noch praktikabel, aber in größeren Netzwerken mit zu viel Arbeitsaufwand verbunden.

Damit keine zusätzlichen Konten eingerichtet werden müssen, kann zwischen zwei Domänen eine so genannte Vertrauensstellung eingerichtet werden. Sobald diese zwischen Domäne A und Domäne B zu diesem Zweck eingerichtet wurde, vertraut Domäne B der Domäne A. Auf dem Server in Domäne B ist nun der Zugriff auf die Kontendatenbank von Domäne A möglich und dort kann jetzt auch dem Benutzer aus Domäne A eine Zugriffsberechtigung erteilt werden. Somit ist der Benutzer aus Domäne A jetzt ohne ein zusätzliches Konto und auch ohne zusätzliche Anmeldung in der Lage, auf den Server in Domäne B zuzugreifen.

Wenn jetzt umgekehrt Benutzer aus Domäne B auf einen Server in der Domäne A zugreifen wollen, muss eine weitere Vertrauensstellung eingerichtet werden, durch die Domäne A auch Domäne B vertraut. Man spricht in diesem Fall von einer beidseitigen oder bidirektionalen Vertrauensstellung.

Die Installation des ISA-Servers

Innerhalb einer Active Directory-Gesamtstruktur brauchen Sie sich um die Vertauensstellungen zwischen den Domänen allerdings nicht zu kümmern, da diese beim Erstellen der Domänen automatisch eingerichtet werden.

Globaler Katalog

Während innerhalb einer Domäne alle Daten zwischen den Domänencontrollern repliziert werden, erfolgt zunächst keine Replikation der Daten zwischen Domänen. Teile aller Active Directory-Domänen werden allerdings in einen so genannten Globalen Katalog übertragen. Dieser Globale Katalog wird dann zusätzlich auf einem oder mehreren Domänencontrollern gespeichert und auf alle anderen Server für den Globalen Katalog innerhalb der ganzen Struktur repliziert. Der erste Domänencontroller innerhalb der Gesamtstruktur wird automatisch zum Server für den Globalen Katalog. Später können weitere Domänencontroller beliebig als Server für den globalen Katalog eingesetzt werden.

Einsatz von Servern für den Globalen Katalog

Grundsätzlich muss in jeder Active Directory-Gesamtstruktur mindestens ein Server für den Globalen Katalog vorhanden sein. Grundsätzlich sind hier aber keine Probleme zu erwarten, da der erste Server innerhalb einer Active Directory-Gesamtstruktur automatisch als Server für den Globalen Katalog eingerichtet wird.

Verwendet werden diese Server einerseits, um bei der Anmeldung domänenübergreifend die Gruppenmitgliedschaft eines Benutzers festzustellen.. In Umgebungen mit langsamen WAN-Verbindungen muss daher auf jeder Seite der Verbindung ein Server für den Globalen Katalog eingerichtet werden, damit alle Benutzer über einen schnellen lokalen Zugang verfügen.

Weiterhin gilt für Server für den Globalen Katalog außerdem die gleiche Überlegung in Sachen Ausfallsicherheit wie für Domänencontroller. Sobald der lokale Server für den Globalen Katalog ausfällt, kann der Benutzer einen Zugriff gar nicht mehr oder nur sehr langsam über einen entfernteren Server durchführen. Der zur Ausfallsicherung aufgestellte zweite Domänencontroller sollte daher immer als Server für den Globalen Katalog konfiguriert werden. Dabei erhöht sich die Netzwerklast innerhalb der Domäne durch die zusätzliche Replikation nur unwesentlich.

Schema

Der Aufbau des Active Directory ist gegenüber den früheren Windows NT 4.0-Domänen nicht mehr statisch, sondern kann beliebig verändert werden.

Dieser Aufbau wird über das so genannte Schema bestimmt. Durch das Schema werden zunächst die Objekte des Active Directory, wie zum Beispiel Benutzer und Gruppen, definiert. Ebenfalls im Schema ist festgelegt, welche Eigenschaften diese Objekte haben.

Um den ISA-Server in einem Array zu installieren, müssen zusätzliche Informationen im Active Directory gespeichert werden, deren Speicherung unter Windows 2000 zunächst nicht vorgesehen ist. Dies stellt aber kein Problem dar, da sich das Active Directory-Schema erweitern lässt. Vor der Konfiguration des ersten ISA-Servers muss diese Erweiterung einmalig mit einem Zusazprogramm durchgeführt werden. Da sich eine Schemaerweiterung nicht rückgängig machen lässt, dürfen nur die Benutzer eine solche Erweiterung vornehmen, die zur Gruppe der Schemaadministratoren gehören.

Auch wenn es im Gegensatz zu früheren Windows-Versionen keine Unterscheidung der Domänencontroller in Primäre und Sicherungsdomänencontroller mehr gibt, sind doch einige Funktionen exklusiv einem Server zugewiesen. Eine dieser Sonderfunktionen ist der Schemamaster. Nur an diesem Server kann die Schemaerweiterung durchgeführt werden, die dann von dort aus auf alle anderen Domänencontroller in der Gesamtstruktur repliziert wird.

DNS

Damit das Active Directory überhaupt verwendet werden kann, müssen alle beteiligten Windows 2000-Computer zunächst wissen, auf welchen Servern die zugehörigen Dienste zur Verfügung gestellt werden. Diese Informationen wurden unter Windows NT entweder über den Suchdienst oder über den WINS-Dienst ermittelt. Da die Verwendung des Suchdienstes allerdings eine zu hohe Netzwerklast erzeugte und nicht besonders schnell war und WINS andererseits für den Einsatz des Active Directory nicht flexibel genug, musste hier ein Ersatz gefunden werden.

Diesen Ersatz stellen unter Windows 2000 die **D**omain **N**ame **S**ervices (DNS) zur Verfügung. Dabei wurde der bereits unter Windows NT vorhandene Dienst um einige Funktionen erweitert:

1. Service Records (SRV)
Bei DNS handelt es sich um einen Nameservice, der für das Internet entwickelt wurde und über den nur eine fest definierte Menge an Informationen gespeichert werden kann. Diese Informationen werden in so genannten Records abgelegt. Der bekannteste Record ist der Alias, der zu einem angebebenen Hostnamen die entsprechende IP-Adresse liefert. Durch die Beschränkung der Records können jedoch die für das Active Directory benötig-

Die Installation des ISA-Servers

ten Einträge nicht vorgenommen werden. Um dies doch zu ermöglichen, wurde daher ein universeller Record eingeführt, der nach Angabe eines weiteren Parameters die Angabe beliebiger Daten erlaubt.

2. Dynamische Updates

DNS war ursprünglich dafür entwickelt worden, eine Zuweisung von Hostnamen zu IP-Adressen durchführen zu können. Diese konnten zunächst problemlos manuell gepflegt werden. Mit den Informationen, die allein für einen Domänencontroller benötigt werden, wird der Aufwand allerdings sehr groß. Der Windows 2000-DNS-Server unterstützt daher dynamische Updates. Der Administrator muss die DNS-Datenbank also nicht mehr manuell pflegen, sondern stellt unter Windows 2000-Server und Professional nur noch die IP-Adresse des DNS-Servers ein. Alle Computer werden anschließend automatisch am DNS-Server registriert. Auch alle Active Directory-Dienste werden automatisch eingetragen.

3. Inkrementeller Zonentransfer

In der Standardversion von DNS wurde für jede Änderung in der Datenbank ein Zähler erhöht. Sekundäre DNS-Server, auf denen eine Kopie der DNS-Domänendatenbank abgelegt ist, können anhand des Zählers nun ermitteln, ob die lokale Datenbank noch dem Stand der Datenbank auf dem primären DNS-Server entspricht. War dies nicht der Fall, wurde die komplette Zonendatenbank zur Aktualisierung übertragen. Um Zeit zu sparen und die Last im Netzwerk zu reduzieren, wurde nachträglich eine Erweiterung eingeführt, bei der zwar weiterhin ein Zähler bei jeder Änderung erhöht wird, jetzt aber auch der Änderung direkt zugewiesen wird. Ein sekundärer DNS-Server kann somit nicht nur ermitteln, ob die Datenbank seit der letzten Abfrage verändert wurde, sondern danach auch gezielt nur diese Änderungen anfordern. Dies ist besonders in Windows 2000-Netzwerken notwendig, wo durch die dynamischen DNS-Updates sehr viele Änderungen durchgeführt werden.

Diese Erweiterungen werden allerdings nicht von allen DNS-Servern unterstützt. Neben dem Windows 2000-DNS-Server können Sie auch den UNIX-DNS-Server BIND ab Version 8.1.2 verwenden. Andere DNS-Server können nur dann verwendet werden, wenn Sie die RFC 1995 (Inkrementeller Zonentransfer), RFC 2136 (Dynamische DNS-Updates), RFC 2137 (Sichere dynamische DNS-Updates) und RFC 2052 (SRV-Records) unterstützen.

Sobald Sie eine Active Directory-Domäne erstellen, müssen Sie auch angeben, welcher Server die DNS-Domäneninformationen verwaltet. Falls auf diesem Server noch kein DNS-Dienst installiert ist, können bei der Erstellung der Domäne direkt ein DNS-Server installiert und die notwendigen Konfigurationen durchgeführt werden. Alle Domänendienste werden danach automatisch im DNS-Server eingetragen. Sie müssen anschließend lediglich alle Windows 2000 Server und Workstations auf diesen DNS-Server einstellen.

Die Installation

Erstellen des ersten Domänencontrollers

Nach dem Start des Programms Dcpromo startet der Assistent für die Einrichtung von Active Directory-Domänen.

1 Geben Sie zuerst an über *Domain controller for a new domain* an, dass Sie eine neue Domäne erstellen wollen, da Sie an dieser Stelle ja noch keine Active Directory-Domäne installiert haben. Im späteren Verlauf würden Sie dann zusätzliche Domänencontroller für eine bestehende Domäne einrichten.

2 Auch die nächste Entscheidung wird uns vorweggenommen, da bisher noch keine Active Directory-Domäne existiert. Wählen Sie daher jetzt *Create a new domain tree*.

3 Weiterhin bleibt uns auch bei der nächsten Abfrage keine andere Wahl als *Create a new forest of domain trees*.

4 An dieser Stelle müssen Sie der neuen Active Directory nun einen Namen geben. Als Erstes wird dazu unter *Full DNS name for new domain* der DNS-Name für die neue Domäne angegeben. In unserem Beispiel wäre dies *isa2000.ad*.

5 Um die Kompatibilität zu Windows NT zu wahren, benötigt die Domäne zusätzlich zum neu eingeführten DNS-Namen auch noch einen *Domain NetBIOS name*. Der Assistent schlägt dabei den ersten Teil des DNS-Namens vor. Diesen Vorschlag sollten Sie übernehmen, um leicht eine Zuordnung zwischen den beiden Namen durchführen zu können.

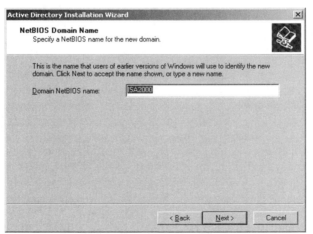

Einen DNS-Namen festlegen

127

Die Installation des ISA-Servers

6 Den Speicherort für die Datenbank des Active Directory sowie die zugehörigen Protokolldateien können Sie frei wählen. Beachten Sie bei der Auswahl nur, dass ausschließlich mit NTFS formatierte Laufwerke verwendet werden können.

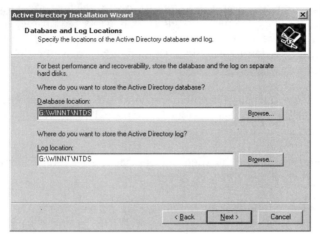

Die Angabe des Speicherorts

7 Für den Anmeldeprozess wird auf dem Domänencontroller eine Freigabe benötigt, von der sich Server und Workstations Informationen holen können. Was unter Windows NT die Freigabe NETLOGON übernahm, ist heute für Windows 2000 der *SYSVOL*-Ordner. Geben Sie ein Verzeichnis an, das über diese Freigabe zur Verfügung gestellt wird.

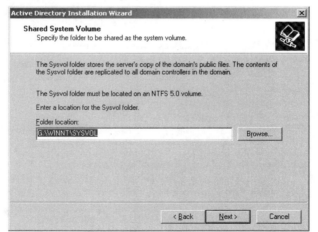

Ein Verzeichnis freigeben

8 Bisher haben wir noch keinen DNS-Server eingerichtet, der die angegebene DNS-Domäne verwaltet. Diese Arbeitsschritte können aber vom Assistenten automatisch durchgeführt werden, weshalb Sie hier *Yes, install*

Die Installation

and configure DNS on this computer wählen. Legen Sie die Windows 2000-Server-CD beziehungsweise die Windows 2000-Service Pack-CD ein, sobald das Programm Sie dazu auffordert.

9 Zum Beispiel für die Anmeldung an einem NT 4.0-RAS-Server können Sie nun auswählen, welchem Stand die Berechtigungen angepasst werden sollen. Wenn dies nicht der Fall ist, wählen Sie aus Sicherheitsgründen immer die Einstellung *Permissions compatible only with Windows 2000 Servers*, um Kompatibilitätsprobleme zu vermeiden.

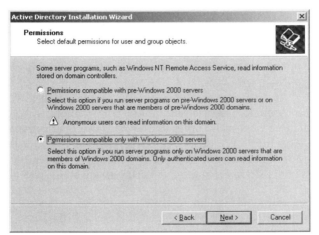

Kompatibilitätsprobleme vermeiden

10 Falls es einmal zu einem Absturz kommt, kann das Active Directory offline wiederhergestellt werden. Damit kein Unbefugter diese Änderung durchführen kann, sichern Sie das Verzeichnis durch ein zusätzliches Kennwort, für das Sie aus Sicherheitsgründen anschließend noch eine Kennwortbestätigung eingeben müssen.

11 Die Zusammenfassung ist die letzte Möglichkeit, die Einstellung noch zu verändern. Sobald Sie auf *Next* klicken, wird die Installation des Active Directory auf diesem Server gestartet. Dieser Vorgang kann bis zu einer halben Stunde dauern. Danach muss der Server neu gestartet werden.

Einrichten eines weiteren Domänencontrollers für eine Domäne

Wie schon erwähnt, sollte in jeder Domäne ein zweiter Domänencontroller eingerichtet werden, der bei einem Ausfall des ersten Servers weiterhin die Verzeichnisdienste bereitstellt. Hier kommt ebenfalls wieder Dcpromo zum Einsatz.

Die Installation des ISA-Servers

1 Da Sie jetzt bereits eine Domäne eingerichtet haben, wählen Sie in diesem Durchgang *Additional domain controller for an existing domain* und erstellen so einen zusätzlichen Domänencontroller.

2 Damit kein Unbefugter in den Besitz der Domänendatenbank gelangt, kann ein zweiter Domänencontroller nur nach Anmeldung als Administrator eingerichtet werden. Geben Sie dazu den Benutzernamen, das Kennwort und die Domäne für die Anmeldung an.

3 Als Nächstes erwartet der Assistent die Eingabe des Domänennames der Domäne, für die ein weiterer Domänencontroller installiert werden soll.

4 Den Speicherort für die Datenbank des Active Directory sowie die zugehörigen Protokolldateien können Sie frei wählen. Beachten Sie bei der Auswahl nur, dass ausschließlich mit NTFS formatierte Laufwerke verwendet werden können.

5 Für den Anmeldeprozess wird auf dem Domänencontroller eine Freigabe benötigt, von der sich Server und Workstations Informationen holen können. Was unter Windows NT die Freigabe NETLOGON übernahm, ist heute für Windows 2000 der *SYSVOL*-Ordner. Geben Sie ein Verzeichnis an, das über diese Freigabe zur Verfügung gestellt wird.

6 Falls es einmal zu einem Absturz kommt, kann das Active Directory offline wiederhergestellt werden. Damit kein Unbefugter diese Änderung durchführen kann, sichern Sie das Verzeichnis durch ein zusätzliches Kennwort, für das Sie aus Sicherheitsgründen anschließend noch eine Kennwortbestätigung eingeben müssen.

7 Die Zusammenfassung ist die letzte Möglichkeit, die Einstellung noch zu verändern. Sobald Sie auf *Next* klicken, wird die Installation des Active Directory auf diesem Server gestartet. Dieser Vorgang kann bis zu einer halben Stunde dauern. Danach muss der Server neu gestartet werden.

Einrichten eines Domänencontrollers für eine weitere Domäne

Die folgenden Schritte müssen Sie durchführen, um die bestehende Struktur um eine weitere, der ersten Domäne untergeordneten Domäne zu erweitern.

1 Geben Sie zuerst über *Domain controller for a new domain* an, dass Sie eine neue Domäne erstellen wollen.

2 Anschließend wählen Sie den Eintrag *Create a new child domain in a existing domain tree*, da die neue Domäne der bestehenden untergeordnet werden soll.

3 Damit kein Unbefugter in den Besitz der Domänendatenbank gelangt, kann eine weitere Domäne nur nach Anmeldung als Administrator eingerichtet werden. Geben Sie dazu den Benutzernamen, das Kennwort und die Domäne für die Anmeldung an.

4 Um die Einordnung in die bestehende Struktur durchführen zu können, werden als Nächstes die übergeordnete Domäne und dann der Name der neuen Domäne angegeben. In unserem Fall wäre *isa2000.ad* die übergeordnete Domäne und *paris.isa2000.ad* die untergeordnete Domäne.

5 Um die Kompatibilität zu Windows NT zu wahren, benötigt die Domäne zusätzlich zum neu eingeführten DNS-Namen auch noch einen *Domain NetBIOS name*. Der Assistent schlägt dabei den ersten Teil des DNS-Namens vor. Diesen Vorschlag sollten Sie übernehmen, um leicht eine Zuordnung zwischen den beiden Namen durchführen zu können.

6 Den Speicherort für die Datenbank des Active Directory sowie die zugehörigen Protokolldateien können Sie frei wählen. Beachten Sie bei der Auswahl nur, dass ausschließlich mit NTFS formatierte Laufwerke verwendet werden können.

7 Für den Anmeldeprozess wird auf dem Domänencontroller eine Freigabe benötigt, von der sich Server und Workstations Informationen holen können. Was unter Windows NT die Freigabe NETLOGON übernahm, ist heute für Windows 2000 der *SYSVOL*-Ordner. Geben Sie ein Verzeichnis an, das über diese Freigabe zur Verfügung gestellt wird.

8 Zum Beispiel für die Anmeldung an einem NT 4.0-RAS-Server können Sie nun auswählen, welchem Stand die Berechtigungen angepasst werden sollen. Wenn dies nicht der Fall ist, wählen Sie aus Sicherheitsgründen immer die Einstellung. Wählen Sie *Permissions compatible only with Windows 2000 Servers*, Um Kompatibilitätsprobleme zu vermeiden.

9 Falls es einmal zu einem Absturz kommt, kann das Active Directory offline wiederhergestellt werden. Damit kein Unbefugter diese Änderung durchführen kann, sichern Sie das Verzeichnis durch ein zusätzliches Kennwort, für das Sie aus Sicherheitsgründen anschließend noch eine Kennwortbestätigung eingeben müssen.

10 Die Zusammenfassung ist die letzte Möglichkeit, die Einstellung noch zu verändern. Sobald Sie auf *Next* klicken, wird die Installation des Active Directory auf diesem Server gestartet. Dieser Vorgang kann bis zu einer halben Stunde dauern. Danach muss der Server neu gestartet werden.

Die Installation des ISA-Servers

Erweiterung des Active Directory-Schemas

Das Active Directory selbst reicht noch nicht aus, damit die ISA-Server zusammen in einem Array betrieben werden können. Zu diesem Zeitpunkt können im Active Directory noch keine Informationen über die ISA-Konfiguration gespeichert werden. Damit dies möglich ist, muss das Active Directory-Schema erweitert werden. Durch die Schemaerweiterung können neue Objekttypen, wie zum Beispiel Filter oder Zugangsregeln, oder zusätzliche Eigenschaften für bestehende Objekttypen erzeugt werden.

Um den Administrator vor unbeabsichtigter Schemaerweiterung zu schützen, wurde die Funktion aus dem eigentlichen Installationsprogramm ausgegliedert. Sie starten das Programm zur Schemaerweiterung, von Microsoft auch als ISA Enterprise Initialization bezeichnet, entweder aus dem *Autostart*-Menü der ISA-Server-CD heraus oder rufen im Verzeichnis *Isa\i386* das Programm *Msisaent.exe* auf. Ausführen dürfen das Schema-Update allerdings nur Anwender, die zur Gruppe der Schemaadministratoren gehören.

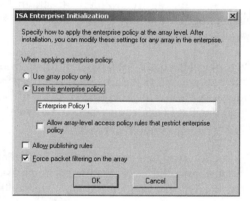

Standard Policy-Einstellungen

Innerhalb des Active Directory können parallel mehrere Arrays konfiguriert werden. Damit ist es in einem Unternehmen zum Beispiel möglich, an verschiedenen Standorten jeweils mehrere Server in einem Array zu konfigurieren. Die Konfiguration kann dabei entweder über eine Enterprise Policy oder eine Array Policy durchgeführt werden. In der Standardeinstellung wird eine Enterprise Policy erstellt, die zunächst für alle Arrays innerhalb des Active Directory gilt. Wenn für jedes Array unabhängig eine eigene Policy erstellt werden soll, wählen Sie die Einstellung *Use array policy only*. Global gültige Einstellungen setzen Sie über die Einstellung *Use this enterprise policy*, wobei Sie über das Kontrollfeld *Allow array-level access policy rules that restrict enterprise policy* die Möglichkeit aktivieren können, innerhalb des Arrays anders lautende Policies zu definieren.

Über das Kontrollfeld *Allow publishing rules* können interne Internetserver nach außen über den ISA-Server abgebildet werden. Damit kann in jedem Array unabhängig von den globalen Richtlinien lokal entschieden werden, auf welche Dienste von außen zugegriffen werden kann.

Force packet filtering on the array sollte immer aktiviert bleiben, damit eine global festgelegte Sicherheitsstrategie nicht auf einem lokalen Server komplett untergraben werden kann. Ein- und ausgehende Verbindungen können damit nur zentral, nicht mehr auf der einzelnen Firewall, eingerichtet werden.

Das Schema-Update kann durchaus 15 Minuten dauern. Um den Vorgang möglichst schnell ausführen zu können, sollte das Update immer möglichst am Schemamaster durchgeführt werden. Dabei handelt es sich in der Regel um den ersten Domänencontroller, der innerhalb des Active Directory installiert wurde.

Installation des ISA-Servers

Nachdem Sie die ISA-Server-CD eingelegt haben, bekommen Sie über die Autostart-Funktion sofort ein Menü angezeigt, aus dem Sie die Installation des ISA-Servers auswählen können. Alternativ starten Sie im Verzeichnis \Isa das Programm *Setup.exe*.

Nachdem Sie die Lizenznummer, die sich auf der Hülle der ISA-Server-CD befindet, eingegeben haben, überprüft das Installationsprogramm, ob bereits Komponenten des ISA-Servers installiert worden sind.

Über *Change Folder* können Sie jetzt einen alternativen Installationspfad für die Dateien des ISA-Servers auswählen. Damit sind allerdings nur die Programmdateien selbst gemeint. Den Speicherplatz für einen eventuell einzurichten Cache des Proxyservers definieren Sie später.

Als Nächstes wählen Sie aus, welche Installationsart, *Typical*, *Custom* oder *Full*, durchgeführt werden soll. Wählen Sie an dieser Stelle *Custom*, damit Sie selbst festlegen können, welche Komponenten tatsächlich installiert werden. Die Beschreibung der Komponenten entnehmen Sie bitte der Aufstellung im Abschnitt 3.1.

Entsprechend Ihrer zuvor getroffenen Entscheidung, ob der Server Standalone oder als Mitglied eines Array installiert werden soll, wählen Sie jetzt die Installation aus. Dies ist allerdings nur dann möglich, wenn Sie vorher das Active Directory erweitert haben. Andernfalls erscheint die Meldung, dass der Server nur als Stand-alone installiert werden kann. Sofern Sie sich

Die Installation des ISA-Servers

für die Installation in einem Array entschieden haben, geben Sie nun den Namen des Arrays an.

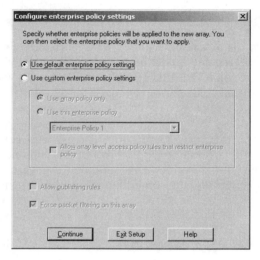

Auswahl der Konfiguration bei der Integration in ein Array

Sofern Sie die Installation des Servers in ein Array ausgewählt haben, müssen Sie als Nächstes definieren, ob für das Array die bei der Vorbereitung des Active Directory erstellte Policy gelten soll oder ob nur die Array Policy gelten soll. Die Auswahl entspricht ansonsten den bereits bei der Vorbereitung des Active Directory besprochenen Einstellungen.

Im nächsten Fenster wählen Sie nun aus, ob Sie den ISA-Server als Firewall, Cache oder Integrated, also mit beiden Funktionen, installieren wollen. Abhängig davon werden nur die benötigten Dienste installiert.

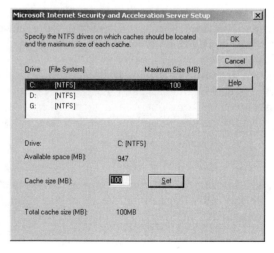

Auswahl des Speichers für den Webchache

Die Installation

Wie Sie bereits in der oben abgebildeten Tabelle zum Speicherplatzbedarf des Cachemoduls gesehen haben, benötigt der ISA-Server viel Speicherplatz auf der Festplatte. Dabei muss es sich um ein mit NTFS formatiertes Laufwerk handeln.

Einerseits arbeitet NTFS mit kleineren Clustern, wodurch bei den kleinen HTML-Dateien weniger Speicherplatz verschwendet wird, als wenn eine 3-KByte-Datei auf einem mit FAT formatierten Laufwerk einen kompletten 64-KByte-Cluster belegt. Andererseits muss der Cache auch regelmäßig bereinigt werden, sobald das angegebene Limit für den Speicherplatz erreicht ist. Dies erfolgt nach dem Least recently used (LRU)-Verfahren, bei dem die Dateien zuerst gelöscht werden, auf die am längsten nicht mehr zugegriffen worden ist. Da aber nur im NTFS für jede Datei der Zeitpunkt des letzten Zugriffs gespeichert wird, kann dieses Verfahren auf FAT-Laufwerken eben nicht angewendet werden.

Wählen Sie auf den verfügbaren Laufwerken den für den Cache zu nutzenden Speicherplatz aus. Eine Verteilung der Daten auf mehrere physische Laufwerke erhöht dabei den Durchsatz und damit die Geschwindigkeit des Servers bei stärkerer Belastung. Die Cachegröße sowie die verwendeten Laufwerke können später problemlos angepasst werden.

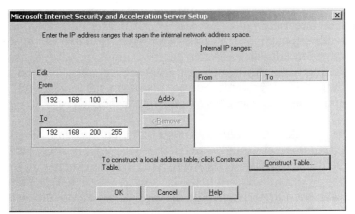

Manuelles Erstellen einer LAT

Damit der ISA-Server erkennen kann, wann Daten vom internen Netzwerk ins Internet übertragen werden, muss das System zunächst wissen, welche IP-Netzwerke zum internen und welche zum externen Netzwerk gehören. Diese Informationen werden in der so genannten Local Address Table (LAT) abgelegt. Für die Erstellung der LAT müssen Sie lediglich den IP-Adressbereich in Ihrem internen Netzwerk kennen, alle anderen Adressen werden als extern betrachtet. Diese Konfiguration kann später, im Falle eines Netzausbaus oder nach Adressänderungen, beliebig verändert werden.

Die Installation des ISA-Servers

Geben Sie im Feld *From* und *To* jeweils die erste und letzte IP-Adresse der von Ihnen verwendeten Netzwerke an. Alternativ kann das Installationsprogramm auch eine LAT zusammenstellen. Wählen Sie dazu *Construct Table*.

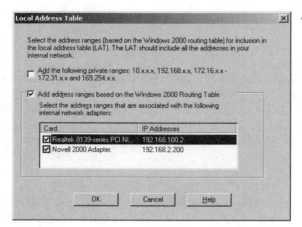

Automatisches Erstellen einer LAT

Wie in Kapitel 1 bereits erwähnt, werden einige IP-Adressbereiche als privat betrachtet und können frei verwendet werden, da zwischen öffentlichen und privaten Netzwerken kein direktes IP-Routing durchgeführt wird. Diese Netzwerke können Sie über das Kontrollfeld *Add the private ranges*: zwar direkt in die LAT integrieren, was Sie aber genau überlegen sollten. Einige Unternehmen sichern auch ihre internen Netzwerke, in denen sie private IP-Adressen verwenden, durch Firewalls gegeneinander ab. Damit gehören dann plötzlich Netzwerke nicht mehr zum internen Bereich, obwohl sie der ISA-Server aufgrund der privaten Adresse als intern betrachtet, woraufhin keine Kommunikation mit diesen Netzwerken mehr möglich ist.

Auch die Funktion *Add address ranges based on the Windows 2000 Routing Table* dürfen Sie nicht blind aktivieren. Überlegen Sie zuvor, welche Karten die Verbindung zum internen LAN herstellen, und aktivieren Sie nur die zugehörigen Kontrollfelder. Anhand er angegebenen IP-Adressen und Subnetzmasken der Karten werden dann die IP-Adressen des Netzwerks berechnet.

In der hier verwendeten Demo-Konfiguration bildet das Netzwerk 192.168.100.0 das interne LAN und das Netzwerk 192.168.2.0 die DMZ ab. Die Verbindung zum Internetprovider wird später über eine in den Server eingebaute ISDN-Karte hergestellt.

Nachdem Sie die LAT bestätigt haben, wird die eigentliche Installation durchgeführt. Anschließend wird bei Bedarf der Getting Started Wizard gestartet, der Sie durch die Konfiguration des ISA-Servers führt. Diesen werden wir übergehen und uns später eingehend mit der manuellen Konfiguration beschäftigen.

Manuelle Nachinstallation

Ein wichtiges Programm zur Verwaltung des Caches befindet sich zwar auf der ISA-Server-CD, wird aber während der Installation nicht auf die Festplatte kopiert. Dieses Porgramm, *Cachedir.exe*, befindet sich auf der CD im Verzeichnis *\Support\tools\troubleshooting*. Kopieren Sie dieses Programm in das ISA-Server-Programmverzeichnis. Ein Aufruf des Programms von der CD aus funktioniert nicht, da es einige DLLs benötigt, die nicht von der CD aus geladen werden können.

Hotfixes

Mittlerweile sind bereits einige Fehler im ISA-Server bekannt geworden, zu denen es auch schon Bugfixes gibt. Zur Zeit der Drucklegung standen auf den Microsoft-Servern unter http://www.microsoft.com/downloads drei kleine Updates zur Verfügung, *Isahf51.exe*, *Isahf54.exe* und *Isahf63.exe*. Alle erfordern einen Neustart des Systems, sie sollten also außerhalb der regulären Arbeitszeiten eingespielt werden.

Da es sich beim ISA-Server um ein Produkt handelt, das für die Sicherheit in Ihrem Netzwerk sorgt, sollten Sie regelmäßig nachschauen, ob Updates zur Verfügung stehen und diese installieren.

Anfang 2002 wird wahrscheinlich das erste Servicepack für den ISA-Server erscheinen, in dem dann alle einzelnen Hotfixes zusammengefasst sein werden, womit nur noch das Servicepack installiert werden muss. Es ist ebenfalls davon auszugehen, dass dieses Servicepack auch Slipstreaming unterstützt.

Installierte Dienste und Komponenten

Je nach gewählter Installationsart werden einige oder alle der in der folgenden Tabelle aufgelisteten Dienste auf dem Server hinzugefügt und gestartet.

Dienst	Funktion
Microsoft ISA-Server Control	Hauptdienst des ISA-Servers, übernimmt die Steuerung der anderen Dienste.
Microsoft Firewall	Firewall-Komponente, sorgt für die Filterung von Daten und Absicherung des internen Netzwerks.
Microsoft Web Proxy	Web Proxy, übernimmt die Zwischenspeicherung von Daten, die über HTTP und FTP übertragen werden.

Die Installation des ISA-Servers

Dienst	Funktion
Microsoft H.323 Gatekeeper	Schnittstelle zwischen dem internen und externen Netzwerk für Dienste, die das H.323-Protokoll nutzen, wie zum Beispiel Microsoft NetMeeting.
Microsoft Scheduled Cache Content Download	Ausführung des Forward-Caching, bei dem Daten im Cache regelmäßig auf Aktualität überprüft und bei Bedarf neu geladen werden.

Ebenfalls hinzugefügt wurde eine Netzwerkkomponente, der QoS Packet Scheduler. Bei **Q**uality **o**f **S**ervice (QoS) handelt es sich um eine Funktion, mit der bestimmten Netzwerkdiensten mehr oder weniger Bandbreite im Netzwerk zur Verfügung gestellt werden kann. Dieser Dienst wird dann benötigt, wenn Sie in der Konfiguration des ISA-Servers eben solche Bandbreitenbeschränkungen festlegen und somit für andere Applikationen Kapazitäten im Netzwerk reservieren.

Ein auf dem Server installierter Webserver wird nach der Installation des ISA-Servers gestoppt. Dies ist notwendig, da der ISA-Server selbst die Standard-TCP-Ports für Webserver belegt, um das Veröffentlichen von Webservern über den ISA-Server zu ermöglichen. Ändern Sie in diesem Fall zunächst die von den virtuellen Webservern verwendeten Ports und starten Sie dann die Dienste des IIS wieder. Der Anwender bemerkt von dieser Änderung nichts, da nun statt des Webservers der ISA-Server die Anfragen entgegennimmt und dann an den Webserver weiterleitet.

3.3 Basiskonfiguration des ISA-Servers

Nach der Installation des Servers wird als Nächstes die Basiskonfiguration des Systems durchgeführt, damit der ISA-Server überhaupt Daten zwischen den verschiedenen Netzwerken übertragen kann. Die Beispiele führen wir anhand der Stand-alone Installation des Servers durch, da dies die in der Praxis am häufigsten genutzte Installationsvariante sein wird. In der Enterprise Edition liegt der Unterschied lediglich darin, dass Sie die Konfiguration jeweils für das gesamte Array festlegen können und die Filter im Anschluss für die einzelnen Server lediglich noch weitereinschränken.

Übersicht über die Verwaltung des ISA-Servers

Die Verwaltung des ISA-Servers erfolgt ebenfalls wieder über die MMC, für die nach der Installation ein neues Snap-In Internet Security and Acceleration Server zur Verfügung steht. Fügen Sie dieses Snap-In zu Ihrer bestehenden

Basiskonfiguration des ISA-Servers

Verwaltungskonsole hinzu, wie in Kapitel 2 beschrieben. In der folgenden Abbildung sehen Sie den kompletten Baum mit allen Containern. Für den Satz wurde die Anzeige hier zweigeteilt, normalerweise finden Sie alle Einträge in einer Liste.

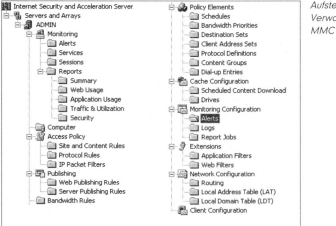

Aufstellung des gesamten Verwaltungsbaums in der MMC

In der Standardeinstellung startet die MMC in einer so genannten Taskpad-Ansicht. Diese Ansicht ist zwar für den Einsteiger gedacht, dürfte aber gerade diesen besonders verwirren, da einige Redundanzen auftauchen und die Beschreibung der Aufgaben nicht immer ganz klar den tatsächlichen Funktionen in der Verwaltung des ISA-Servers zuzuordnen sind. Alle Erläuterungen in diesem Buch werden daher anhand der erweiterten Ansicht durchgeführt. Nach dem Öffnen der Konsole schalten Sie in diese Ansicht um, indem Sie zunächst den Stamm des Snap-Ins *Internet Security and Acceleration Server* markieren und im Menü *View* den Punkt *Advanced* wählen. Diese Einstellung wird beim Beenden der MMC gespeichert.

Konfiguration des Routings über den ISA-Server

Als Nächstes konfigurieren wir den ISA-Server so, dass eine Weiterleitung der Pakete vom internen Netz ins Internet möglich ist. Dieses Routing ist aus Sicherheitsgründen in der Standardeinstellung ausgeschaltet und wird erst bei Bedarf aktiviert.

Öffnen Sie die Eigenschaften des Containers IP Packet Filters und aktivieren Sie auf der Registerkarte *General* zunächst das Kontrollfeld *Enable packet filtering*. Diese Einstellung ist Voraussetzug für das Routing, das Sie anschließend über *Enable IP routing* aktivieren.

139

Die Installation des ISA-Servers

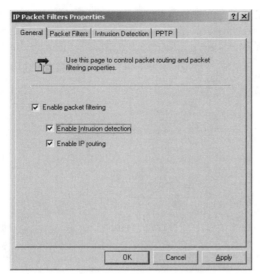

Aktivieren des Routings am ISA-Server

Das Routing sollte allerdings nur dann aktiviert werden, wenn es auch tatsächlich benötigt wird. Dies ist nicht der Fall, wenn der ISA-Server als Proxy dient, da hier die Anfrage des Clients zunächst an den ISA-Server gesendet wird und dieser eine neue Anfrage an den eigentlichen Zielserver generiert, wie es zum Beispiel beim Webzugriff über den ISA-Server als Web-Proxy der Fall ist.

Deaktivieren der Routing-Funktion des Windows 2000-Servers

Auf dem ISA-Server darf das Routing von Windows 2000 nicht mehr aktiviert sein, da ansonsten die Sicherheitsfuktion der Firewall außer Kraft gesetzt wird. Um dies zu überprüfen, starten Sie die Verwaltungskonsole für *Routing and Remote Access* und stellen Sie sicher, dass für das Routing keine Schnittstellen eingetragen sind.

Einrichten einer Wählverbindung zum Internetprovider

In unserer Beispielkonfiguration nutzen wir die in den Server eingebaute ISDN-Karte für die Verbindung zum Provider und müssen uns an dieser Stelle jetzt darum kümmern, eine Verbindung zum Internet Service Provider einzurichten. Wenn Sie stattdessen einen Hardware-Router einsetzen, stellen Sie die Verbindung über diesen Router her beziehungsweise lassen Sie die Konfiguration durch Ihren Service Provider durchführen, sofern er diesen Router bereitgestellt hat. Die Definition einer Wählverbindung ist aber auch

Basiskonfiguration des ISA-Servers

in diesem Fall interessant, da der ISA-Server zur Standardverbindung alternativ auch eine Wählverbindung aus dem Server heraus nutzen kann, falls die Standardverbindung ausfallen sollte. Damit bleibt die Anbindung ans Internet auch dann noch gewährleistet, wenn eine Standleitung ausfallen sollte, wobei allerdings dann mit Geschwindigkeitseinbußen zu rechnen ist.

1 Öffnen Sie die Eigenschaften von *My Network Places* und wählen Sie *Make New Connection*.

2 Wählen Sie aus der Liste der Verbindungsarten *Dial-up to private network*. Wenn Sie *Dial-up to the Internet* wählen, bietet Windows 2000 eine bevorzugte Liste von Internet Service Providern an

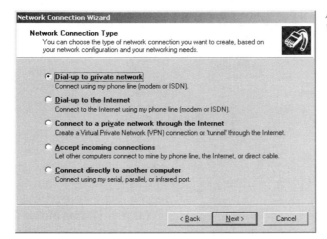

Auswahl der Wählverbindung

3 Aktivieren Sie die Kontrollfelder für die Modems oder ISDN-Geräte, die Sie verwenden wollen, und geben Sie anschließend die Telefonnummer des Internet Service Providers ein.

4 Wählen Sie bei der Abfrage, für wen die Verbindung zur Verfügung gestellt werden soll, *For all users*, lassen Sie danach aber das Kontrollfeld *Enable Internet Connection Sharing vor this connection* deaktiviert, da der ISA-Server die Kommunikation und das Routing über diese Verbindung übernehmen wird.

Damit ist die Wählverbindung bereits hergestellt. Das Fenster zur Angabe der Anmeldeinformationen können Sie getrost schließen, da Sie diese Informationen später bei der Konfiguration des ISA-Servers angeben.

Falls Sie mehrere Server zusammen in einem Array betreiben wollen und diese Server alle über eine Wählverbindung angebunden werden sollen, erstellen Sie diese Wählverbindung mit dem gleichen Namen auf allen beteiligten Servern.

Definition der Wählverbindung am ISA-Server

Im nächsten Schritt muss diese für den Server eingerichtete Wählverbindung jetzt noch in die Konfiguration des ISA-Servers übernommen werden. Wählen Sie dazu unter *Policy Elements* im Kontextmenü des Container *Dial-up entries* den Einrag *New Dial-Up Entry*.

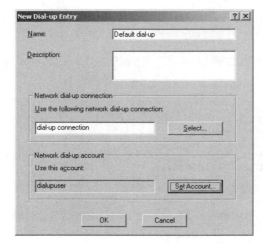

Erstellen eines neuen Dial-Up-Eintrags

Geben Sie unter *Name* einen Namen für den Eintrag ein und bei Bedarf eine nähere Beschreibung, zum Beispiel über den gewählten Provider, Tarife, Verfügbarkeit etc. Im Feld *Network dial-up connection* wählen Sie anschließend über *Select* den soeben für Windows 2000 erstellten Dial-up-Eintrag aus. Da die meisten Provider eine Anmeldung erfordern, wählen Sie anschließend *Set Account* und geben Sie einen Anmeldenamen sowie ein Passwort für die Anmeldung beim Service Provider an.

Umstellen des Routings auf die Wählverbindung

Im letzten Schritt wird das Routing auf die neue Wählverbindung umgestellt beziehungswiese die Wählverbindung als Ersatz für eine eventuell ausgefallene Standleitung eingerichtet. Öffnen Sie dazu unter *Networking Configuration* im Container *Routing* die Eigenschaften der *Default Rule*.

Auf der Registerkarte *Action* nehmen Sie anschließend die notwendigen Einstellungen vor. Die Einstellung unter *Process requests by* können Sie in der Regel unverändert lassen, da viele Provider mittlerweile den direkten Zugang zu allen Webservern des Internet erlauben. Sollte dies bei Ihrem Provider

Basiskonfiguration des ISA-Servers

nicht der Fall sein, dann muss der Zugriff über einen beim Provider installierten Web-Proxy, den so genannten Upstream Server, durchgeführt werden.

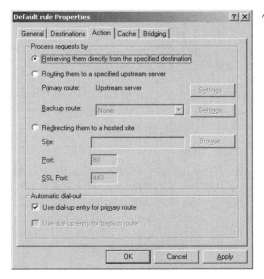

Anpassen der Default Routing Rule

Wählen Sie in diesem Fall die Einstellung *Routing them to a specific upstream server* und geben Sie über *Settings* alle nötigen Informationen ein. Als Backup Route definieren Sie anschließend, wie sich das System beim Ausfall dieses Upstream Servers verhalten soll. Über die Einstellung *None* wird eine Fehlermeldung an den Browser des Anwenders weitergegeben, *Direct to Interntet* versucht, die direkte Verbindung zum Zielserver ohne Umwege über einen weiteren Web-Proxy und *Upstream proxy Server* erlaubt die Definition eines zweiten Upstream Servers, der wieder über *Settings* genauer definiert wird.

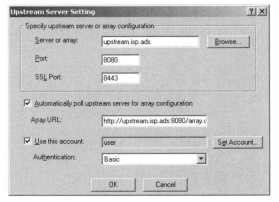

Defintion des Upstream Proxy-Servers

Für die Verwendung eines Upstream Proxy-Servers geben Sie zunächst den Namen oder die IP-Adresse des entsprechenden Servers ein sowie den Port

Die Installation des ISA-Servers

für die unverschlüsselte und die über SSL verschlüsselte Übertragung. In der Regel können Sie davon ausgehen, dass alle Provider die bereits eingetragenen Standardports verwenden. Dass der Provider allerdings auch eine automatische Konfiguration erlaubt, ist meistens eher unwahrscheinlich, weshalb Sie das Kontrollfeld *Automatically poll upstream server for array configuration* ruhig deaktivieren können. Falls der Proxy-Server des Providers eine Anmeldung erfordert, aktivieren Sie das Kontrollfeld vor *Use this account* und geben Sie über *Set Account* einen Namen und ein Passwort für die Anmeldung ein. Anschließend setzen Sie unter *Authentication* die Einstellung *Basic* für die Anmeldung, da der Provider sehr wahrscheinlich keinen Microsoft-Server einsetzen wird und die integrierte Windows-Anmeldung hier sicherlich fehlschlagen wird.

Die Einstellung für die Verwendung der Wählverbindung nehmen Sie abschließend unter *Automatic dial-out* vor. Wenn es sich dabei um die primäre Verbindung handelt, aktivieren Sie das Kontrollfeld *Use diual-up entry for primary route*. Wollen Sie die dagegen eine Ausfallsicherung angeben, aktivieren Sie *Use dial-up entry for backup route*. Anhand der installierten Netzwerkkarten und der LAT erkennt der ISA-Server selbst, zu welchem Zweck die Wählverbindung eingesetzt werden kann und bietet in der Konfiguration auch jeweils nur den entsprechenden Punkt zur Auswahl an.

4. Datenverkehr durch definierte Filter zulassen

Im Gegensatz zur alten „Jeder darf alles"-Philosophie, die Microsoft in den meisten Produkten vertritt, geht nach der Installation des ISA-Servers zunächst einmal nichts mehr. Die gesamte Kommunikation zwischen den installierten Netzwerkkarten wird gefiltert, wobei die grundsätzliche Regel zur Filterung angibt, dass alle Daten von einer Netzwerkkarte zur anderen Netzwerkkarte nicht durchgelassen werden.

Der ISA-Server entspricht dem grundsätzlichen Prinzip einer Firewall, nach dem zunächst die Mauer hochgezogen wird und erst danach nur genau die Lücken geöffnet werden, die für die Kommunikation zwingend notwendig sind. Alternativ wäre es auch möglich, zunächst alle Verbindungen über den ISA-Server zuzulassen und dann die Bereiche zu sperren, auf die kein Zugriff erfolgen soll.

In der Regel ist dieser Weg allerdings viel zu umständlich und auch zu unsicher, da Sie wiederum jede Lücke schließen müssen, über die ein Angriff auf das System erfolgen kann. Wir werden hier also die Linie weiterverfolgen, in der die erlaubte Kommunikation jeweils die zu definierende Ausnahme darstellt.

Zu diesem Thema werden wir uns in diesem Kapitel mit folgenden Themen befassen:

- Filtern nach IP-Adressen und Ports
- Protokollanalyse
- Filtern von Inhalten

Das Filtern ist dabei auf mehrere Arten möglich und leider auch auf mehrere Ebenen verteilt, wobei die Konfiguration in der Verwaltungskonsole allerdings nebeneinander liegt.

Datenverkehr durch definierte Filter zulassen

4.1 IP Packet Filter

Paketfilter kommen zum Einsatz, wenn Daten gefiltert werden, die über die externen Schnittstellen

- vom ISA-Server gesendet
- an den ISA-Server gesendet
- über den ISA-Server geroutet

werden. Die Filterung geschieht dabei anhand von IP-Adressen und Ports. Damit diese aber überhaupt durchgeführt wird, muss sie auf dem Server aktiviert werden. Öffnen Sie dazu im Container *Access Policy* die Eigenschaften des Containers *IP Packet Filters*. Überprüfen Sie, ob auf der Registerkarte *General* das Kontrollfeld *Enable packet filtering* aktiviert ist.

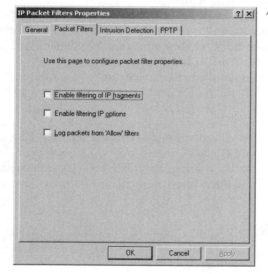

Allgemeine Konfiguration der Paketfilter

Bevor wir uns daranmachen, bestimmte Pakete nun anhand von Absender- oder Zieladressen zu filtern, können wir noch ein paar allgemeine Filteroptionen setzen, die verhindern, dass gegebenenfalls schädliche Pakete den ISA-Server passieren.

Den Angreifern ist durchaus bewusst, dass sie in der Regel zunächst an den Firewalls vorbeigelangen müssen und dass diese oft auch in der Lage sind, innerhalb der Pakete nach verdächtigen Kommandos zu suchen, was auch vom ISA-Server beim Intrusion Detection durchgeführt wird. Es gilt nun also, der Firewall ein Paket unterzuschieben, das scheinbar ungefährlich ist. Dazu teilt (fragmentiert) man die IP-Pakete dermaßen, dass die schädlichen Daten

IP Packet Filter

auf zwei der Pakete verteilt werden und die Firewall, da sie immer nur Paket für Paket untersucht, diese passieren lässt. Erst wenn der Zielserver diese Pakete beim Empfang wieder zusammensetzt, entfalten sie ihre volle zerstörerische Wirkung. Damit solche Angriffe nicht mehr möglich sind, aktivieren Sie die Option *Enable Filtering of IP fragments*.

Andere Angriffe wiederum nutzen bestimmte Felder in den IP-Paketheadern, die so genannten IP-Optionen. Wenn Sie diese Lücke schließen wollen, aktivieren Sie das Kontrollfeld *Enable filtering IP options*.

Wenn Sie trotzdem noch befürchten, dass Ihre Sicherung nicht ausreicht, können Sie abschließend über *Log packets from 'Allow' filters* noch die Protokollierung der Pakete starten, die alle Filter passieren dürfen. Mithilfe dieser Aufzeichnungen können Sie anschließend eine Überprüfung auf weitere Angriffe starten.

Erstellen eines Packet Filters

Nach der Installation des ISA-Servers sind bereits ein paar dieser Packet Filter installiert. Diese werden für DNS-Abfragen sowie eine Verbindungskontrolle über ICMP (auch als Ping bekannt) verwendet. Um einen neuen Filter zu erstellen, wählen Sie unter *Access Policy* im Kontextmenü von *IP Packet Filters* den Punkt *New Filter* und geben Sie einen Namen für den neuen Filter ein.

Übernehmen Sie jetzt die Standardauswahl *Allow packet transmission*, da Sie ja die Ausnahme für die Filterung definieren wollen. *Block packet transmisson* würde die Weiterleitung verbieten.

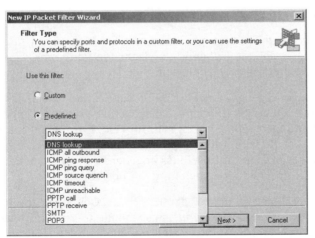

Auswahl verfügbarer Protokolle

Datenverkehr durch definierte Filter zulassen

Als guter Administrator kennen Sie natürlich alle Protokolle, die in Ihrem Netzwerk verwendet werden, und kennen alle verwendeten Ports auswendig. Damit beeindrucken Sie sicherlich Ihre Kollegen, aber dafür ist die Filtertabelle anschließend nicht mehr vernünftig zu lesen. Daher wählen Sie in den meisten Fällen bei der Angabe des Filters nicht *Custom* und definieren den Filter anschließend selbst, sondern suchen unter *Predefined* ein bereits vorgegebenes Protokoll heraus. Wir werden an dieser Stelle zur Veranschaulichung *Custom* wählen und zeigen Ihnen dann im Anschluss, wie Sie eigene Protokolldefinitionen erstellen.

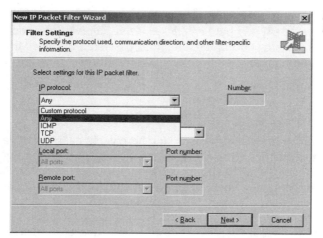

Definition eines eigenen Filters

Wählen Sie unter *IP protocol* zunächst das verwendete Protokoll *ICMP*, *TCP*, *UDP* oder *Any* für alle Protokolle aus. Abhängig von der Auswahl sind dann die folgenden Einstellungsmöglichkeiten:

- **Any** – Diese Regel gilt für alle Protokolle. Sie können nur noch angeben, ob sie für eingehende (*inbound*), ausgehende (*outbound*) oder Pakete in beide Richtungen (*Both*) gelten soll.

- **ICMP** – Diese Regel gilt nur für ICMP-Pakete. Geben Sie anschließend an, ob sie für eingehende (*inbound*), ausgehende (*outbound*) oder Pakete in beide Richtungen (*Both*) gelten soll. Im Feld *Type* geben Sie danach an, ob die Regel für alle Typen (*all types*) oder einen bestimmten Typen (*fixed type*), den Sie im Anschluss angeben, gilt. Die gleiche Einstellung nehmen Sie anschließend noch für den Code vor.

- **TCP** – Diese Regel gilt nur für das TCP-Paket. Geben Sie anschließend an, ob sie für eingehende (*inbound*), ausgehende (*outbound*) oder Pakete in beide Richtungen (*Both*) gelten soll. Danach definieren Sie, ob der lokale Port beliebig gewählt werden kann (*all ports*), auf einen Port festgelegt ist (*fixed port*), den Sie im Anschluss angeben, oder, wenn die Verbindung von diesem System ausgeht, dynamisch gesetzt wird. Abschließend nehmen Sie die gleiche Einstellung für den Port am entfernten System vor.

- **UDP** – Diese Regel gilt nur für UDP-Pakete. Geben Sie anschließend an, ob die Daten nur gesendet (*receive only*), nur empfangen (*send only*), gesendet und empfangen (*both*), empfangen, nachdem gesendet wurde (*receive send*), oder gesendet, nachdem empfangen wurde (*send receive*), werden sollen. Danach definieren Sie, ob der lokale Port beliebig gewählt werden kann (*all ports*), auf einen Port festgelegt ist (*fixed port*), den Sie im Anschluss angeben, oder, wenn die Verbindung von diesem System ausgeht, dynamisch gesetzt wird. Abschließend nehmen Sie die gleiche Einstellung für den Port am entfernten System vor mit der Ausnahme, dass der Port hier nicht dynamisch eingestellt werden kann.

- **Custom protocol** – Wenn ein anderes Protokoll verwendet werden soll, wählen Sie *Custom protocol* und geben Sie danach unter *Number* die Nummer des Protokolls an, die Sie bitte der technischen Dokumentation dieses entsprechenden Protokolls entnehmen. Jedem Protokoll wird eine solche Nummer zugewiesen, die Sie aus der Tabelle im Anschluss entnehmen können.

Nachdem die Definition des Protokolls abgeschlossen ist, geben Sie als Nächstes an, für welche IP-Adressen dieser Filter gelten soll. Wählen Sie *Default IP addresses for each external interface on the ISA Server computer* und der Filter wird allen internen Interfaces des ISA-Servers zugeordnet, gilt also für den Datentransfer vom internen Netzwerk nach außen. Soll der Filter für Pakete aus dem Internet gelten, wählen Sie *This ISA Server's external IP address* und geben Sie die Adresses der Netzwerkkarte an, die den ISA-Server mit dem Internet verbindet.

Falls Sie die Konfiguration des ISA-Servers mit einer DMZ eingerichtet haben, können Sie den Filter auf einem System in der DMZ zuordnen. Wählen Sie dazu *This computer* und geben Sie die IP-Adresse des Systems ein oder wählen Sie den Computer über *Browse* aus.

Nachdem der Filter – einem Interface des ISA-Servers oder einem System in der DMZ zugeordnet wurde, bestimmen Sie im nächsten Schritt, für welche Computer im Internet dieser Filter gelten soll. In der Regel behalten Sie die Standardeinstellung *All remote computers* bei und wenden den Filter so auf alle Computer außerhalb des privaten Netzwerks an. Alternativ dazu kann auch eine einzelne IP-Adresse ausgewählt werden. Wählen Sie dazu *Only this remote computer* und geben Sie danach eine IP-Adresse ein. Diese Auswahl ist nur dann sinnvoll, wenn Sie eine Regel erstellt haben, mit der Sie die Übertragung eines Protokolls erlauben wollen. Filter, die die Übertragung blockieren, werden dafür im Allgemeinen für alle Systeme eingerichtet.

Datenverkehr durch definierte Filter zulassen

Leider hat Microsoft den Agenten bei der letzten Eingabemaske unglücklich designed, weshalb der Filter nur auf einen Computer oder alle im externen Netzwerk angewendet werden kann. Eine leicht erweiterte Einstellung ist möglich, wenn Sie die Eigenschaften des soeben erstellten Filters aufrufen und dann die Registerkarte *Remote Computer* wählen. Hier haben Sie zusätzlich die Möglichkeit, über *This range of computers* ein komplettes Netzwerk auszuwählen, indem Sie die Adresse des Netzwerks sowie eine Subnetzmaske angeben.

Protokolltypen und zugehörige Nummern

Typ	Protokoll	Typ	Protokoll	Typ	Protokoll	Typ	Protokoll
0	HOPOPT	35	IDPR	73	CPHB	120	UTI
1	ICMP	36	XTP	74	WSN	121	SMP
2	IGMP	37	DDP	75	PVP	122	SM
3	GGP	38	IDPR-CMTP	76	BR-SAT-MON	123	PTP
4	IP	39	TP++	77	SUN-ND	124	ISIS
5	ST	40	IL	78	WB-MON	125	FIRE
6	TCP	41	IPv6	79	WB-EXPAK	126	CRTP
7	CBT	42	SDRP	80	ISO-IP	127	CRUDP
8	EGP	43	IPv6-Route	81	VMTP	128	SSCOPMCE
9	IGP	44	IPv6-Frag	82	SECURE-VMTP	112	IPLT
10	BBN-RCC-MON	45	IDRP	83	VINES	130	SPS
11	NVP-II	46	RSVP	84	TTP	131	PIPE
12	PUP	47	GRE	85	NSFNET-IGP	132	SCTP
13	ARGUS	48	MHRP	86	DGP	133	FC
14	EMCON	49	BNA	87	TCF	255	Reserved
15	XNET	50	ESP	88	EIGRP	109	SNP
16	CHAOS	51	AH	89	OSPFIGP	110	Compaq-Peer
17	UDP	52	I-NLSP	90	Sprite-RPC	111	IPX-in-IP
18	MUX	53	SWIPE	91	LARP	112	VRRP
19	DCN-MEAS	54	NARP	92	MTP	113	PGM
20	HMP	55	MOBILE	93	AX.25	115	L2TP
21	PRM	56	TLSP	94	IPIP	116	DDX
22	XNS-IDP	57	SKIP	95	MICP	117	IATP
23	TRUNK-1	58	IPv6-ICMP	96	SCC-SP	118	STP
24	TRUNK-2	59	IPv6-NoNxt	97	ETHERIP	119	SRP
25	LEAF-1	60	IPv6-Opts	98	ENCAP		
26	LEAF-2	62	CFTP	100	GMTP		
27	RDP	64	SAT-EXPAK	101	IFMP		
28	IRTP	65	KRYPTOLAN	102	PNNI		
29	ISO-TP4	66	RVD	103	PIM		
30	NETBLT	67	IPPC	104	ARIS		
31	MFE-NSP	69	SAT-MON	105	SCPS		
32	MERIT-INP	70	VISA	106	QNX		
33	SEP	71	IPCV	107	A/N		
34	3PC	72	CPNX	108	IPComp		

4.2 Protocol Rules

Protocol Rules werden eingesetzt, wenn der ISA-Server als Proxy dient und die Anwender mit dem Proxy-Client arbeiten. Über diese Regeln definieren Sie, welche Protokolle von den Anwendern verwendet werden dürfen, um auf das Internet zuzugreifen. Der Anwender muss dazu lediglich den ISA-Server als Standardgateway eintragen. Zum Erstellen einer solchen Regel wählen Sie unter *Access Policy* im Kontextmenü von *Policy Rules* den Punkt *New Rule* und geben Sie einen Namen für die Regel an.

Übernehmen Sie jetzt die Standardauswahl *Allow*, da Sie ja die Ausnahme für die Filterung definieren wollen. *Deny* würde die Weiterleitung verbieten.

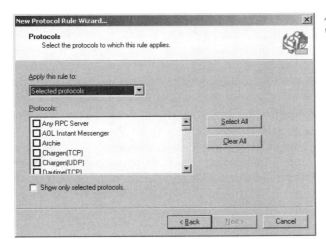

Auswahl der von der Regel verwendeten Protokolle

Sie können als Nächstes auswählen, ob die Regel auf alle oder nur auf spezielle Protokolle zutreffen soll, wobei Sie sowohl mit einer Positiv- als auch mit einer Negativliste arbeiten können. Für die Positivliste wählen Sie *Selected protocols* und über *All IP traffic except selected* verwenden Sie eine Negativliste. Wählen Sie anschließend die gewünschten Protokolle aus. Im Gegensatz zu den IP Packet-Filtern können Sie an dieser Stelle keine komplett freie Einstellung vornehmen, sondern sind auf vordefinierte Protokolle beschränkt. Damit Sie später nicht die Übersicht verlieren, fassen Sie immer die Protokolle zu einer Regel zusammen, die auch zusammen eingesetzt werden müssen, zum Beispiel eine Regel für normalen und über SSL gesicherten Webzugriff, eine für Instant Messaging über AOL, ICQ und MSN etc. Dadurch wächst zwar die Liste der Regeln, dafür aber können Sie dann bei einer Änderung einfach eine Regel ändern oder gleich löschen, ohne dass die Anwender beim Zugriff auf die restlichen Protokolle irgendwie beeinträchtigt werden.

Datenverkehr durch definierte Filter zulassen

Als Nächstes definieren Sie nun, zu welcher Zeit diese Regel aktiv sein soll. Damit ist es möglich, den Zugang zu bestimmten Diensten nur zu vorgegebenen Zeiten zu ermöglichen. Denkbar wäre es zum Beispiel, dass die Wochenendeschicht keinen Zugang auf FTP-Server bekommt. Die Zeiten lassen sich an dieser Stelle nur über vorgegebene Zeitpläne, die so genannten Schedules, einstellen, von denen Sie eines auswählen müssen. Wie Sie diese Schedules definieren, wird im Anschluss gezeigt.

Ob eine Regel gilt oder nicht, kann nicht nur durch die Zeiten angegeben werden, sondern bei Bedarf zusätzlich dadurch, wer den Zugriff durchführt beziehungsweise von welchem Computer aus. Folgende Möglichkeiten stehen zur Auswahl:

- *Any request* – Damit gilt die Regel für alle Clients und Sie müssen keine weitere Auswahl mehr treffen.
- *Specific computers (client address sets)* – Nachdem Sie diese Auswahl getroffen haben, geben Sie die *Clients Sets* an, für die diese Regel gelten soll. Ein Client Set wird durch einen Bereich von IP-Adressen definiert und ist damit computergebunden. Da anfangs noch keine Sets definiert sind, können Sie an dieser Stelle neue Client Sets definieren, wie weiter unten beschrieben.
- *Specific users and groups* – Als Letztes haben Sie noch die Möglichkeit, die Anwender anhand ihrer Benutzerkennung von der Benutzung bestimmter Protokolle auszuschließen beziehungsweise die Benutzung zuzulassen. Wählen Sie dazu die gewünschten *Accounts* aus. Diese Art der Zuweisung setzt allerdings voraus, dass sich die Anwender beim ISA-Server anmelden.

Erstellen eigener Schedules

Wie Sie bereits gesehen haben, ist es nur dann möglich, Beschränkungen aufgrund von Zeiten vorzunehmen, wenn zuvor ein entsprechender Schedule-Eintrag definiert worden ist. Wählen Sie dazu unter *Policy Elements* im Kontextmenü des Eintrags *Schedules* den Punkt *New Schedule*.

Tragen Sie den Namen des Schedules ein sowie eine Beschreibung, sofern der Name nicht aussagekräftig genug ist. Wählen Sie anschließend die Zeiten aus, zu denen das Schedule gelten soll, also zu denen die später damit verknüpften Regeln aktiv sein sollen. Die blauen Felder geben an, dass die Regeln zu dieser Zeit gelten, in den weiß markierten Zeiten gelten sie nicht.

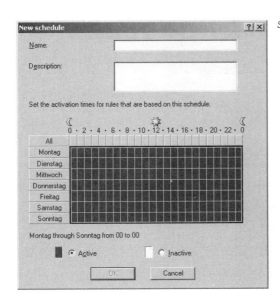
Schedule-Definition

Nachdem Sie das Schedule gespeichert haben, können Sie es im Container *Schedules* jederzeit wieder verändern. Öffnen sie dazu einfach die Eigenschaften des entsprechenden Schedules. Die Informationen sind dabei lediglich auf zwei Registerkarten verteilt, wobei Sie den Namen und die Beschreibung auf der Registerkarte *General* finden und die eigentlichen Zeiteinstellungen auf der Registerkarte *Schedule*. Auf diese Art und Weise können Sie für verschiedene Benutzer- oder Computergruppen entsprechende Beschränkungen definieren.

Erstellen eigener Client Address Sets

Wie Sie bereits gesehen haben, ist es nur dann möglich, Beschränkungen aufgrund von einzelnen IP-Adressen vorzunehmen, wenn zuvor ein entsprechender Client Addresss Set-Eintrag definiert worden ist. Wählen Sie dazu unter *Policy Elements* im Kontextmenü des Eintrags *Client Address Sets* den Punkt *New Set*.

Geben Sie zunächst einen Namen für das Client Set an und gegebenenfalls eine Beschreibung, falls der Name nicht aussagekräftig genug ist. Fügen Sie anschließend die Adressbereiche hinzu, indem Sie jeweils die erste und letzte IP-Adresse eines Bereichs angeben. Bei Bedarf können Sie die Adressbereiche des Client Sets jederzeit wieder ändern.

Datenverkehr durch definierte Filter zulassen

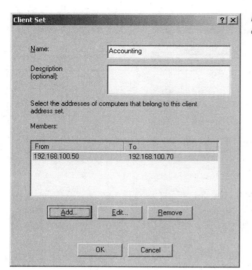

Definition der Adressbereiche eines Client Sets

4.3 Site and Content Rules

Nachdem Sie für die Anwender nun den Zugriff auf das Internet freigegeben haben, können diese sich zunächst völlig frei bewegen und auf alle Seiten zugreifen sowie alle beliebigen Inhalte downloaden. Angenommen, Sie wollen verhindern, dass Audio- oder Programmdateien übertragen werden, definieren Sie Site and Content Rules. Zunächst ist keine solche Regel definiert und damit auch keine Regel, die den Zugriff erlauben würde.

Wie schon die IP Packet Filter und die Protocol Rules definieren Sie die Site and Content Rules ebenfalls wieder im Container *Access Policy*. Zum Erstellen einer neuen Regel wählen Sie im Kontextmenü des Containers *Site and Content Rules* den Eintrag *New Rule*.

Als Erstes geben Sie der neuen Regel einen Namen. Anschließend legen Sie fest, ob über diese Regel der Zugriff erlaubt oder gesperrt werden soll. In der Standardeinstellung *Deny* wird der Zugriff gesperrt, wobei Sie über *If HTTP request, redirect request to this site* die Anfrage des Anwenders auf eine eigene Webseite umleiten können, die Sie darunter eintragen. Dort können Sie dann zum Beispiel in einer Liste aufführen, warum der Zugang gesperrt wurde. Wählen Sie *Allow*, wenn der Zugriff gestattet sein soll.

Für welche Verbindungen diese Regel gelten soll, definieren Sie als Nächstes. Dabei stehen vier Optionen zur Verfügung:

Site and Content Rules

- *Allow/Deny access based on destination* – Der Zugriff wird abhängig vom Zielserver erlaubt oder gesperrt. Dabei können Sie wieder zwischen mehreren Einstellungen wählen:
- *All destinations* – Diese Regel gilt für alle Zielserver.
- *All internal destinations* – Diese Regel gilt für alle Zielserver, die sich in den internen Netzwerken befinden. Zur Bestimmung, welche Server im internen Netzwerk stehen, wird die bei der Installation des ISA-Servers erstellte Local Address Table (LAT) verwendet.
- *All external destinations* – Diese Regel gilt für alle Zielserver, die sich in den externen Netzwerken befinden. Zur Bestimmung, welche Server im externen Netzwerk stehen, wird die bei der Installation des ISA-Servers erstelle Local Address Table (LAT) verwendet.
- *Specified destination set* – Für welche Zielserver diese Regel gilt, wird über so genannte Destination Sets angegeben. Dabei handelt es sich um eine Reihe von IP-Adressen, die zu einer Gruppe zusammengefasst werden. Da bei der Installation des ISA-Servers keine Destination Sets eingerichtet werden, müssen Sie diese wie unten beschrieben zunächst selbst einrichten.
- *All destinations except selected set* – Diese Regel gilt für alle Zielserver außer diejenigen, die zum angegebenen (und wiederum vorher eingerichteten) Destination Set gehören.
- *Allow/Deny access only at certain times* – Die Regel hat nur zu bestimmten Zeiten Gültigkeit. Leider können Sie die Zeiten hier nicht frei einstellen, sondern müssen ein Schedule auswählen. Eigene Schedules können, wie bereits oben beschrieben, vorher eingerichtet werden.
- *Allow/Deny selected clients access to all external sites* – Der Zugriff wird nur auf interne Adressen erlaubt, die wiederum anhand der LAT bestimmt werden. Danach geben Sie an, für wen diese Einschränkung gilt.
- *Any request* – Damit gilt die Regel für alle Clients und Sie müssen keine weitere Auswahl mehr treffen.
- *Specific Computers (client address sets)* – Nachdem Sie diese Auswahl getroffen haben, geben Sie die *Clients Sets* an, für die diese Regel gelten soll. Ein Client Set wird durch einen Bereich von IP-Adressen definiert und ist damit computergebunden. Da anfangs noch keine Sets definiert sind, können Sie an dieser Stelle neue Client Sets definieren, wie oben beschrieben.
- *Specific users and groups* – Als Letztes haben Sie noch die Möglichkeit, die Anwender anhand ihrer Benutzerkennung von der Benutzung bestimmter Protokolle auszuschließen beziehungsweise die Benutzung zuzulassen. Wählen Sie dazu die gewünschten *Accounts* aus. Diese Art der Zuweisung setzt allerdings voraus, dass sich die Anwender beim ISA-Server anmelden.

Datenverkehr durch definierte Filter zulassen

- *Custom* – Bei dieser Einstellung können Sie alle Optionen der anderen Auswahlmöglichkeiten beliebig kombinieren. Zusätzlich haben Sie aber hier noch die Möglichkeit, anhand von übertragenen Inhalten zu definieren, ob die Übertragung erlaubt oder blockiert wird. In der Standardeinstellung *Any content type* wird keine weitere Analyse des Inhalts durchgeführt. Wählen Sie dagegen *Only the following content types*, so können Sie anschließend über so genannte Content Groups auswählen, welche Inhalte übertragen werden dürfen, und damit zum Beispiel gezielt das Herunterladen von Musikdateien oder Filmen unterbinden. Bei der Installation des ISA-Servers wurden bereits einige Standardgruppen erstellt, die Sie, wie unten beschrieben, beliebig verändern oder erweitern können.

Erstellen eigener Destination Sets

Zum Erstellen von Destination Sets wWählen Sie unter *Policy Elements* im Kontextmenü des Eintrags *Destination Sets* den Punkt *New Set*.

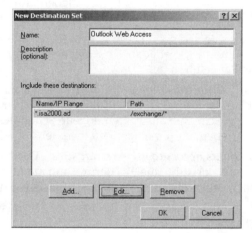

Eigenschaften eines Destination Sets

Geben Sie zunächst einen Namen für das Destination Set ein sowie bei Bedarf eine Beschreibung. Anschließend fügen Sie über *Add* die gewünschten Computer hinzu. Dabei können Sie entweder einen Bereich von IP-Adressen angeben oder, wie in unserem Beispiel, eine Domäne, wobei Sie entweder gezielt einen Computer oder über den Stern als Platzhalter die gesamte Domäne auswählen.

Wenn die Regel nur für bestimmte Pfade oder virtuelle Verzeichnisse gelten soll, geben Sie das unter *Path* an. Auch hier kann entweder eine bestimmte Datei oder über den Stern das gesamte Verzeichnis ausgewählt werden.

Erstellen von Content Groups

Wie Sie bereits gesehen haben, ist es nur dann möglich, Beschränkungen aufgrund von Dateiformaten vorzunehmen, wenn zuvor ein entsprechender Content Group-Eintrag definiert worden ist. Wählen Sie dazu unter *Policy Elements* im Kontextmenü des Eintrags *Content Groups* den Punkt *New Content Group*.

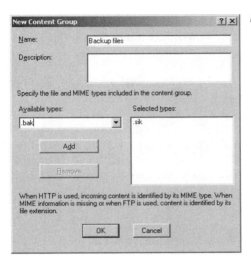

Erstellen einer Content Group

Geben Sie zunächst einen Namen für die Content Group ein und anschließend bei Bedarf eine Beschreibung der Dateien und Formate, die in dieser Gruppe zusammengefasst werden. Wählen Sie danach unter *Available types* die gewünschten Typen und Formate aus. Falls der gewünschte Eintrag noch nicht existiert, tragen Sie ihn in das Feld *Available Types* manuell ein und klicken Sie danach auf *Add*. Über *Remove* entfernen Sie Einträge wieder aus der Liste. Unter *Selected types* sehen Sie alle Dateien und Formate dieser Gruppe.

Neben den Dateitypen, die Sie über die Dateiendung angeben, können Sie auch MIME-Formate angeben, wie Sie zum Beispiel in der vordefinierten Content Group *Application* sehen können. Ein solcher MIME-Typ gibt zunächst allgemein an, um welchen Inhalt es sich handelt, und spezifiziert danach den Typen genau. So steht *text/html* zunächst für eine Datei im Klartext und im zweiten Teil erfolgt dann die Angabe, dass es sich bei dem Inhalt um HTML-Dokumente handelt. Hinter der allgemeinen Beschreibung kann auch über einen Stern angegeben werden, dass alle Formate dieses allgemeinen Typs zu dieser Gruppe gehören sollen.

4.4 Application-Filter

Auch wenn wir unser Netzwerk jetzt bereits gegen viele Angriffe abgeschottet haben, bleiben trotzdem noch Angriffspunkte. Auch über zugelassene Wege lassen sich noch Angriffe auf ein Netzwerk durchführen, indem der Dienst, der über die entsprechenden Pakete angesprochen wird, attackiert wird. Dazu genügt es aber nicht mehr, dass die Firewall nach Adressen und Ports filtert. Vielmehr müssen die Pakete jetzt auf ihren Inhalt überprüft werden. Man sagt auch, dass die Firewall hier auf Anwendungsebene filtert.

Neben der Schutzfunktion erlauben die Filter auch Umleitungen von Zugriffen, um auch Clients den Zugang zu Ressourcen im Internet zu ermöglichen, die zum Beispiel keine Proxy-Einstellungen unterstützen.

Diese Application-Filter können teilweise konfiguriert beziehungsweise deaktiviert werden. Neue Filter können nur über Erweiterungen des ISA-Servers hinzugefügt werden. Neben Microsoft haben auch Dritthersteller bereits solche Erweiterungen entwickelt. Alle Filter sind in der Konsole unter *Extensions/Application Filters* zu finden.

Integrierte Filter

Microsoft liefert bereits einige Filter mit, die direkt bei der Installation des ISA-Servers hinzugefügt werden. Diese Filter wurden von Microsoft selbst entwickelt beziehungsweise von der Firma **I**nternet **S**ecurity **S**ystems (ISS) lizenziert. Bis auf den optional zu installierenden SMTP-Filter sind diese bereits aktiviert. Alle Filter können zumindest über die Registerkarte *General* aktiviert und deaktiviert werden, einige bieten noch weitere Konfigurationsmöglichkeiten.

FTP-Access-Filter

Einfache, in der Regel textbasierte FTP-Clients unterstützen leider häufig keine Konfiguration eines Proxy-Servers, über den der Zugang zum Internet durchgeführt werden kann. Bei einer herkömmlichen Firewall können solche Clients daher nicht verwendet werden. Durch den FTP-Access-Filter jedoch kann der ISA-Server als so genannter transparenter Proxy eingesetzt werden, funktioniert also als Proxy für den FTP-Client, obwohl dort keine Proxy-Einstellungen vorgenommen wurden.

Wenn der ISA-Server beim Client als Standardgateway eingerichtet worden ist, so sendet der Client zunächst alle Pakete an den FTP-Server über diesen ISA-Server. Dort werden die Pakete an Port 21 dann abgefangen und an den FTP-Server weitergeleitet.

H.323-Filter

Dieser Filter dient auch ein wenig dem Schutz des Netzwerks, hat aber hauptsächlich die Aufgabe, den Verkehr für Programme wie Microsoft NetMeeting zu regeln.

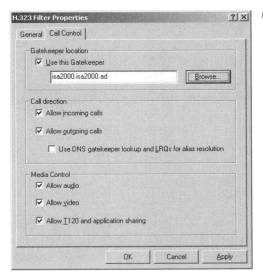

Konfiguration des H.323-Datenverkehrs

Wenn keine routbare Verbindung zwischen zwei Netzwerken besteht, weil eine Firewall die direkte Übertragung verhindert, muss ein so genannter Gatekeeper verwendet werden, der auch schlicht als NetMeeting-Proxy betrachtet werden kann. Aktivieren Sie in diesem Fall das Kontrollfeld *Use this Gatekeeper* und wählen Sie danach über *Browse* den gewünschten Server aus oder tragen Sie ihn manuell ein.

Über *Call direction* bestimmen Sie, von wem der Verbindungsaufbau ausgehen darf. *Allow incoming calls* ermöglicht die Kontaktaufnahme von außerhalb und *Allow outgoing calls* erlaubt dem Anwender im internen Netzwerk, Benutzer im Internet zu kontaktieren. Wenn ein Benutzer eine Verbindung über Microsoft NetMeeting beginnen möchte, muss er allerdings wissen, welche IP-Adresse der Computer seines potenziellen Gesprächspartners hat. Weiß er das nicht, kann ein spezieller Server nach dieser Adresse durchsucht werden. Entweder geschieht dies über den DNS-Server oder einen **I**nternet **L**ocator **S**erver (ILS). Aktivieren Sie dazu das Kontrollfeld *Use DNS gatekeeper lookup and LRQ for alias resolution*.

Abschließend ist noch die Einschränkung der verschiedenen Kommunikationsmittel möglich. Wenn es gilt, Bandbreite zu sparen, deaktivieren Sie das Kontrollfeld *Allow video* und gegebenenfalls *Allow audio*, um auch die Sprachübermittlung zu unterbinden. Schließlich können Sie über *Allow*

Datenverkehr durch definierte Filter zulassen

T.120 and application sharing noch angeben, ob die Anwender ihren Desktop mit anderen teilen können.

HTTP-Redirector-Filter

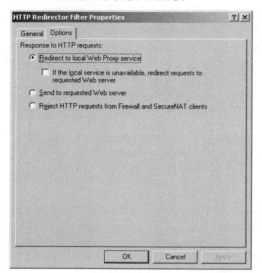

Einstellungen des HTTP-Redirector-Filters

Genau wie der FTP-Access-Filter werden auch mit dem HTTP-Redirector-Filter die Anfragen, die über den ISA-Server an einen Webserver gerichtet werden, umgeleitet. Wie Sie bereits anhand der Abbildung erkennen können, sind hier allerdings über die Registerkarte *Options* weitere Einstellungen möglich.

Zunächst einmal wird über die Standardeinstellung *Redirect to local Web Proxy service* eine Umleitung an den lokalen Proxydienst durchgeführt. Falls dieser Dienst ausgefallen ist, kann kein Zugriff auf das World Wide Web erfolgen. Erst wenn Sie das Kontrollfeld *If the local service is unavailable, redirect requests to requested Web server* aktivieren, leitet der ISA-Server diese Anfragen direkt an den Zielserver weiter.

Wenn der Proxy nicht verwendet werden soll, wählen Sie statt der Standardeinstellung *Send to requested Web server*, womit die Anfragen unter Umgehung des Proxy direkt an den Zielserver gesendet werden.

Wollen Sie dagegen, dass alle Zugriffe ausschließlich über den Proxy erfolgen, zum Beispiel, weil Sie mehrere Proxyserver zu einem Array (das nicht mit einem ISA-Server-Array zu verwechseln ist) zusammengeschlossen haben, so wählen Sie *Reject HTTP requests from Firewall and SecureNAT clients*.

RPC-Filter

Dieser Filter stellt im Gegensatz zu den meisten anderen Filtern keinen Schutz vor Angriffen dar, sondern erlaubt das Veröffentlichen von Servern, die über **R**emote **P**rocedure **C**all**s** (RPCs) angesprochen werden.

SOCKS-V4-Filter

Wie schon beim RPC-Filter handelt es sich hier auch wieder um eine Funktionserweiterung des ISA-Servers. Applikationen, die über TCP/IP auf einen Server zugreifen müssen, können dies entweder direkt machen oder, wenn keine direkte Verbindung gewünscht ist, über einen Proxy-Server. Der ISA-Server kann über diesen Filter als SOCKS-Version 4-Proxy eingesetzt werden und erlaubt so zum Beispiel den Einsatz von Mailclients über den Proxy-Server.

Streaming Media-Filter

Bei den Anwendern werden Streaming Media-Formate immer beliebter. Dabei wird eine Audio- oder Video-Datei nicht zunächst komplett auf den lokalen Rechner übertragen und dann abgespielt, sondern direkt, während des Downloads, bereits abgespielt.

Die Übertragung solcher Formate wird vom ISA-Server unterstützt, sofern diese über die Protokolle MMS (Windows Media Player), PNM (RealPlayer) oder RTSP (RealPlayer G2, QuickTime 4) übertragen werden. Außerdem müssen auf dem Server die Windows Media Services installiert sein, beziehungsweise zumindest der Windows Media Service Admin, wenn ein WMT Server Pool verwendet wird.

In der Standardeinstellung *Disable WMT live streaming splitting* werden keine Streaming Media-Formate über den ISA-Server übertragen. Wenn die Übertragung unterstützt werden soll, wählen Sie entweder *Split live stream using a local WMT server*, wenn die Windows Media Services auf demselben Computer installiert sind wie der ISA-Server. Andernfalls wählen Sie *Split live stream using the following WMT server pool* und geben Sie dann für jeden Server, auf dem die Windows Media Services installiert sind, die entsprechende IP-Adresse an.

Damit der ISA-Server die Kommunikation mit den Windows Media Services herstellen kann, muss bei der Verwendung externer, also nicht auf dem ISA-Server installierte Windows Media Services zusätzlich das Konto des Administrators des WMT-Servers sowie ein Kennwort zur Anmeldung angegeben werden.

Datenverkehr durch definierte Filter zulassen

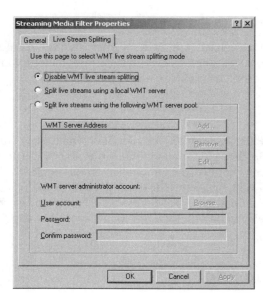

Konfiguration des Streaming Media-Filters

Filter von Drittanbietern

Microsoft hat diese Komponente des ISA-Servers so gestaltet und dokumentiert, dass Drittanbieter ihre eigenen Lösungen in das System integrieren können. Es haben sich eine Reihe von Partnern für die Erweiterungen finden können, wobei die meisten allerdings erst Betaversionen vorweisen können, sofern diese überhaupt öffentlich zugänglich sind. Eine Aufstellung der Partner und deren (geplanter) Erweiterungen sowie Links zu deren Webseiten hat Microsoft unter http://www.microsoft.com/isaserver/partners veröffentlicht.

4.5 LANguard Content Filtering & Anti-Virus for ISA-Server

Ein Partner, der bereits ein (fast) fertiges Produkt vorweisen kann, ist GFI. Deren Produkt LANguard wurde so modifiziert, dass es nun in einer Version verfügbar ist, die als Erweiterung des ISA-Servers eingesetzt werden kann. Alle Informationen in diesem Kapitel beziehen sich auf den Release Candidate vom 25.4.2001, weshalb es im Vergleich zur endgültigen Version wahrscheinlich noch kleinere Änderungen geben wird. Die Vorabversion sowie kommende Demoversionen, die Sie 60 Tage lang kostenlos testen können, finden Sie unter ftp://ftp.languard.com/lanisa.exe.

LANguard Content Filtering & Anti-Virus for ISA-Server

Das Sicherheitsprodukt LANguard von GFI ist speziell für den ISA-Server angepasst worden, sodass es als Erweiterung für die Webfilter funktioniert. Es erlaubt ein genaueres Filtern von Daten, die per FTP und HTTP übertragen werden, sowie einen Virenschutz.

Installation von LANguard

Nach dem Download der etwa 4 MByte großen Datei starten Sie das Programm *Lanisa.exe*, worauf das Archiv entpackt und das Setup gestartet wird. Bestätigen Sie die Linzenvereinbarung und geben Sie anschließend einen Pfad an, in den LANguard installiert werden soll. Danach werden alle benötigten Dateien kopiert, die Erweiterung beim ISA-Server registriert und der ISA-Server-Web-Proxy-Dienst wird neu gestartet.

Nach der Installation ist der Filter jetzt allerdings zunächst nur registriert. Sie müssen ihn als Nächstes noch aktivieren, damit die im Folgenden vorgenommenen Einstellungen auch wirklich wirksam werden. Öffnen Sie dazu in der ISA-Management-Konsole den Container *Extensions* und dort den Container *Web Filters*. Sie sehen in der Liste der vorhandenen Filter nun einen Eintrag mit dem Namen *ISAPI Filter* und davor ein Symbol mit einem roten Pfeil nach unten, der besagt, dass diese Erweiterung nicht aktiv ist. Im Kontextmenü dieses Eintrags wählen Sie nun *Enable*. Alternativ können Sie auch die Eigenschaften des Eintrags öffnen und dann das Kontrollfeld *Enable this filter* aktivieren. Danach wird der Web-Proxy-Dienst neu gestartet und der Filter damit aktiviert.

Im Startmenü finden Sie unter *Programs* jetzt den neuen Eintrag *LANguard for ISA Server*. Wählen Sie dort *LANguard Configuration*, um das Verwaltungsprogramm zu startet. Alternativ können Sie auch zu Ihrer benutzerdefinierten MMC-Konsole das Snap-In *LANguard ISA configuration* hinzufügen.

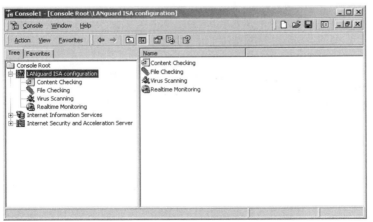

Verwaltung der LANguard-Erweiterung

Datenverkehr durch definierte Filter zulassen

Das Snap-In ermöglicht jetzt die Konfiguration der Erweiterung. Im Einzelnen sind das die Verwaltung der Administratoren, das Blockieren von Inhalten anhand bestimmter Schlagwörter, das Scannen übertragener Dateien auf Viren sowie die Synchronisation von Benutzerkonten zwischen Windows 2000 und der LANguard-Konfiguration.

Verwalten des LANguard-Servers

Öffnen Sie zunächst die Eigenschaften des Snap-Ins *LANguard ISA configuration*, um ein paar grundlegende Einstellungen vorzunehmen.

Basiskonfiguration der LANguard-Erweiterung

Für die Benutzer wird es in der endgültigen Version so genannte Manager geben, Administratoren, die für die Verwaltung dieser Anwender zuständig sind. Falls für einen Anwender nicht explizit ein solcher Manager festgelegt wurde, wird derjenige verwendet, den Sie im Feld *Default manager* über *Choose* ausgewählt haben.

Um Benachrichtigungen versenden zu können, kann LANguard Verbindung zu einem SMTP-Server aufnehmen. Welcher das ist, geben Sie im Feld *Server name* ein. Zusätzlich definieren Sie noch im Feld *Port*, auf welchem TCP-Port dieser SMPT Server auf Verbindungsanfragen reagiert.

Über die Schaltfläche *Register* schließlich geben Sie den Registrierungsschlüssel ein, den Sie beim Kauf des Produkts erhalten. In der Testversion ist der Schlüssel EVALUATION eingetragen.

Content Checking

Die erste Möglichkeit, Inhalte direkt am Server zu filtern, bezieht sich auf Wörter, die in den zu filternden Dokumenten vorkommen. Damit lässt sich eine Vielzahl einschlägiger Seiten sperren, die sicherlich nicht für die tägliche Arbeit im Büro benötigt werden. Zum Erstellen einer Regel wählen Sie im Kontextmenü von *Content Checking* den Eintrag *New Content Checking* Rule.

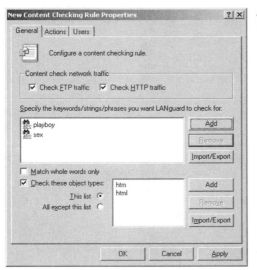

Allgemeine Einstellungen des Content Checking

Über die Registerkarte *General* definieren Sie zunächst, welche Inhalte gefiltert werden sollen. Dazu können Sie auswählen, welche Protokolle überwacht werden sollen. In der Standardeinstellung sind FTP und HTTP bereits aktiviert. Deaktivieren Sie bei Bedarf das Protokoll, für das keine Überprüfung der Inhalte durchgeführt werden soll.

Geben Sie anschließend die Liste der Begriffe ein, bei deren Auftreten der Zugriff auf eine Seite gesperrt werden soll. Diese Liste muss nicht unbedingt von Hand eingegeben werden. Alternativ können Sie auch eine einfache Textdatei über *Import/Export* einlesen. In dieser Textdatei wird einfach pro Zeile ein Wort eingetragen, eine weitere Formatierung gibt es nicht.

Die Suche nach den jetzt angegebenen Begriffen wird jetzt auf Zeichenebene durchgeführt, wenn also, wie oben angegeben, „Playboy" gefiltert werden soll, werden auch Seiten gesperrt, die das Wort „Playboys" enthalten. Sobald Sie das Kontrollfeld *Match whole words only* aktivieren, sucht der Scanner auf Wortebene, würde also die „Playboys" passieren lassen.

Als Letztes müssen Sie auf dieser Registerkarte noch angeben, welche Dateien überhaupt durchsucht werden. Wenn Sie das Kontrollfeld *Check these ob-*

Datenverkehr durch definierte Filter zulassen

ject types deaktivieren, werden alle Textdateien überprüft, ansonsten nur die Dateien, die Sie über eine Positiv- oder Negativliste angegeben haben. Wenn Sie *This list* aktiviert lassen, geben Sie die Dateien an, in denen nach den Wörtern gesucht werden soll. Alternativ definieren Sie über *All except this list*, welche Dateien nicht überprüft werden. Auch hier können Sie über *Import/Export* wieder eine Textdatei als Vorlage für die Dateitypen auswählen.

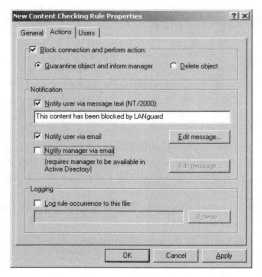

Einstellung der Maßnahmen beim Aufruf gesperrter Inhalte

Nachdem Sie zunächst angegeben haben, welche Begriffe nicht erlaubt sind, konfigurieren Sie anschließend über die Registerkarte *Actions*, was geschehen soll, wenn ein solcher Begriff gefunden wird.

In der Standardeinstellung wird der Inhalt nicht zum Anwender weitergeleitet. Wollen Sie solche Zugriffe lediglich protokollieren, deaktivieren Sie das Kontrollfeld *Block connection and perform action*. Wenn Sie die Sperrung verwenden, entscheiden Sie anschließend, was genau mit diesem Object geschehen soll. Die Einstellung *Quarantine object and inform manager* sorgt dafür, dass der zuständige Manager über diesen Zugriff informiert und die entsprechende Datei im LANGuard-Installationspfad im Unterverzeichnis *Quarantine\Pending* zwischengespeichert wird. Von dort aus kann sie dann über den später noch erläuterten Moderator Client nachträglich freigegeben oder aber gelöscht werden. Alternativ können Sie über die Einstellung *Delete object* auch direkt eine Löschung des Objekts veranlassen.

Um den Anwender darauf hinzuweisen, dass der angeforderte Inhalt am ISA-Server gefiltert wurde, können Windows NT- und Windows 2000-Anwender auch eine Nachricht erhalten, die genau dies meldet. Aktivieren Sie dazu das Kontrollfeld *Notify user via message text* und tragen Sie im Feld darunter dann den Text ein, der an den Anwender gesendet werden soll. So wird ihm außerhalb des Clients nochmals angezeigt, dass die Datei gefiltert wurde.

Zusätzlich kann der Anwender, sofern Sie das Kontrollfeld *Notify user via e-mail* aktiviert haben, auch per Mail über die Aktion des ISA-Servers informiert werden. Über *Edit message* können Sie die unten abgebildete Standardnachricht nach Bedarf verändern.

```
Dear [USERNAME],

LANguard took an action on the following item:

Date:    [DATE]
Item:    [ITEM]
Type:    [ITEMTYPE]
User:    [USERNAME] <[USER]>
Module:  [MODULE]
Action:  [ACTION]
Reason:
[REASON]

Regards,
[MANAGERNAME] <[MANAGER]>
```

Die gleiche Nachricht kann auch an den für diesen Anwender zuständigen Manager gesendet werden. Aktivieren Sie dazu das Kontrollfeld *Notify manager via email*. Auch hier kann die gesendete Nachricht wieder modifiziert werden.

Als Letztes legen Sie über diese Registerkarte fest, ob der Verstoß gegen diese Regel für spätere Auswertungen protokolliert werden soll. Aktivieren Sie dazu *Log rule occurrence to this file* und geben Sie anschließend einen Pfad und Namen für die Protokolldatei an. Diese Datei wird als Text gespeichert.

Auf der Registerkarte *Users* geben Sie im Anschluss nur noch an, für welche Anwender diese Regel überhaupt gelten soll. Wie schon in vielen anderen Fällen ist die Angabe auch hier wieder über eine Positiv- oder Negativliste möglich. In der Standardeinstellung gilt diese Regel für alle Benutzer und Sie fügen über *Add* die Ausnahmen, wie zum Beispiel Administratoren, hinzu. Ändern Sie die Einstellung auf *Only the list below*, gilt die Regel nur noch für die Anwender, deren Namen in der Liste aufgeführt sind.

Datenverkehr durch definierte Filter zulassen

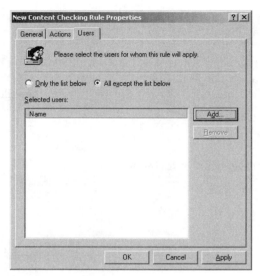

Definition der Anwender, für die eine Regel gilt

File Checking

Über das File Checking blockieren Sie generell die Übertragung bestimmter Dateien, womit Sie in der Lage sind, zum Beispiel den Download von MP3-Dateien und sonstigen Daten, die nicht für die Arbeit benötigt werden, zu unterbinden. Außerdem können Sie das System so vor Dateien mit gefährlichen Inhalten, wie zum Beispiel VBS-Dateien, schützen. Zum Erstellen einer Regel wählen Sie im Kontextmenü von *File Checking* den Eintrag *New File Checking Rule*.

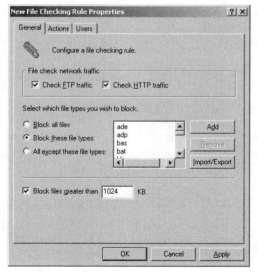

Konfiguration zu blockierender Dateien

168

Im ersten Schritt müssen Sie zunächst angeben, für welche der beiden Protokolle HTTP und FTP die Kontrolle des Inhalts durchgeführt werden soll. Aktivieren Sie dazu die entsprechenden Kontrollfelder *Check FTP traffic* und *Check HTTP traffic*.

Anschließend geben Sie an, welche Dateien herausgefiltert werden sollen. Über die Einstellung *Block all files* würden überhaupt keine Dateien mehr über das entsprechende Protokoll übertragen, dieses Protokoll wäre damit also faktisch komplett blockiert.

Wenn Sie die Auswahl *Block these object types* deaktivieren, werden alle in der Liste angegebenen Dateien blockiert. Alternativ definieren Sie über *All except these file types*, welche Dateien nicht gesperrt werden sollen. Auch hier können Sie über *Import/Export* wieder eine Textdatei als Vorlage für die Dateitypen auswählen.

Abschließend haben Sie noch die Möglichkeit, eine generelle Maximalgröße für alle übertragenen Dateien anzugeben, unabhängig vom Dateityp. Aktivieren Sie dazu das Kontrollfeld *Block files greater than* und geben Sie anschließend die maximale Größe in KByte an.

Die Einstellungen auf den Registerkarten *Actions* und *Users* sind identisch mit denen für das Content Checking.

Virus Scanning

Eine große Gefahr geht im Internet natürlich auch von Viren aus, die von den ahnungslosen Anwendern von Webseiten und FTP-Servern mit Dateien geladen werden. Gegen diese Gefahr bietet LANguard einen gewissen Schutz, indem alle Dateien, die von Web- und FTP-Servern übertragen werden, zunächst auf Viren überprüft werden. Dabei wird auf die Technologie der Norman Antivirus-Systeme zurückgegriffen. Ebenso können Microsoft Word-Dateien auf Makros untersucht werden.

Die Konfiguration des Virenscanners ist recht knapp gehalten und beschränkt sich auf eine einzige Registerkarte.

Zunächst legen Sie unter *Virus scan network Traffic* fest, ob und welche Daten überhaupt auf Viren überprüft werden. Ein Scan ist innerhalb der von FTP- und Webservern übertragenen Daten möglich, aktivieren Sie dazu die entsprechenden Registerkarten. Falls kein Virenscan benötigt wird, schalten Sie hier die Funktion auch komplett ab.

Datenverkehr durch definierte Filter zulassen

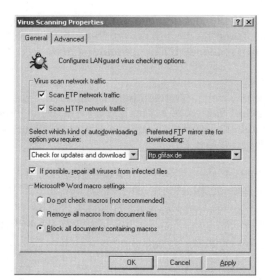

Konfiguration des Online-Virenscanners

Da fast täglich neue Warnungen über frisch entwickelte Viren und sonstige Schädlinge veröffentlicht werden, ist der Schutz durch einen Virenscanner natürlich auch immer nur so gut wie das Wissen über die aktuell im Umlauf befindlichen Viren. Dazu arbeitet jeder Scanner mit einer Signaturdatei, in der die Erkennungsmerkmale der Viren gespeichert sind. Diese Datei muss regelmäßig aktualisiert werden, was LANguard durch eine automatische Aktualisierung durchführen kann. Die Autodownload-Funktion können Sie in bestimmtem Maße steuern. Wählen Sie *Disable autodownloading*, um die Funktion komplett zu deaktivieren. In diesem Fall müssen Sie selbst überprüfen, ob Updates vorliegen, und diese dann manuell übertragen. Die zweite Möglichkeit, *Only check for updates*, führt eine tägliche Überprüfung auf Aktualisierungen durch, wonach Sie selbst aber das Update wieder selbst durchführen müssen. Die Option *Check for updates and download* wird dringend empfohlen, da hier nach der täglichen Überprüfung auf Aktualisierungen um 21:00 Uhr eventuell vorhandene Updates sofort übertragen werden und die Signaturdatei immer tagesaktuell ist. Wählen Sie anschließend aus, von welchem Server die Updates übertragen werden sollen. Außer dem amerikanischen Server ftp.gfi.com können und sollten Sie in unserer Region den deutschen Server ftp.gfifax.de wählen.

Für diejenigen, die auf die automatische Aktualisierung verzichten, gibt es auch die Möglichkeit zur manuellen Aktualisierung der Virensignaturen. Führen Sie dazu im *LANguard*-Verzeichnis folgenden Befehl aus: *rundll32 dnvc.dll,dnvc_test ftp.gfifax.de*. Damit starten Sie eine manuelle Überprüfung und Aktualisierung der Signaturdateien.

Ob die automatische oder auch manuelle Übertragung erfolgreich war, stellen Sie an zwei Kriterien fest. Zunächst betrachten Sie im Unterverzeichnis *Nse* des *LANguard*-Verzeichnisses die Dateien *Nvcbin.def* und *Nvmacro.def*, die beiden Signaturdateien. Wenn diese ein aktuelles Datum aufweisen, können Sie bereits von einem erfolgreichen Update ausgehen. Die eigentliche Übertragung wird in der Datei *Ltautodnvc.txt* im *LANguard*-Verzeichnis protokolliert. Während einer Aktualisierung werden die neuen Signaturdateien zunächst im Verzeichnis *Nse\Download* zwischengespeichert und nach erfolgreicher Übertragung nach *Nse\Update* verschoben. Die ursprünglichen, bei der Installation verwendeten Signaturdateien bleiben im Verzeichnis *Nse\ Backup* erhalten und werden erst gelöscht, wenn ein weiteres Update der Virensignaturen übertragen wurde.

Nachdem Sie nun die Signaturdatei aktualisiert haben, bleibt noch zu entscheiden, was im Falle einer Infektion mit der Datei geschehen soll. Der Scanner kann über die Einstellung *If possible, repair all viruses from infected files* versuchen, den Virus aus der Datei zu entfernen. Schlägt dies fehl oder haben Sie das Kontrollfeld deaktiviert, wird die Datei im Unterverzeichnis *Quarantine* abgelegt, damit Sie später entscheiden können, was mit dieser Datei geschehen soll. Diese Aufgabe führen Sie wieder im weiter unten beschriebenen Moderator Client durch.

Neben Programmviren haben sich mittlerweile auch viele Schädlinge in den Makros von Microsoft Word-Dateien eingenistet. Obwohl der Virenscanner eine eigene Signaturdatei für diese Makroviren führt, lässt sich hier eine weitere Sicherung einbauen. Sobald LANguard feststellt, dass eine übertragene Word-Datei ein Makro enthält, kann der Scanner aktiv werden. Die sicherste Einstellung ist dabei *Block all document containing macros*, bei der alle Dateien, die Makros enthalten, gesperrt und in das Verzeichnis *Quarantine* verschoben werden. Die Funktion *Remove all macros from document files* verhindert zwar Beschädigungen durch einen Makrovirus, zerstört allerdings auch die komplette Funktionalität „sauberer" Word-Dateien. Die letzte Einstellung *Do not check macros* sollte nur dann verwendet werden, wenn auf den Arbeitsstationen die nötigen Sicherheitsupdates für Microsoft Office eingespielt wurden, damit die Anwender darauf hingewiesen werden, dass das aktuelle Dokument Makros enthält, und sie selbst entscheiden können, ob diese Makros aktiviert werden oder nicht.

Ob der Virenscan tatsächlich aktiv ist, überprüfen Sie am besten, indem Sie versuchen, die Dateien von http://www.eicar.org/anti_virus_test_file.htm zu laden, nachdem Sie die das Kontrollfeld *If possible, repair all virses from infected files* deaktiviert haben, damit LANguard die Übertragung tatsächlich blockieren kann und nicht die Datei einfach repariert.

Datenverkehr durch definierte Filter zulassen

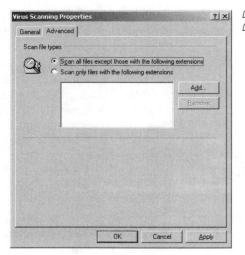

Definition der auf Viren zu überprüfenden Dateien

Auf der Registerkarte *Advanced* geben Sie im Anschluss nur noch an, welche Dateien auf Viren überprüft werden sollen. Wie schon in vielen anderen Fällen ist die Angabe auch hier wieder über eine Positiv- der Negativliste möglich. In der Standardeinstellung ist der Scanner für alle Dateien aktiv und Sie fügen über *Add* die Ausnahmen hinzu. Ändern Sie die Einstellung auf *Only the list below*, gilt die Regel nur noch für die Dateien, deren Erweiterungen in der Liste aufgeführt sind.

Realtime Monitoring

Zusätzlich zu den Filtern kann über die Verwaltung der LANguard-Erweiterung auch eine Echtzeit-Überwachung durchgeführt werden.

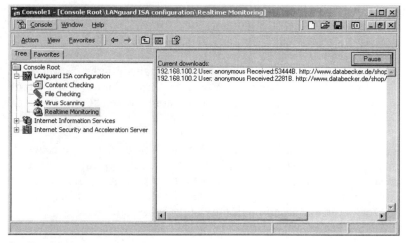

Realtime Monitoring

Wählen Sie in der Konsole einfach *Realtime Monitoring* aus und Sie sehen im rechten Teilfenster alle Dateien, die aktuell von Web- oder FTP-Servern übertragen werden. Neben der IP-Adresse des Client-Computers werden, sofern bekannt, der Benutzername angegeben, die bisher empfangenen Bytes der Datei sowie der URL der Datei. Falls Sie bestimmte Übertragungen genauer untersuchen wollen, wählen Sie *Pause* und die aktuelle Anzeige wird eingefroren. Über *Start* kehren Sie anschließend wieder in den Realtime-Modus zurück.

Moderator Client

Die Verwaltung der blockierten oder als verdächtig erkannten Inhalte erfolgt über den Moderator Client. Darüber geben Sie zunächst blockierte Inhalte bei Bedarf frei oder entfernen sie aus dem System.

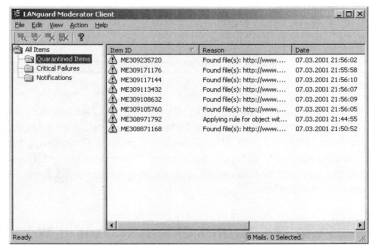

LANguard Moderator Client

Der Moderator Client wird von den Administratoren verwendet, um Systemmeldungen von LANguard zu überwachen. Dazu gehören Angaben über Zugriffsversuche auf gesperrte Bereiche oder Dateien, entdeckte Viren, Aktualisierung der Virensignaturen etc.

Im Ordner *Quarantined Items* wird immer dann eine Meldung erzeugt, wenn eine Datei aufgrund einer Filterregel oder eines Verdachts auf Virenbefall nicht an den Anwender weitergeleitet, sondern im Quarantäneverzeichnis zwischengespeichert wurde. Durch einen Doppelklick auf die Meldung wird diese vollständig angezeigt.

Datenverkehr durch definierte Filter zulassen

Beispielnachricht im Moderator Client

Sie sehen nun die komplette Meldung und können entscheiden, was mit dieser Datei geschehen soll. Falls die Datei in Ordnung ist und der Anwender sie bekommen kann, wählen Sie im Feld *Action* den Eintrag *Approve Message*. Im anderen Fall wird die Nachricht über *Delete Message* stillschweigend gelöscht, wogegen über *Delete and Modify* anschließend noch eine Benachrichtigung des Anwenders erfolgt.

Einsatz der Moderator Clients auf einer Workstation

Da Sie die Verwaltung natürlich nicht nur am ISA-Server selbst durchführen wollen, können Sie den Moderator Client auch von Ihrer Workstation aus starten. Dazu müssen Sie allerdings das LANguard-Programmverzeichnis freigeben und über eine Verknüpfung mit dieser Freigabe den Client über *Modclient.exe* starten.

4.6 Die Protokollanalyse

Standardprotokolle zu filtern stellt aufgrund der bereits mitgelieferten Protokolldefinitionen in der Regel kein großes Problem dar. Interessant wird es jedoch, sobald neue Protokolle hinzukommen, die bisher nicht definiert sind. In diesem Fall gilt es, nach den Vorgaben des Herstellers eigene Protokolldefinitionen zu erstellen. Wenn jedoch die Dokumentation des Protokolls nicht vorliegt beziehungsweise die Kommunikation trotz der Einrichtung nach Handbuch nicht funktioniert, können Sie nur noch selbst nachschauen, über welche Protokolle und Ports die Kommunikation stattfindet. Dazu setzen Sie die Protokollanalyse ein.

Installation des Netzwerkmonitors

Microsoft liefert uns in Windows 2000 bereits ein Werkzeug für die Analyse mit, den Netzwerkmonitor. Dieser wird als Windows-Komponente über *Add/Remove Programs* hinzugefügt.

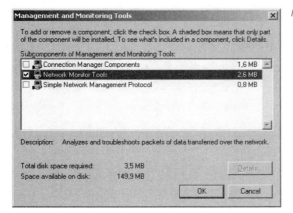

Installation des Netzwerkmonitors

Wählen Sie in der Systemsteuerung zunächst *Add/Remove Programs* und dort anschließend *Add/Remove Windows Components*. Aus der Liste der verfügbaren Komponenten klicken Sie anschließend auf den Text *Management and Monitoring Tools*. Aktivieren Sie nicht das Kontrollfeld, da wir diese Komponente nicht komplett installieren wollen, sondern wählen Sie über *Details* anschließend wie oben abgebildet lediglich die Teilkomponente *Network Monitor Tools* aus. Legen Sie anschließend nach entsprechender Aufforderung die Windows 2000-CD sowie die Service Pack-CD ein.

Bei dem in Windows 2000 enthaltenen Netzwerkmonitor handelt es sich allerdings nur im die Light-Version, die unter anderem nur die Pakete aufzeichnen kann, die entweder als Broadcast an alle Computer im Netzwerk verschickt wurden, direkt an den Computer, auf dem der Netzwerkmonitor aktiv ist, gesendet werden oder von diesem stammen. Die Version des Netzwerkmonitors, die den kompletten Datenverkehr aufzeichnen kann, egal, für welchen Computer er bestimmt ist, wird mit Microsoft SMS 2.0 ausgeliefert.

Durchführen einer Protokollanalyse

Als einfaches Beispiel werden wir jetzt von einem zweiten Computer auf einen Server zugreifen und dort eine Webseite aufrufen. Dabei wird der Netzwerkmonitor die übertragenen Daten protokollieren und so darstellen, dass wir sie recht einfach auswerten können.

Starten Sie dazu zunächst im Startmenü unter *Programs/Administrative Tools* den Network Monitor. Falls mehrere Netzwerkkarten in Ihrem System installiert sind, wählen Sie nun zunächst die Karte aus, auf der die Protokollierung ablaufen soll.

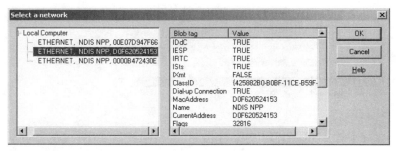

Auswahl der Netzwerkkarte

Unter *Local Computer* sehen Sie nun alle im System installierten Netzwerkadapter. Falls im rechten Fenster unter *Dial-up Connection TRUE* eingetragen ist, handelt es sich, wie in unserem Beispiel, um eine ISDN-Karte.

Leider sind die Karten nicht mit den verwendeten Netzwerkadressen oder ähnlichen, leicht lesbaren Kennungen eingetragen, sondern mit ihren hardwareseitig vorgegebenen MAC-Adressen. Falls Sie die MAC-Adresse der einzelnen Karten Ihres Servers gerade nicht zur Hand haben, geben Sie in der Eingabeaufforderung das Kommando *ipconfig /all* ein, um eine Aufstellung aller Karten und ihrer MAC-Adressen (die in der Liste dann unter *Physical Address* angezeigt werden) zu erhalten.

Falls Sie die Auswahl später ändern wollen, erreichen Sie diese Auswahlbox im Menü *Capture* unter *Networks*.

Die Protokollanalyse

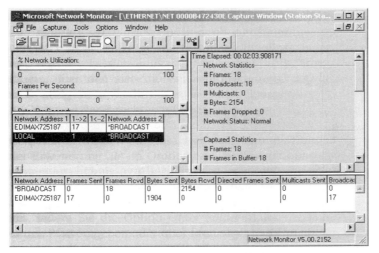

Anzeige des Netzwerkmonitors während der Datenaufnahme

Damit die Aufzeichnung der Daten beginnen kann, starten Sie den Vorgang über *Capture/Start* und führen den Zugriff auf die Seite durch. Der Netzwerkmonitor ermittelt in der Zwischenzeit die Adressen und Namen der Systeme, die mit diesem Computer Daten austauschen. Sobald der zu überwachende Zugriff abgeschlossen ist, können Sie die Protokollierung beenden und das Resultat betrachten. Dazu wählen Sie *Capture/Stop and View*.

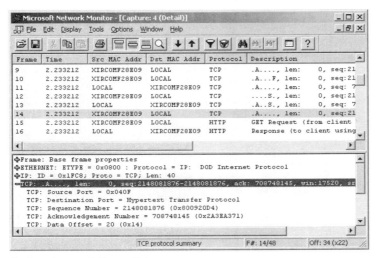

Analyse der protokollierten Daten

Der Netzwerkmonitor schaltet nun in eine andere Ansicht um und zeigt alle protokollierten Pakete, hier Frames genannt, an. Diese Frames werden in der Reihenfolge angezeigt, wie sie empfangen wurden, und müssen nicht unbe-

Datenverkehr durch definierte Filter zulassen

dingt der chronologischen Reihenfolge entsprechen, in der sie vom Sender abgeschickt wurden. Unter *Src MAC Addr* wird die MAC-Adresse des Absenders angezeigt, beziehungsweise der Name des Systems oder die Kennung der Netzwerkkarte. Gleiches gilt für die Angabe des Empfängers unter *Dst MAC Addr*. Der Computer, auf dem der Netzwerkmonitor ausgeführt wird, wird als *LOCAL* angezeigt.

Sofern der Netzwerkmonitor das Protokoll identifizieren konnte, wird die entsprechende Kennung angezeigt, ansonsten sehen wir nur, dass es sich zum Beispiel um ein TCP-Paket handelt. In unserem Beispiel haben wir ein solches Paket aus der Liste ausgewählt. Durch einen Doppelklick auf das Paket werden weitere Ansichten geöffnet.

Im unteren Fenster werden nun weitere Informationen zum Frame angezeigt. Wichtig ist für uns der in der Abbildung bereits geöffnete Eintrag *TCP*. Dort sehen Sie nun direkt den *Source Port*, also den TCP-Port, von dem aus das Paket gesendet wurde (hier in hexadezimaler Darstellung) sowie den *Destination Port* (hier im Klartext).

Notieren Sie anschließend alle während der Übertragung verwendeten IP-Adressen und Ports und stellen Sie die Filter am ISA-Server so ein, dass die Pakete den Server passieren können beziehungsweise blockiert werden.

5. Veröffentlichen von Servern

Bisher haben wir uns nur damit beschäftigt, wie die Anwender aus dem internen Netzwerk auf Server im Internet zugreifen können. In diesem Kapitel nun betrachten wir die andere Seite und richten den Zugriff aus dem Internet auf Server im internen Netzwerk ein. Dabei werden wir uns mit folgenden Themen beschäftigen:

- Veröffentlichen von Web- und FTP-Servern
- Veröffentlichen von Mailservern
- Veröffentlichen sonstiger Server

Natürlich können Sie einfach Regeln definieren, die den Zugang zu einem Server über den ISA-Server als Router erlauben. Dazu muss aber jedem internen Server, der in der Regel mit einer privaten IP-Adresse konfiguriert ist, eine offizielle IP-Adresse zugewiesen werden. Dies geschieht wie bereits in Kapitel 1 beschrieben über die **N**etwork **A**ddress **T**ranslation (NAT). Das wiederum setzt aber auch voraus, dass Sie für Ihr Netzwerk die nötige Anzahl öffentlicher IP-Adressen reserviert haben, wodurch natürlich Kosten entstehen.

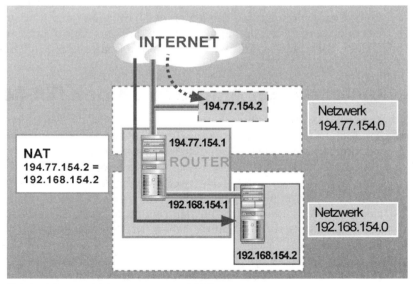

Paketumleitung und Adressanpassung mit NAT

Einfacher und kostengünstiger ist es da, alle Zugriffe zunächst auf den ISA-Server zu leiten, als offizielle öffentliche Adresse der einzelnen Server also nur die IP-Adresse des ISA-Servers anzugeben. Am ISA-Server selbst definieren Sie anschließend, wie und an welche internen Server diese Anfragen schließlich weitergeleitet werden sollen.

Nach außen hin existiert damit nur ein einziger Server, für den Sie eben auch nur eine einzige IP-Adresse benötigen, da keine Zuordnung zu den intern verwendeten privaten IP-Adressen mehr nötig ist.

5.1 Veröffentlichen von Web- und FTP-Servern

Als Erstes beginnen wir mit der Veröffentlichung von Web- und FTP-Servern. Dieser Vorgang unterscheidet sich deutlich von der Veröffentlichung anderer Server, da hier für den Anwender die Anfrage an den ISA-Server gestellt wird, der dann eine Weiterleitung an den eigentlichen Server im internen Netzwerk durchführt. Eine direkte Verbindung zum Webserver wird nicht hergestellt. Damit diese Umleitung funktioniert, muss im DNS zunächst die Adresse des Webservers auf den ISA-Server umgesetzt werden, da der direkte Zugriff auf den Webserver schließlich nicht mehr möglich sein soll.

Da der ISA-Server hier als Proxy verwendet wird, kommen natürlich auch wieder alle bereits gesetzten Filter zum Einsatz, wodurch ein Schutz des Webservers vor Angriffen implementiert wird. Alternativ können Sie natürlich auch einen Filter definieren, der den direkten Zugriff auf den Webserver erlaubt, haben hier dann aber keine weiteren Kontrollmöglichkeiten mehr.

Umleiten von Anfragen an den ISA-Server

Damit der ISA-Server überhaupt auf Anfragen auf einen Webserver reagieren kann, muss er selbst nach außen wie ein solcher Server auftreten und Anfragen auf TCP-Port 80 (http) und 443 (https) annehmen. Damit erscheint der ISA-Server selbst als Webserver. Die Anfragen werden dann an den eigentlichen Webserver im internen Netzwerk weitergeleitet, der ISA-Server funktioniert also auch hier als Proxy-Server. Aus diesem Grund ist das Veröffentlichen von Webservern auch nur dann möglich, wenn Sie die Cache-Komponente des ISA-Servers installiert haben. Die Firewall-Komponente allein ist dazu nicht in der Lage.

Falls Sie auf dem ISA-Server zusätzlich aus dem IIS den Webserver installiert haben, dann wurde dieser Dienst bei der Installation des ISA-Servers angehalten, um zu verhindern, dass zwei Dienste (ISA und IIS) auf Port 80 und Port 443 auf Anfragen reagieren und damit kollidieren würden. Ändern Sie in diesem Fall zunächst die Ports des ISA-Servers, wie in Kapitel 2 beschrieben.

Öffnen Sie nun unter *Servers and Arrays* die Eigenschaften des ISA-Servers, der nach außen die Rolle des Webservers übernehmen soll.

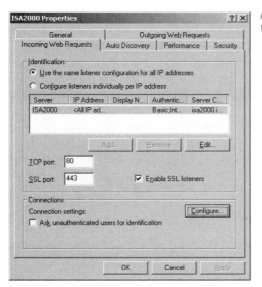

Konfiguration des ISA-Servers als virtueller Webserver

Auf der Registerkarte *Incoming Web Requests* nehmen Sie nun die notwendigen Einstellungen am ISA-Server vor. Zunächst geben Sie an, ob Sie die Einstellungen für jede IP-Adresse separat oder gesammelt für alle Adressen durchführen wollen. Wir haben in unserem Beispiel die globale Einstellung für alle Adressen gewählt. Separate Einstellungen nehmen Sie vor, wenn Sie stattdessen *Configure listeners individually per IP address* wählen. Alle anderen auf dieser Registerkarte eingetragenen Werte gelten für alle IP-Adressen.

Da der ISA-Server nach außen hin ja als Webserver sichtbar sein soll, sollten Sie den *TCP port* sowie den *SSL port* nicht ändern, da die angegebenen Werte den Standards entsprechen. Lediglich wenn alle Anwender des Servers über eine Adressänderung informiert sind (weil es sich hier zum Beispiel um einen nicht-öffentlichen Server handelt), können Sie andere Ports einstellen. Den Eintrag des SSL-Ports können Sie nur dann verändern, wenn Sie vorher das Kontrollfeld *Enable SSL listeners* aktiviert haben, was nur dann nötig ist, wenn Sie auf dem Webserver Inhalte gespeichert haben, die verschlüsselt zum Anwender übertragen werden sollen. Damit die Verschlüsselung überhaupt funktioniert, müssen Sie dem ISA-Server allerdings vorher ein Zertifikat zur Verschlüsselung zuweisen, wie unten beschrieben.

Veröffentlichen von Servern

Über die Schalfläche *Configure* nehmen Sie bei Bedarf zwei Einstellungen für die Verbindungen vor. Unter *Number of connections* geben Sie die maximale Anzahl an Verbindungen an, die der ISA-Server zulässt. Wird dieses Maximum überschritten, lehnt der Server alle weiteren Clients ab. Sinnvoll ist diese Einstellung, wenn Sie nur über beschränkte Bandbreite verfügen und es zu Verbindungsabbrüchen kommt oder sich die Anwender über langsame Zugriffszeiten beschweren. In der Standardeinstellung sind keine Grenzen gesetzt. Als zweite Einstellung geben Sie ein *Connection Timeout* an, nach dem eine Verbindung getrennt wird, wenn keine Daten mehr übertragen werden. In der Standardeinstellung erfolgt eine automatische Trennung nach 2 Minuten. Damit werden einerseits Ressourcen auf dem Server freigegeben und andererseits wird, sofern eine Begrenzung für die Anzahl der Verbindungen definiert ist, eine Verbindung für andere Anwender freigegeben.

Auch wenn der Webserver eigentlich keine Anmeldung des Anwenders verlangt, so kann es doch notwendig sein, die Identität des Anwenders festzustellen. Das ist zum Beispiel der Fall, wenn Filter anhand von Benutzerkonten definiert wurden. Aktivieren Sie dazu das Kontrollfeld *Ask unauthenticated users for identification*. Falls der ISA-Server keine Anmeldeinformationen erhält, wird der Anwender zunächst zur Anmeldung aufgefordert, bevor die Weiterleitung zum Webserver erfolgt.

Konfiguration der Schnittstellen

Unabhängig davon, ob Sie eine Konfiguration für alle Schnittstellen wünschen oder jede Schnittstelle einzeln konfigurieren wollen, wird über *Add* und *Edit* das gleiche Eingabefenster wie oben abgebildet angezeigt.

Geben Sie unter *Display Name* einen Namen ein, der klar die Funktion dieses Interface beschreibt, zum Beispiel *Public* für das Interface zum Internet, *Pri-*

Veröffentlichen von Web- und FTP-Servern

vate für die Karte zum internen LAN und *DMZ* für die Karte zur Demilitarisierten Zone.

Falls Sie zuvor über *Enable SSL listeners* angegeben haben, dass der ISA-Server auch verschlüsselte Übertragungen zur Verfügung stellen soll, müssen Sie für die Schnittstellen, über die eine verschlüsselte Übertragung erfolgen soll, hier das Kontrollfeld *Use a server certificate to authenticate to web clients* aktivieren und danach über *Select* ein Zertifikat auswählen.

Im Feld *Authentication* schließlich bestimmen Sie, ob und wie die Anmeldung am ISA-Server (der für den Client den Webserver darstellt) erfolgen soll. Über *Basic with this domain* wird die Anmeldung im Klartext durchgeführt, geben Sie anschließend die Active Directory-Domäne an, an der die Anmeldung erfolgen soll. Alternativ können Sie auch *Digest with this domain* wählen und geben dort ebenfalls wieder die Active Directory-Domäne an. Eine Digest-Anmeldung setzt allerdings voraus, dass die Passwörter der Anwender im Active Directory mit umkehrbarer Verschlüsselung gespeichert werden. Diese Einstellung muss entweder für die gesamte Domäne oder für einzelne Konten vorgenommen werden. Für den Anwender transparent sind die beiden letzten Anmeldemethoden *Integrated*, bei der Client und Server das Anmeldeprotokoll selbst aushandeln und der Client die Anmeldeinformationen des Anwenders automatisch überträgt, und *Client certificate*, bei der der Client ein vom Anwender angegebenes Zertifikat, das die Benutzerkennung enthält, an den Server sendet. Letzteres kann allerdings nur dann verwendet werden, wenn die Übertragung über SSL gesichert wird.

Weiterleiten von Anfragen an Web- und FTP-Server

Zunächst ist keine Weiterleitung auf einen Webserver möglich, da eine Standardregel existiert, die jeden Zugriff blockiert. Wir erstellen daher jetzt eine Regel, die den Zugriff auf einen internen Web- oder FTP-Server erlaubt.

Öffnen Sie dazu unterhalb des Servers den Container *Publishing* und wählen Sie im Kontextmenü von *Web Publishing Rules* den Eintrag *New Rule*. Nachdem Sie einen Namen eingegeben haben, bestimmen Sie zunächst, für welche Zieladressen diese Regel gilt.

- *All destinations* – Diese Regel gilt für alle Zielserver.
- *All internal destinations* – Diese Regel gilt für alle Zielserver, die sich in den internen Netzwerken befinden. Zur Bestimmung, welche Server im internen Netzwerk stehen, wir die bei der Installation des ISA-Servers erstellte **L**ocal **A**ddress **T**able (LAT) verwendet.

Veröffentlichen von Servern

- *All external destinations* – Diese Regel gilt für alle Zielserver, die sich in den externen Netzwerken befinden. Zur Bestimmung, welche Server im externen Netzwerk stehen, wird die bei der Installation des ISA-Servers erstelle **L**ocal **A**ddress **T**able (LAT) verwendet.

- *Specified destination set* – Für welche Zielserver diese Regel gilt, wird über so genannte Destination Sets angegeben. Dabei handelt es sich um eine Reihe von IP-Adressen, die zu einer Gruppe zusammengefasst werden. Da bei der Installation des ISA-Servers keine Destination Sets eingerichtet werden, müssen Sie diese wie unten beschrieben zunächst selbst einrichten.

- *All destinations except selected set* – Diese Regel gilt für alle Zielserver außer diejenigen, die zum angegebenen (und wiederum vorher eingerichteten) Destination Set gehören.

Im nächsten Schritt definieren Sie anschließend die Ausgangssysteme, von denen die Anfragen für diese Regel kommen sollen.

- *Any request* – Damit gilt die Regel für alle Clients und Sie müssen keine weitere Auswahl mehr treffen.

- *Specific Computers (client address sets)* – Nachdem Sie diese Auswahl getroffen haben, geben Sie die *Clients Sets* an, für die diese Regel gelten soll. Ein Client Set wird durch einen Bereich von IP-Adressen definiert und ist damit computergebunden. Da anfangs noch keine Sets definiert sind, können Sie an dieser Stelle neue Client Sets definieren wie oben beschrieben.

- *Specific users and groups* – Als Letztes haben Sie noch die Möglichkeit, die Anwender anhand ihrer Benutzerkennung von der Benutzung bestimmter Protokolle auszuschließen beziehungsweise die Benutzung zuzulassen. Wählen Sie dazu die gewünschten *Accounts* aus. Diese Art der Zuweisung setzt allerdings voraus, dass sich die Anwender beim ISA-Server anmelden, was Sie aber, wie oben bereits beschrieben, einrichten können.

An dieser Stelle definieren Sie nun die eigentliche Umleitung auf den Zielserver. Sie haben zunächst die Wahl, ob Sie diese Anfrage überhaupt zulassen oder über *Discard the request* sperren wollen. Soll die Anfrage dagegen weitergeleitet werden, wählen Sie *Redirect the request to this internal Web server* und geben Sie dann den Hostnamen oder die IP-Adresse des Servers ein.

Veröffentlichen von Web- und FTP-Servern

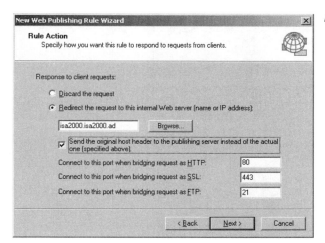

Definition der Weiterleitung

Wie bereits in Kapitel 2 beschrieben, unterstützt der IIS auch das Hosten mehrerer Websites auf einem Server. Dabei kann über den Host Header ermittelt werden, welchen Hostnamen der Anwender bei sich im Browser eingetragen hat, und eine Weiterleitung auf die gewünschte Site erfolgen, obwohl alle Sites auf einem Server mit derselben IP-Adressen und denselben IP-Ports betrieben werden. Wenn Sie jetzt die Weiterleitung auf einen Webserver aktivieren, wird allerdings der von Ihnen eingetragene Hostname an den Server übermittelt, weshalb eine Zuordnung zum vom Anwender gewünschten Server nicht mehr möglich ist und immer eine Verbindung zu einer Website hergestellt ist. Falls Sie also mehrere virtuelle Webserver unter der selben Adresse betreiben und die Unterscheidung anhand der Host Header durchgeführt wird, aktivieren Sie das Kontrollfeld *Send the original host header to the publishing server instead of the actual one* und der vom Anwender eingegebene Hostname wird aus seiner Anfrage extrahiert und in die weitergeleitete Anfrage integriert. Diese Funktion ist in der Standardeinstellung deaktiviert, um Rechenleistung zu sparen. Aktivieren Sie das Kontrollfeld daher nur, wenn es wirklich notwendig ist.

Da neben der IP-Adresse des Servers natürlich auch noch die TCP-Ports benötigt werden, müssen Sie diese im Folgenden noch angeben. Die Einstellungen sind dabei bereits auf die Standardports für HTTP, HTTPS (SSL) und FTP gesetzt. Passen Sie diese Ports entsprechend der Einstellung auf dem Web- und FTP-Server an. Falls der IIS auf dem ISA-Server installiert ist, geben Sie hier die neuen, nach der Installation des ISA-Servers geänderten, Ports ein. Damit ist die neue Web-Publishing-Regel erstellt.

Nachdem Sie die neue Regel mit dem Agenten erstellt haben, können Sie noch weitere Einstellungen vornehmen, indem Sie die Eigenschaften der neuen Regel öffnen und danach die Registerkarte *Bridging* auswählen.

Veröffentlichen von Servern

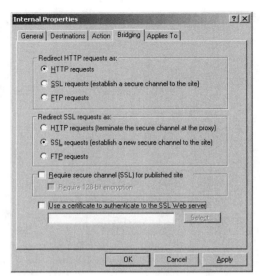

Erweiterte Einstellungen der Umleitung

Diese Einstellungen beziehen sich darauf, ob die Verbindung mit dem Server einfach weitergeleitet oder vielleicht auf ein anderes Protokoll umgeleitet werden soll, was hier als Bridging bezeichnet wird.

Als Erstes geben Sie an, wie Verbindungen über HTTP weitergeleitet werden. In der Standardeinstellung wird nichts geändert und diese Anfragen werden ebenfalls wieder über HTTP an den Server weitergeleitet. Alternativ können Sie die Daten zwischen dem ISA-Server und dem eigentlichen Webserver auch verschlüsselt über HTTPS übertragen. Da die Übertragung zwischen Client und ISA-Server allerdings wieder unverschlüsselt erfolgt und diese Strecke auch den größeren Teil der Übertragung ausmacht, kann ein Angreifer hier die unverschlüsselten Daten leicht abfangen. Als letzte Möglichkeit kann die Anfrage schließlich noch an einen FTP-Server umgeleitet werden, was zum Beispiel dann sinnvoll ist, wenn nur Dateien übertragen werden sollen und der Anwender nicht mit einem textbasierten, klassischen FTP-Client hantieren soll.

Die gleiche Auswahl haben Sie ebenfalls bei Anfragen, die über HTTPS, also mit SSL-Verschlüsselung, an den ISA-Server gesendet werden. Der sichere Kanal kann in der ersten Einstellung am ISA-Server beendet werden, die Datenübermittlung zum eigentlichen Webserver erfolgt damit ohne Verschlüsselung. Wenn der Webserver in einem privaten Teil des Netzwerks eingerichtet wurde, das als sicher betrachtet werden kann, dann können Sie diese Einstellung wählen. Der Vorteil liegt darin, dass der Webserver dann nicht mehr mit der Verschlüsselung belastet wird. Wenn Sie jedoch auch die Verbindung zwischen ISA-Server und dem Webserver für gefährdet halten, behalten Sie die Standardeinstellung bei. In diesem Fall wird eine sichere Verbindung

Veröffentlichen von Web- und FTP-Servern

vom Client zum ISA-Server eingerichtet und dann eine neue verschlüsselte Verbindung vom ISA-Server zum Webserver. Lediglich am ISA-Server selbst liegen die Daten also unverschlüsselt vor, was auch notwendig ist, wenn Sie die Daten nach Angriffen oder unerwünschten Inhalten untersuchen wollen. Als letzte Option können Sie die Anfrage auch wieder an einen FTP-Server umleiten, zu dem aber generell keine verschlüsselte Verbindung hergestellt werden kann, hier erfolgt die Übertragung der Daten also immer im Klartext.

So wie Sie bei einem Webserver erzwingen können, dass die Datenübertragung nur mit SSL-Verschlüsselung durchgeführt werden kann, können Sie auch beim ISA-Server die unverschlüsselte Kommunikation unterbinden, indem Sie das Kontrollfeld *Require a secure channel for published site* aktivieren. Damit wird die Verschlüsselung mit mindestens 40 Bit erforderlich. Falls diese Verschlüsselung nicht ausreicht, aktivieren Sie zusätzlich das Kontrollfeld *Require 128-bit encryption* und aktivieren damit die starke Verschlüsselung, schließen damit aber auch jeden Client aus, der diese Schlüssellänge nicht unterstützt.

Wenn am Webserver eine Anmeldung erfolgen muss, können Sie dies transparent für den Anwender durchführen, indem Sie das Kontrollfeld *Use a certificate to authenticate to the SSL webserver* aktivieren und anschließend ein Zertifikat einzugeben. Dazu muss allerdings der Server die Verschlüsselung über SSL unterstützen und die Annahme von Clientzertifikaten aktiviert werden.

Prioritäten der Regeln bestimmen

Sobald Sie mehrere Regeln definiert haben, können Widersprüche bei den Freigaben beziehungsweise Sperrungen zu einzelnen Servern auftreten. In diesem Fall gilt immer die Regel mit der höchsten Priorität.

Wie Sie im unten abgebildeten Beispiel sehen, würde die Regel *Conflict* einen Zugriff verweigern, der zuvor über die Regel *Internal* freigegeben worden war. Über das Kontextmenü der Regel *Internal* kann diese nun über *Move Up* in der Prioritätenliste nach oben verschoben werden. Alternativ könnte hier natürlich die Regel *Conflict* über ihr Kontextmenü und den Eintrag *Move Down* nach unten verschoben werden.

Einzig die *Default Rule* ist immer an letzter Stelle und sorgt dafür, dass der Zugriff auf Server, die nicht explizit freigegeben wurden, immer blockiert wird. Diese Standardregel kann außerdem nicht verändert werden.

Veröffentlichen von Servern

Ändern der Priorität von Web Publishing Rules

5.2 Veröffentlichen von Mailservern

Für die sichere Verbindung zu Mailservern im internen Netzwerk bietet der ISA-Server keine spezielle Regel an, sondern erstellt über eine Unterfunktion der Server Publishing Rules einen kompletten Satz von Regeln, die den sicheren Zugang zu den Mailservern ermöglichen.

Wählen Sie dazu im Container *Publishing* im Kontextmenü der Server *Publishing Rules* den Eintrag *Secure Mail Server*. Wenn Sie über eine Wählleitung per ISDN-Karte oder Modem mit dem Internet verbunden sind, müssen Sie zunächst eine Verbindung mit dem Internetprovider herstellen, damit dem Gerät vom Provider eine IP-Adresse zugewiesen werden kann.

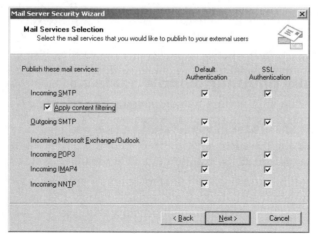

Auswahl der Mailserver

Wählen Sie aus den angegebenen Protokollen die aus, über die ein Zugang zu Ihren Mailservern möglich sein soll. Geben Sie dabei ebenfalls an, ob die Anmeldung im Klartext (*Default Authentication*) oder verschlüsselt (*SSL Authentication*l) erfolgen soll. Wenn Sie bei SMTP das Kontrollfeld *Apply content filtering* aktivieren, werden die übertragenen Daten noch nach Gültigkeit entsprechend der zuvor definierten Filterregeln überprüft.

Nachdem Sie die gewünschten Protokolle ausgewählt haben, geben Sie als Nächstes an, über welche externe IP-Adresse die Clients diese Mailserver ansprechen. Über *Browse* wird Ihnen die Liste der IP-Adressen angezeigt, die nicht anhand der LAT als interne Adressen identifiziert wurden.

Als Nächstes definieren Sie nun, auf welchem Server die Mail-Dienste tatsächlich bereitgestellt werden. Geben Sie dazu entweder unter *At this IP address* die Adresse des Servers ein oder wählen Sie *On the local host*, wenn die Dienste des Mailservers auf dem ISA-Server selbst ausgeführt werden.

Anschließend erstellt der Agent eine Server Publishing Rule für jeden Server, wenn als Mailserver ein anderer Computer als der ISA-Server angegeben wurde. Andernfalls erstellt der Agent IP Packet Filter für jeden ausgewählten Mailserver für den Zugriff auf die lokal auf dem ISA-Server laufenden Dienste.

Eine Änderung der Konfiguration ist über den Agenten leider nicht möglich. Sie müssen stattdessen die Server Publishing Rules beziehungsweise die IP Packet Filter manuell verändern oder löschen.

5.3 Veröffentlichen sonstiger Server

Wenn andere Server als Newsserver veröffentlicht werden sollen, zum Beispiel Microsoft Terminal Server, müssen Sie die entsprechende Regel selbst erstellen. Wählen Sie dazu im Container *Publishing* im Kontextmenü der Server *Publishing Rules* den Eintrag *New Rule*. Wie bei allen anderen Regeln geben Sie auch hier zunächst den Namen der neuen Regel ein.

Im nächsten Schritt stellen Sie die Verbindung zwischen dem ISA-Server und dem internen Server her. Geben Sie dazu zunächst die IP-Adresse des internen Servers ein oder wählen Sie den entsprechenden Server über *Find* aus. Anschließend geben Sie die IP-Adresse des ISA-Servers an, die Sie den Anwendern als „offizielle" Adresse des Servers mitteilen. Wenn Sie *Browse* wählen, werden alle IP-Adressen angezeigt, die gemäß der LAT nicht als interne Adressen angegeben wurden.

Veröffentlichen von Servern

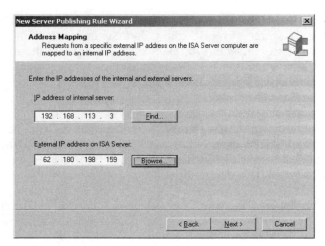

Zuweisen der internen und externen IP-Adressen

Da nicht der komplette Server dem Internet gegenüber geöffnet werden soll, müssen Sie im nächsten Schritt das Protokoll angeben, das für die Veröffentlichung des Servers verwendet wird, über das die Benutzer also auf den Server zugreifen. Wählen Sie aus der Liste der Protokolle das gewünschte aus.

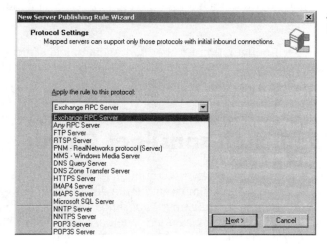

Auswahl des Protokolls zur Weiterleitung

Diese Protokolle können leider nicht durch eigene Einträge ergänzt werden, sondern werden durch die Application-Filter vorgegeben. Nur wenn Sie Erweiterungen definieren, die neue Application-Filter mit sich bringen, stehen weitere Servertypen beziehungsweise Protokolle zur Verfügung.

Im nächsten Schritt definieren Sie anschließend die Ausgangssysteme, von denen die Anfragen für diese Regel kommen sollen.

Veröffentlichen sonstiger Server

- *Any request* – Damit gilt die Regel für alle Clients und Sie müssen keine weitere Auswahl mehr treffen.
- **Specific Computers *(client address sets)*** – Nachdem Sie diese Auswahl getroffen haben, geben Sie die *Clients Sets* an, für die diese Regel gelten soll. Ein Client Set wird durch einen Bereich von IP-Adressen definiert und ist damit computergebunden. Da anfangs noch keine Sets definiert sind, können Sie an dieser Stelle neue Client Sets definieren, wie oben beschrieben.

Damit ist die Konfiguration der Regel bereits abgeschlossen.

Veröffentlichen von Servern

6. Das Erkennen von Angriffen

Auch wenn ein Benutzer auf einem von uns am ISA-Server freigeschalteten Port mit dem internen Netzwerk kommuniziert, heißt das noch lange nicht, dass er keinen Schaden mehr anrichten kann. Leider waren einige Programmierer bei der Entwicklung von Diensten etwas nachlässig und haben so Sicherheitslücken geschaffen oder beim Entwurf der ursprünglichen Spezifikation eines Protokolls hatte noch niemand eine Möglichkeit des Angriffs auf diese Dienste bedacht.

Damit solche Angriffe abgewehrt werden können, genügt es nicht, einzelne Ports zu sperren. Vielmehr muss die Firewall in der Lage sein, innerhalb der übertragenen Pakete nach verdächtigen Daten zu suchen. Dazu muss das Produkt die Protokolle kennen und damit als so genannte Application-Level Firewall arbeiten können.

In diesem Kapitel betrachten wir die verschiedenen Schutzmöglichkeiten gegen Angriffe auf Anwendungsebene. Microsoft verlässt sich, wie schon bei den Filtern, nicht nur auf die eigene Entwicklung sondern hat auch hier Drittanbietern wieder die Möglichkeit gegeben, eigene Erweiterungen in den ISA-Server zu integrieren. Wir werden uns im Rahmen dieses Kapitels mit folgenden Themen befassen:

- Aktivieren der Erkennung
- Integrierte Angriffserkennung
- Erweiterungen von Drittanbietern
- Mögliche Reaktionen im Fall von Angriffen

6.1 Aktivieren der Erkennung

Diese Funktion steht nur dann zur Verfügung, wenn Sie die Firewall-Komponente des ISA-Servers installiert haben. In der Standardeinstellung ist die Erkennung allerdings zunächst deaktiviert und muss erst manuell hinzugeschaltet werden. Sie schalten dabei allerdings nicht pauschal die Erkennung aller bekannten Angriffe ein, sondern können selbst auswählen, auf welche Angriffe das System achten soll. Bedenken Sie bei der Auswahl der zu erkennenden Angriffe, dass jede Überprüfung der Pakete den Server zusätzlich belastet. Aktivieren Sie daher immer nur den Schutz für die Dienste, die auch wirklich in Ihrem Netzwerk gestartet sind.

IP Packet Filter

Einen kleinen, fest definierten und nicht erweiterbaren Satz von Angriffen können Sie über die Einstellungen der IP Packet Filter erkennen. Öffnen Sie dazu im Container *Access Policy* die Eigenschaften des Containers *IP Packet Filters*. Damit die Erkennung von Angriffen überhaupt möglich ist, muss zuerst das Packet Filtering überhaupt über das Kontrollfeld *Enable packet filtering* aktiviert werden. Danach schalten Sie über *Enable intrusion detection* diese Funktion hinzu.

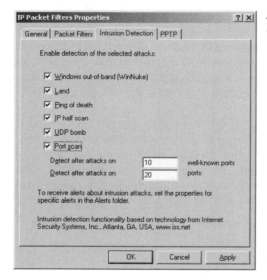

Aktivierung der einzelnen Instrusion Detection-Optionen

Über die Registerkarte *Instrusion Detection* geben Sie anschließend an, welche Angriffe erkannt werden sollen. Folgende Attacken können erkannt werden:

- **Windows out-of-band (WinNuke)** – Speziell modifizierte TCP-Pakete können einen Windows-Computer komplett zum Absturz bringen. Diese Pakete werden bevorzugt an die NetBIOS-Schnittstelle des Systems gesendet, sind aber aufgrund ihres Aufbaus einfach zu identifizieren.

- **Land** – Bei diesem Angriff wird ein Paket an den Server gesendet, das mit einer gefälschten Absenderadresse versehen ist. Dabei wird diese Adresse so verändert, dass sie mit der Zieladresse identisch ist. Der Server bestätigt anschließend sich selbst sein vermeintlich eigenes Datenpaket und gerät so in eine Endlosschleife.

Aktivieren der Erkennung

- **Ping of death** – Dieser Angriff war über längere Zeit hinweg eine sehr beliebte Waffe gegen Windows-Computer. Indem zu viele Daten an ein Ping angehängt wurden, konnte der Computer lahm gelegt werden. Mit den aktuellen Servicepacks sind diese Maschinen aber mittlerweile gegen diese Angriffe immun, weshalb diese Erkennung nicht mehr zwingend aktiviert sein muss.

- **IP half scan** – Der Angreifer sendet Pakete mit gefälschter Absenderadresse. Ein so attackierter Server wird nun mehrfach versuchen, ein Antwortpaket zu senden. Da er aber keine Bestätigung des Empfangs bekommt, wird er dies wiederholt durchführen. In der Zwischenzeit schickt der Angreifer aber weitere derart modifizierte Pakete und behindert so den Server.

- **UDP bomb** – Da UDP nicht verbindungsorientiert arbeitet, kann keine gezielte Sperrung dieses Protokolls vorgenommen werden. Einem Angreifer kann es daher gelingen, gefährliche Datenpakete durch die offenen Filter des ISA-Servers zum Zielserver zu bringen.

- **Port scan** – Der Angreifer versucht auf alle oder ausgewählte Ports des Servers zuzugreifen und schickt an offene Ports Anfragen für diverse Protokolle. So ist er zum Beispiel in der Lage, einen Webserver zu entdecken, der nicht auf dem Standardport 80 betrieben wird, der er zunächst auf allen Ports versucht, einen Webserver zu erreichen. Antwortet der Server auf einem der getesteten Ports, kann der Absender weitere gezielte Angriffe auf den so gefundenen Webserver starten. Der ISA-Server wertet das „Ausprobieren" von Ports als Angriff, sobald die Anzahl der Ports, die angesprochen werden, die angegebene Höchstzahl überschreitet. Die Well-known Ports im Bereich von 1 bis 2048 werden für Serverdienste am häufigsten verwendet und sind am stärksten gefährdet. Deshalb ist hier bereits auch ein kleineres Maximum angegeben, ab dem ein Angriff festgestellt wird. Wenn der Angreifer willkürlich Ports anspricht, ist dies auch als Angriff zu werten, wobei das Maximum hier aber etwas höher gesetzt ist. In der Regel sind die hier gesetzten Standardwerte praktikabel, da die Anwender von Port Scannern gern ganze Netze und komplette Bereiche von Ports scannen, um schnell einen Angriffspunkt zu finden.

Application-Filter

Die Erkennung von Angriffen über die Application-Filter ist nicht auf die mitgelieferten Optionen beschränkt. Andere Hersteller können eigene Erweiterungen in den ISA-Server integrieren. Microsoft selbst hat davon bereits Gebrauch gemacht und einige Filter von **I**nternet **S**ecurity **S**ystem (ISS) lizenziert und direkt in den ISA-Server integriert. Diese Filter finden Sie alle im Container *Extensions* unter *Application-Filters*. Die im Folgenden aufgelisteten Filter sind bereits im ISA-Server integriert.

Das Erkennen von Angriffen

Für jeden Filter müssen Sie zunächst entscheiden, ob er überhaupt zur Verfügung stehen soll. Dazu können Sie jeweils in den Eigenschaften eines jeden Filters auf der Registerkarte *General* das Kontrollfeld *Enable this Filter* aktivieren. Alternativ können Sie auch über das Kontextmenü eines Filters über *Enable* oder *Disable* den Filter aktivieren beziehungsweise deaktivieren. Zusätzlich zu dieser allgemeinen Aktivierung können bei den meisten Filtern noch weitere Optionen gesetzt werden. Damit die Änderung wirksam wird, müssen allerdings einige der Dienste neu gestartet werden. Dies führt der ISA-Server nach einer Bestätigung allerdings automatisch durch.

DNS Intrusion Detection-Filter

DNS-Server sind ein sehr wichtiger Bestandteil des Internet, was man deutlich sehen konnte, als im Frühjahr 2001 die meisten Microsoft-Server nicht mehr zu erreichen waren, weil die Verbindung zu den DNS-Servern getrennt worden war. Dies geschah zwar durch eine Fehlkonfiguration der Router, aber auch die DNS-Server sind angreifbar.

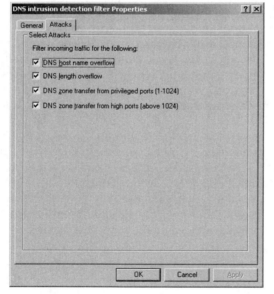

Filter gegen Angriffe auf DNS-Server

Auf einige Server sind Angriffe möglich, indem mehr Daten geschickt werden, als der Server eigentlich erwartet. Wenn die Programmierer hier keine Begrenzung eingesetzt haben, kann es zu einem so genannten Overflow kommen, bei dem andere Datenbereiche des Servers überschrieben werden können. Angreifer können den Server so zum Absturz bringen oder auch eigenen Code in das laufende Programm hineinbringen und ausführen. Vier Einstellungen erlauben das Filtern bestimmter Pakete an die DNS-Server.

- *DNS host name overflow* – Bei diesem Angriff werden bei DNS-Anfragen zu lange Hostnamen angegeben.
- *DNS length overflow* – Die Länge einer IP-Adresse wird mit mehr als 4 Byte angegeben.
- *DNS zone transfer from privileged ports (1-1024)* – Die DNS-Datenbank kann von einem anderen System repliziert werden. Dieser Vorgang wird Zone Transfer genannt. Wenn der Ausgangsport dieser Anfrage kleiner als oder gleich 1.024 ist, handelt es sich im Allgemeinen um eine Anfrage von einem Server. Sie sollten sich darauf allerdings nicht verlassen und bei Bedarf den Zone Transfer über diesen Filter blockieren.
- *DNS zone transfer from high ports (above 1024)* – Bei Ports größer als 1.024 geht man in der Regel davon aus, dass der Zone Transfer von einem Client angefordert wurde. Auch hier ist ein Missbrauch des Adressbereichs aber nicht auszuschließen.

POP Intrusion Detection-Filter

Auch hier kann ein Angreifer versuchen, die internen Puffer eines POP-Servers durch zu große Datenmengen zu überschreiben und den Server so zu beeinflussen. Dieser Filter prüft die Daten, bevor sie an den Server gesendet werden.

SMTP-Filter

Der SMTP-Filter, über den einerseits die Kommandos an den SMTP-Server kontrolliert werden und der Server somit besser vor Angriffen geschützt ist, kann auch innerhalb von Nachrichten nach verdächtigen Inhalten suchen und so, unmittelbar nach einer neuen Viruswarnung, auch direkt Nachrichten blocken. Gegen Nachrichten der Marke ILOVEYOU ist somit nach den ersten Berichten ein Schutz in Minuten aufgesetzt werden, noch bevor die Hersteller von Antiviren-Software handeln können.

Da die Überprüfung aller den ISA-Server passierenden Nachrichten sehr viel Rechenzeit beansprucht, ist dieser Filter als einziger zunächst deaktiviert. Um den Filter zu aktivieren, öffnen Sie die Eigenschaften und aktivieren Sie anschließend auf der Registerkarte *General* das Kontrollfeld *Enable this filter*. Anschließend müssen allerdings einige Dienste neu gestartet werden. Dann können Sie damit beginnen, die Filter zu definieren.

Über die Registerkarte *Attachments* können Sie festlegen, welche Dateianhänge als verdächtig aufgefasst werden sollen. Im oben abgebildeten Beispiel sehen Sie die entsprechenden Möglichkeiten und wie mit einer solchen Nachricht verfahren werden soll. Die Filter werden in der angezeigten Reihenfolge abgearbeitet.

Das Erkennen von Angriffen

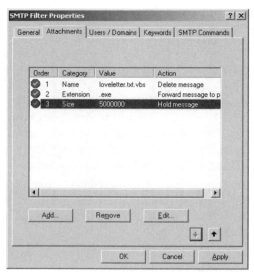

Aufstellung verdächtiger Dateien

Als Erstes kann eine spezielle Datei blockiert werden. Nachrichten mit dem Melissa-Dateianhang würden hier sofort gelöscht. Anschließend werden alle Nachrichten, an die ausführbare Dateien angehängt wurden, an ein vorgegebenes Postfach weitergeleitet. Als Letztes hält der ISA-Server alle Dateien, die eine Größe von 5 MByte überschreiten, fest.

Suchkriterien und Aktion sind dabei nicht fest miteinander verknüpft, sondern können beliebig kombiniert werden.

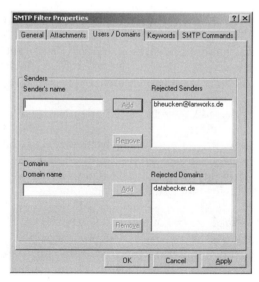

Aufstellung zu blockierender Adressen und Domänen

Aktivieren der Erkennung

Der ISA-Server kann unerwünschte Nachrichten direkt herausfiltern, indem er eine Liste von E-Mail-Adressen durchsucht und die Nachrichten löscht, die der Liste entsprechen. Sie können unter *Sender's name* nun die Adressen einzelner Versender auflisten beziehungsweise über *Domain name* alle E-Mail-Adressen einer kompletten Domäne sperren. Nachrichten dieser Absender werden daraufhin nicht mehr an ihre Mailserver geleitet, sondern direkt an der Firewall abgefangen. Somit müssen die Anwender nicht mehr selbst in ihrem Mailclient eine Liste unerwünschter Absender pflegen.

Wer die Konfiguration dieses Filters bei Microsoft Exchange kennt, wird übrigens über die Aufteilung nach einzelnen Absendern und kompletten Domänen erfreut sein, da hier nicht mehr ein @ angegeben muss, um eine komplette Domäne zu blockieren.

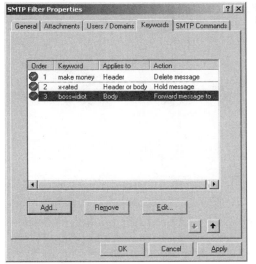

Filtern von Nachrichten anhand bestimmter Suchbegriffe

Nachdem wir nun bereits Mailadressen filtern können, deren Absender Werbemails und sonstigen digitalen Abfall an unsere Anwender schicken, kommen allerdings noch immer weitere solcher Mails auf den Servern an, weil die Absender entweder die Adressen sehr schnell ändern oder auch schon mal fälschen. In diesem Fall kann nur noch anhand des Inhalts selbst eine Filterung durchgeführt werden. Wie bereits bei den Dateianhängen gibt es auch hier wieder drei Möglichkeiten, die Filter einzurichten.

Als Erstes wird nur der Header der Nachricht durchsucht und sobald der entsprechende Text gefunden wird, ist die Nachricht als Werbemail klassifiziert und wird umgehend gelöscht. Nachrichten, die auf nicht jugendfreie Inhalte schließen lassen, werden vom System festgehalten. Und abschließend landet jede Nachricht, in der der Boss als Idiot tituliert wird, bei selbigem. Suchkri-

Das Erkennen von Angriffen

terien und Aktion sind dabei auch hier nicht fest miteinander verknüpft, sondern können beliebig kombiniert werden.

Bedenken Sie bei dem Einsatz besonders der Weiterleitung aber, dass es sich beim ISA-Server um ein Produkt aus den USA handelt, bei denen die Richtlinien für den Zugriff auf Daten etwas lockerer sind als bei uns. Nationale Rechte sowie Betriebsvereinbarungen und der Betriebsrat sind bei solchen Aktionen daher vorher zu berücksichtigen.

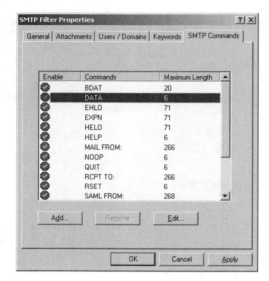

Filtern von SMTP-Kommandos

Client und Server kommunizieren bei der Datenübertragung über fest definierte Kommandos, die jedoch nicht unbedingt alle benötigt werden. Bei einigen Kommandos kann beziehungsweise muss noch ein Parameter angegeben werden. Wenn die Entwickler an dieser Stelle aber nicht vorsichtig waren, besteht wieder die Gefahr, dass ein Angreifer nach dem Kommando noch weitere Daten sendet, die den Server in ungewollter Form beeinflussen können. Als Abwehrmaßnahme wird daher jedes Kommando mit einer maximalen Länge angegeben, die Sie bei Bedarf verändern können.

Einige dieser Kommandos können bei Bedarf deaktiviert werden. Wichtig ist in den meisten Fällen allerdings eher die Längenbeschränkung zum Schutz vor Angriffen, da die einzelnen Befehlswörter in der Regel auch bei den SMTP-Servern direkt deaktiviert werden können.

Aktivieren der Erkennung

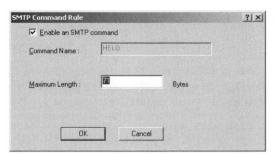

Aktivieren eines SMTP-Kommandos und Setzen der Längenbeschränkung

Im Folgenden finden Sie eine Liste aller vordefinierten SMTP-Kommandos mit einer kurzen Beschreibung.

- **BDAT** – Eine Alternative zum DATA-Kommando, kann gesperrt werden.

- **DATA** – Dieses Kommando leitet die Übertragung der eigentlichen Nachricht ein und darf nur dann gesperrt werden, wenn BDAT zugelassen wird und alle sendenden und empfangenden Server auch BDAT unterstützen, wovon im Internet allerdings nicht ausgegangen werden kann.

- **EHLO** – Eine Alternative zum HELO-Kommando, leitet eine ESMTP-Session ein, kann gesperrt werden, hat aber zur Folge, dass nur noch reines SMTP verwendet werden kann.

- **EXPN** – Dieses Kommando wird zur Fehlersuche verwendet und liefert bei Angabe einer Verteilerliste die E-Mail-Adressen der Mitglieder dieser Verteilerliste zurück. Da Sie damit allerdings sehr einfach alle Adressen Ihres kompletten Unternehmens preisgeben können, kann dieses Kommando gesperrt werden, um Adresssammlern mit einfachen Verteilernamen wie zum Beispiel info@firma.de nicht in die Hände zu fallen.

- **HELO** – Leitet die SMTP-Session ein und darf nur dann gesperrt werden, wenn EHLO zugelassen wird und alle sendenden und empfangenden Server auch ESMTP unterstützen, wovon im Internet noch nicht bei allen Systemen ausgegangen werden kann.

- **MAIL FROM** – Mit diesem Kommando teilt der Sender dem SMTP-Server mit, von wem die folgende Mail stammt. Dieses Kommando darf nicht gefiltert werden.

- **NOOP** – Das Kommando *No Operation* führt lediglich dazu, dass der Server mit *OK* antwortet, mehr geschieht nicht. Damit kann aber die Verbindung zum Server offen gehalten werden, da der Zähler für ein Time out an dieser Stelle wieder zurückgesetzt wird. Ein Angreifer hat so die Möglichkeit, einen Time out zu umgehen. Da dieses Kommando sonst keine Funktion hat, kann es ebenfalls gesperrt werden.

- *QUIT* – Die Verbindung zwischen Sender und Empfänger wird durch dieses Kommando durch den Sender getrennt und darf nicht gefiltert werden.

- *RCPT TO:* – Mit diesem Kommando teilt der Sender dem SMTP-Server mit, an wen die folgende Mail gesendet werden soll. Dieses Kommando darf nicht gefiltert werden.

- *RSET* – Beendet die aktuelle Verbindung ohne Übermittlung der Daten. Wird dieses Protokoll gefiltert, ist kein gewollter Abbruch der Verbindung mehr möglich.

- *SAML FROM:, SEND FROM:, SOML FROM:* – Diese Kommandos sind Alternativen zum RCPT TO:-Kommando und können einen Pfad angeben, den die Nachricht genommen hat. Damit ist es möglich, eine Nichtzustellbarkeitsnachricht an den Absender zu schicken, die genau diesen Weg zurückgesendet wird. Wenn keine DNS-Auflösung des Zielsystems möglich ist, kann dieses Verfahren eingesetzt werden.

- *TURN* – Wenn keine direkte Verbindung zwischen einem SMTP-Server und dem Internet besteht, zum Beispiel weil eine Wählverbindung verwendet wird, dann kann ein anderer SMTP-Server die Mails stellvertretend annehmen. Der eigentliche Zielserver baut dann in regelmäßigen Abständen eine Verbindung zu diesem SMTP-Server auf und ruft von dort über das Kommando TURN die zwischengespeicherten Nachrichten ab. TURN bietet allerdings überhaupt keine Sicherheit, weshalb jeder Server die zwischengespeicherten Nachrichten abrufen kann. Die Erweiterungen ETRN (Extended TURN) und ATRN (Authenticated TURN) bieten eine Sicherung durch eine Anmeldung vor der Nachrichtenübermittlung. Dieses Kommando kann gefiltert werden.

- *VRFY* – Wie bereits EXPN dient dieses Kommando eigentlich auch der Fehlersuche. Bei Eingabe eines Namens, nicht unbedingt einer kompletten E-Mail-Adresse, kann der SMTP-Server eine passende E-Mail-Adresse als Antwort zurückgeben. Auch hier kann ein Adresssammler sehr leicht an E-Mail Adressen gelangen, indem er den Server einfach mit Namen aus einem Adressbuch bombardiert und schlicht und einfach die Resultate protokollieren muss. Dieses Kommando kann ebenfalls gesperrt werden.

Produkte von Drittanbietern

Auch für die Erkennung von Angriffen haben viele Partner bereits Erweiterungen angekündigt. Die Links finden Sie ebenfalls wieder unter http://www.microsoft.com/isaserver/partners.

6.2 Reaktion im Fall eines Angriffs

Dass unser ISA-Server nun potenzielle Angriffe filtert, beruhigt natürlich schon. Allerdings ist es auch wichtig zu wissen ob, wann und wie das Netzwerk angegriffen wird, damit, wenn möglich, der Angreifer ermittelt und zur Rechenschaft gezogen werden kann. Viele, die mit so genannten Datenschutz-CDs hantieren, sind sich nicht bewusst, dass in der Regel alle Zugriffe auf Server protokolliert werden. Das musste auch jene Person erfahren, die versuchte, sich Zugang zu unserem E-Mail-System zu verschaffen. Ein Blick in die Protokolle sowie eine umgekehrte DNS-Namensauflösung genügte, um zunächst seinen Arbeitgeber und schließlich ihn selbst zu ermitteln.

Im Gegensatz zu einigen Firewalls für Einzelplatzsysteme unterstützt der ISA-Server nicht die zweifelhafte Funktion des Vergeltungsschlags. Von einem Einsatz solcher Tools ist dringend abzuraten. Sollte ein Mitarbeiter in einem großen Netzwerk entdeckt haben, wie er von seinem Arbeitsplatz externe Netzwerke angreifen kann und Sie daraufhin mit einem Gegenangriff das Netzwerk dieses Anwenders lahm legen, werden die Betreiber gegen Sie ebenfalls vorgehen.

Wie auf einen Angriff reagiert werden soll, definieren Sie im Container *Monitoring Configuration* unter *Alerts*. Um eine neue Regel zu erstellen, wählen Sie im Kontextmenü von *Alerts* den Punkt *New Alert* oder wählen Sie eine bereits erstellte Regel aus der Liste aus. Auf jeden Fall wird immer ein Eintrag im Container *Alerts* unter *Monitoring* erzeugt.

Auf der Registerkarte *General* können Sie über das Kontrollfeld *Enable* lediglich angeben, ob die zugeordneten Aktionen ausgeführt werden. Der Filter selbst ist davon nicht betroffen. So können Sie aber während Wartungsarbeiten oder Tests verhindern, dass laufend Alarm ausgelöst wird.

Zunächst müssen Sie auf der Registerkarte *Events* definieren, auf welches Ereignis überhaupt reagiert werden soll. Neben den Angriffen haben Sie hier auch die Möglichkeit, auf Fehler im ISA-Server oder den einzelnen Diensten zu reagieren. Wählen Sie im Feld *Event* zunächst das Ereignis aus, auf das reagiert werden soll. Falls, wie im oben abgebildeten Beispiel, eine weitere Unterscheidung möglich ist, geben Sie im Feld *Additional condition* das exakte Ereignis an (hier, welcher Angriff auf den DNS-Server genau auftreten soll).

Da ein einzelnes Auftreten diese Ereignisses nicht unbedingt einen Angriff darstellt, können Sie in einem solchen Fall das Kontrollfeld *Number of occurrences before this alert is issued* aktivieren und danach angeben, wie oft das Ereignis überhaupt eintreten muss, bis ein Alarm ausgelöst wird.

Das Erkennen von Angriffen

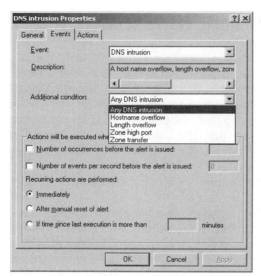

Auswahl des Events

Diese Einstellung ist natürlich dann nicht mehr sehr aussagekräftig, wenn die Ereignisse zwar das Limit erreicht haben, dies aber über einen Zeitraum von einer Woche geschehen ist. Aktivieren Sie das Kontrollfeld *Number of events per second before an alert is issued* und geben Sie anschließend an, wie oft pro Sekunde dieses Ereignis auftreten soll, bevor ein Alarm ausgelöst wird.

Damit Sie nicht mit einer Vielzahl von Alarmmeldungen überflutet werden, definieren Sie abschließend, wie oft der Alarm ausgelöst und die im Anschluss eingestellten Aktionen ausgeführt werden sollen. In der Standardeinstellung wird der Alarm sofort wieder ausgelöst. Soll eine längere Pause zwischen den einzelnen Alarmmeldungen erfolgen, wählen Sie *If time since last execution is more than x minutes* und geben Sie die Wartezeit in Minuten an. Alternativ kann der Alarm erst dann wieder ausgelöst werden, wenn Sie ihn im Container *Monitoring* unter *Alerts* abgeschaltet haben. Wählen Sie dazu *After manual reset of alert*.

Sie haben nun mehrere Möglichkeiten, auf einen erkannten Angriff zu reagieren. Diese Optionen konfigurieren Sie über die Registerkarte *Actions*.

Aktivieren Sie das Kontrollfeld *Send e-mail*, um die verantwortlichen Administratoren über den Angriff zu informieren. So können diese direkt reagieren und nicht erst, wenn sie in regelmäßigen Abständen die Protokolle überprüfen. So sind die Chancen auch am größten, den Angreifer näher zu identifizieren und dingfest zu machen. Geben Sie dazu zunächst im Feld *SMTP server* den Server an, über den die Nachrichten verschickt werden sollen, und danach unter *To* und *cc* die Empfänger der Benachrichtigung. Damit jeder sofort zuordnen kann, woher die Nachrichten kommen, tragen Sie anschlie-

Reaktion im Fall eines Angriffs

ßend unter *From* noch einen Absender ein, der den ISA-Server eindeutig identifiziert. Über die Schaltfläche *Test* schicken Sie anschließend eine Testnachricht an die Empfänger, um die Funktion zu überprüfen.

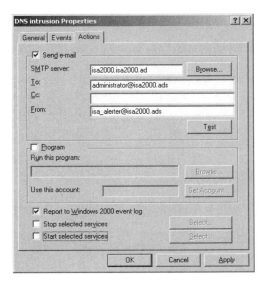

Konfiguration der Maßnahmen bei einem Angriff

Die als E-Mail gesendete Benachrichtigung kann natürlich auch an das Handy eines Administrators gesendet werden. Viele Netzbetreiber weisen dazu dem Mobiltelefon eine eigene E-Mail-Adresse zu, an die dann die Nachrichten gesendet werden können. Wenn der Angriff allerdings auf den SMTP-Server ausgeführt wird und dieser nicht mehr verfügbar ist, wird die Nachricht den Administrator auch nie erreichen.

Eine Alternative besteht zum Beispiel darin, eine Nachricht direkt an ein Handy zu schicken und dabei nicht den Umweg über eine E-Mail zu gehen. Dazu muss allerdings ein gesondertes Programm gestartet werden, das Sie angeben können, wenn Sie das Kontrollfeld *Program* aktivieren. Tragen Sie unter *Run this program* anschließend den Pfad und den Namen des Programms ein und wählen Sie über *Set Account* schließlich, mit welcher Benutzerkennung das Programm ausgeführt werden soll.

In der Standardeinstellung bereits aktiviert ist das Kontrollfeld *Report to Windows 2000 event log*, damit ein Eintrag im Ereignisprotokoll generiert wird.

Die beste Sicherung gegen einen Angriff ist natürlich, den angegriffenen Dienst überhaupt nicht mehr zur Verfügung zu stellen. Damit hat der Angreifer zwar insofern gewonnen, dass der Dienst nicht mehr verfügbar ist, aber dafür bleibt die restliche Funktionalität des Servers wenigstens unbeeinträchtigt und alle anderen Dienste können störungsfrei weiterbetrieben werden (sofern diese nicht parallel auch noch angegriffen werden). Falls Sie zu diesem Mittel greifen wollen, wählen Sie über *Stop selected services* die Dienste aus, die im Fall eines Angriffs beendet werden sollen. Zur Auswahl stehen dabei allerdings nur die Dienste des ISA-Servers selbst, andere Windows 2000-Dienste können nicht beendet werden.

Die Option *Start selected services* dient nicht dem Schutz vor Angriffen, sondern hat lediglich eine Bedeutung, wenn festgestellt wurde, dass ein Dienst beendet wurde. In diesem Fall kann der Server versuchen, diesen Dienst automatisch neu zu starten und die Funktionalität des ISA-Servers wiederherzustellen.

Aktionsliste

Falls Sie einen Angriff bemerken beziehungsweise vermuten oder vom ISA-Server gemeldet bekommen, sollten Sie bereits im Vorfeld einen auf den folgenden Punkten basierenden Notfallplan erstellt haben.

- Informieren Sie alle für das System verantwortlichen Personen sowie Ihre Vorgesetzten über den Verdacht.
- Speichern Sie alle verfügbaren Protokolldateien auf einem externen Medium für den Fall, dass der Angreifer versucht, Spuren zu verwischen.
- Beenden Sie sicherheitsrelevante Dienste beziehungsweise trennen Sie die Verbindung zum öffentlichen Netzwerk. So bleibt ein Eindringling gegebenenfalls noch auf dem Webserver und kann so weiterhin beobachtet werden, erhält aber keinen Datenzugriff mehr.
- Werten Sie die Protokolle aus, um zu sehen, ob bereits weitere Versuche stattgefunden haben und dabei unter Umständen bereits Daten eingesehen oder modifiziert wurden.
- Versuchen Sie über einen Reverse-DNS-Lookup die Domäne und damit den Ursprungsort des Angreifers zu ermitteln.
- Sperren Sie diesen Netzbereich nach der Beweisaufnahme am ISA-Server.
- Leiten Sie gegebenenfalls zivil- und strafrechtliche Schritte gegen den Angreifer ein.

StGB-Auszüge

§ 202a

(1) Wer unbefugt Daten, die nicht für ihn bestimmt und die gegen unberechtigten Zugang besonders gesichert sind, sich oder einem anderen verschafft, wird mit Freiheitsstrafe bis zu drei Jahren oder mit Geldstrafe bestraft.

(2) Daten im Sinne des Absatzes 1 sind nur solche, die elektronisch, magnetisch oder sonst nicht unmittelbar wahrnehmbar gespeichert sind oder übermittelt werden.

§ 303a

(1) Wer rechtswidrig Daten (§ 202a Abs. 2) löscht, unterdrückt, unbrauchbar macht oder verändert, wird mit Freiheitsstrafe bis zu zwei Jahren oder mit Geldstrafe bestraft.

(2) Der Versuch ist strafbar.

§ 303b

(1) Wer eine Datenverarbeitung, die für einen fremden Betrieb, ein fremdes Unternehmen oder eine Behörde von wesentlicher Bedeutung ist, dadurch stört, daß er

1. eine Tat nach § 303a Abs. 1 begeht oder
2. eine Datenverarbeitungsanlage oder einen Datenträger zerstört, beschädigt, unbrauchbar macht, beseitigt oder verändert,

wird mit Freiheitsstrafe bis zu fünf Jahren oder mit Geldstrafe bestraft.

(2) Der Versuch ist strafbar.

§ 303c

In den Fällen der §§ 303 bis 303b wird die Tat nur auf Antrag verfolgt, es sei denn, daß die Strafverfolgungsbehörde wegen des besonderen öffentlichen Interesses an der Strafverfolgung ein Einschreiten von Amts wegen für geboten hält.

Das Erkennen von Angriffen

7. Beschleunigung von Webzugriffen

Nachdem wir uns in den letzten Kapiteln ausgiebig mit dem Thema Sicherheit befasst haben, werden wir uns jetzt endlich auch dem zweiten Zweck des ISA-Servers, der Beschleunigung von Webzugriffen, widmen. Dies geschieht durch den im ISA-Server integrierten Cache, in dem alle Daten zwischengespeichert werden, die über den Server von Web- oder FTP-Servern angefordert werden. Jeder weitere Zugriff auf die gleichen Daten wird anschließend direkt aus dem Cache bedient, ohne dass eine erneute Übertragung vom Zielserver durchgeführt werden muss. Damit beschleunigt sich einerseits der Zugriff für die Anwender und wird andererseits die Menge der über die Verbindung zum Internet übertragenen Daten reduziert, was letztlich wiederum die Kosten für den Internetzugang reduziert. Dieses Kapitel ist in vier Abschnitte aufgeteilt:

- Konfiguration des ISA-Servers als Web- und FTP-Proxy
- Aktives Caching
- Verwaltung des Cache-Inhalts
- Konfiguration des Webbrowsers

7.1 Konfiguration des Proxy-Servers

Zunächst muss der ISA-Server so konfiguriert werden, dass er die Anfragen an externe Web- und FTP-Server nicht einfach routet, sondern abfängt und, in seiner Eigenschaft als Proxy, selbst an den Zielserver stellt. Dabei wird auch definiert, ob die Antworten der Server nur weitergeleitet oder, zur Beschleunigung folgender Zugriffe, auch im eigenen Cache gespeichert werden. Voraussetzung dafür ist allerdings, dass die Cache-Komponente bei der Installation des ISA-Servers mit ausgewählt wurde.

Aktivierung des ISA-Servers als Web-Proxy

Die Aktivierung des ISA-Servers als Web-Proxy erfolgt über die Eigenschaften des Serverobjekts im Container *Servers and Arrays*.

Beschleunigung von Webzugriffen

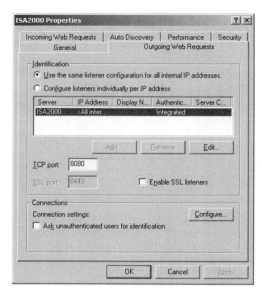

Einstellungen der IP-Adresse

Auf der Registerkarte *Outgoing Web Requests* nehmen Sie nun die notwendigen Einstellungen am ISA-Server vor. Zunächst geben Sie an, ob Sie die Einstellungen für jede IP-Adresse separat oder gesammelt für alle Adressen durchführen wollen. Wir haben in unserem Beispiel die globale Einstellung für alle Adressen gewählt. Separate Einstellungen nehmen Sie vor, wenn Sie stattdessen *Configure listeners individually per IP address* wählen. Alle anderen auf dieser Registerkarte eingetragenen Werte gelten für alle IP-Adressen.

Da der ISA-Server nur nach innen als Proxy sichtbar ist, können Sie die vorgegebenen Werte für den TCP-Port sowie den SSL-Port zwar ändern, doch diese Ports entsprechen dem Standard und können deshalb übernommen werden. Ansonsten muss der Webbrowser angepasst werden. Oft wird der SSL-Port dem für unverschlüsselte Kommunikation gleichgesetzt. Den Eintrag des SSL-Ports können Sie nur dann verändern, wenn Sie vorher das Kontrollfeld *Enable SSL listeners* aktiviert haben, was dann nötig ist, wenn die Anwender auf Webserver zugreifen, die verschlüsselt zum Anwender übertragen werden sollen. Damit die Verschlüsselung überhaupt funktioniert, müssen Sie dem ISA-Server allerdings vorher ein Zertifikat zur Verschlüsselung zuweisen.

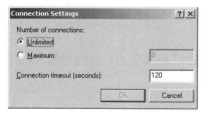

Verbindungsbeschränkungen

Konfiguration des Proxy-Servers

Über die Schalfläche *Configure* nehmen Sie bei Bedarf zwei Einstellungen für die Verbindungen vor. Unter *Number of connections* geben Sie die maximale Anzahl an Verbindungen an, die der ISA-Server zulässt. Wird dieses Maximum überschritten, lehnt der Server alle weiteren Anfragen seitens der Clients ab. Sinnvoll ist diese Einstellung, wenn Sie nur über beschränkte Bandbreite verfügen und es zu Verbindungsabbrüchen kommt oder sich die Anwender über langsame Zugriffszeiten beschweren. In der Standardeinstellung sind keine Grenzen gesetzt. Als zweite Einstellung geben Sie ein *Connection Timeout* an, nach dem eine Verbindung getrennt wird, wenn keine Daten mehr übertragen werden. In der Standardeinstellung erfolgt eine automatische Trennung nach zwei Minuten. Damit werden einerseits Ressourcen auf dem Server freigegeben und andererseits, sofern eine Begrenzung für die Anzahl der Verbindungen definiert ist, eine Verbindung für andere Anwender freigegeben.

Auch wenn der Webserver eigentlich keine Anmeldung des Anwenders verlangt, so kann es doch notwendig sein, die Identität des Anwenders festzustellen. Das ist zum Beispiel der Fall, wenn Filter anhand von Benutzerkonten definiert wurden. Aktivieren Sie dazu das Kontrollfeld *Ask unauthenticated users for identification*. Falls der ISA-Server keine Anmeldeinformationen erhält, wird der Anwender zunächst zur Anmeldung aufgefordert, bevor die Weiterleitung zum Webserver erfolgt.

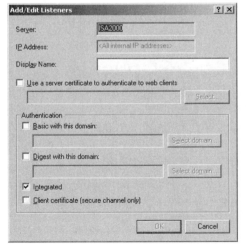

Verbindungsangaben

Unabhängig davon, ob Sie eine Konfiguration für alle Schnittstellen wünschen oder jede Schnittstelle einzeln konfigurieren wollen, wird über *Add* und *Edit* das gleiche Eingabefenster wie oben abgebildet angezeigt.

Geben Sie unter *Display Name* einen Namen ein, der klar die Funktion dieses Interface beschreibt, zum Beispiel *Public* für das Interface zum Internet, *Pri-*

vate für die Karte zum internen LAN und *DMZ* für die Karte zur Demilitarisierten Zone.

Falls Sie zuvor über *Enable SSL listeners* angegeben haben, dass der ISA-Server auch verschlüsselte Übertragungen zur Verfügung stellen soll, müssen Sie für die Schnittstellen, über die eine verschlüsselte Übertragung erfolgen soll, hier das Kontrollfeld *Use a server certificate to authenticate to web clients* aktivieren und danach über *Select* ein Zertifikat auswählen.

Im Feld *Authentication* schließlich bestimmen Sie, ob und wie die Anmeldung am ISA-Server (der für den Client den Webserver darstellt) erfolgen soll. Über *Basic with this domain* wird die Anmeldung im Klartext durchgeführt, geben Sie anschließend die Active Directory-Domäne an, an der die Anmeldung erfolgen soll. Alternativ können Sie auch *Digest with this domain* wählen und geben dort ebenfalls wieder die Active Directory-Domäne an. Eine Digest-Anmeldung setzt allerdings voraus, dass die Passwörter der Anwender im Active Directory mit umkehrbarer Verschlüsselung gespeichert werden. Diese Einstellung muss entweder für die gesamte Domäne oder für einzelne Konten vorgenommen werden. Für den Anwender transparent sind die beiden letzten Anmeldemethoden *Integrated*, bei der Client und Server das Anmeldeprotokoll selbst aushandeln und der Client die Anmeldeinformationen des Anwenders automatisch überträgt, und *Client certificate*, bei der der Client ein vom Anwender angegebenes Zertifikat, das die Benutzerkennung enthält, an den Server sendet. Letzteres kann allerdings nur dann verwendet werden, wenn die Übertragung über SSL gesichert wird.

Einstellung der Cache-Optionen

Nachdem wir den ISA-Server nun so konfiguriert haben, dass er alle Anfragen auf Webserver abfängt und zunächst versucht, diese aus seinem lokalen Cache zu bedienen, widmen wir uns jetzt den Einstellungen des Webcaches selbst. Um die Konfiguration durchzuführen, öffnen Sie zunächst die Eigenschaften des Containers *Cache Configuration*.

Der HTTP-Cache ist nach der Installation des ISA-Servers direkt aktiviert. Falls Sie diese Funktion nicht benötigen, deaktivieren Sie auf der Registerkarte *HTTP* das Kontrollfeld *Enable HTTP caching*.

Die im Cache zwischengespeicherten Objekte werden vom ISA-Server als nicht mehr aktuell betrachtet und verworfen, sobald die vom Webserver angegebene TTL (**Time To Live**) abgelaufen ist. In diesem Fall überprüft der ISA-Server bei einer erneuten Abfrage dieses Objekts zunächst, ob es verändert wurde. Dazu wird eine Verbindung zum Zielserver aufgebaut und die notwendigen Informationen werden übertragen. Nur bei noch nicht abgelau-

Konfiguration des Proxy-Servers

fener TTL wird das Objekt ohne weitere Überprüfung direkt an den Browser des Anwenders gesendet.

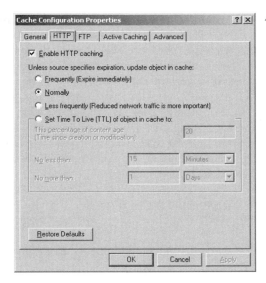

Allgemeine Einstellungen des Webcaches

Hat der Administrator des Webservers jedoch keine TTL angegeben, können wir am ISA-Server selbst bestimmen, ab wann ein Objekt als veraltet betrachtet wird. Dabei sind vier unterschiedliche Einstellungen möglich:

- *Frequently (Expire immideately)* – Nach Erhalt der Daten wird die TTL sofort auf 0 gesetzt und das Objekt als nicht mehr aktuell betrachtet. Jede weitere Anfrage dieses Objekts führt nun zunächst dazu, dass der ISA-Server eine Verbindung zum Zielserver öffnet und die benötigten Daten überträgt, bevor das Objekt schließlich zum Browser des Anwenders übertragen wird. Dadurch wird die Verbindung zum Internet stärker belastet, wobei aber die Daten, die dem Anwender geliefert werden, immer aktuell sind.

- *Normally* – In der Standardeinstellung wird seltener überprüft, ob die Objekte im Cache noch aktuell sind. Damit wird ein Ausgleich zwischen der Belastung der Internetverbindung sowie der Aktualität der an den Browser gelieferten Daten hergestellt.

- *Less frequently (Reduced network traffic is more important)* – Wenn die Verbindung zum Internet möglichst wenig belastet werden soll, wählen Sie diese Einstellung, in der nur selten überprüft wird, ob der Inhalt noch aktuell ist. Falls die Anwender vermuten, dass sich die Inhalte mittlerweile verändert haben, können sie über die Reload-Funktion ihres Browsers (über die Tastenkombination [Strg]+[R] beim Internet Explorer)

Beschleunigung von Webzugriffen

den ISA-Server anweisen, eine aktualisierte Version der Daten vom Zielserver anzufordern.

- **Set Time To Live (TTL) of object in cache to** – Diese Einstellung erlaubt eine exakte Vorgabe einer TTL, falls dem Ausgangsobjekt keine TTL mitgegeben wurde. Dazu wird zunächst ermittelt, wann dieses Objekt zuletzt verändert wurde. Dieses Alter kann jetzt als TTL verwendet werden oder Sie reduzieren das Alter, indem Sie nun den angegebenen Prozentsatz des Alters als TTL übernehmen. Der Standardwert liegt wie hier abgebildet bei 20 Prozent. Damit jetzt aber ein Objekt, das vor fünf Jahren erstellt wurde, nicht ein Jahr lang im Cache gehalten wird, geben Sie anschließend unter *No more than* die maximale TTL an sowie die minimale TTL unter *No less than*, damit Objekte, die vor einer Minute erstellt wurden, nicht binnen 12 Sekunden wieder verworfen werden.

Wenn Sie die vorgenommenen Einstellungen verwerfen und die Standardeinstellungen wiederherstellen wollen, klicken Sie auf *Restore Defaults*.

Auf der Registerkarte *FTP* sind die Möglichkeiten der Konfiguration etwas spartanischer ausgelegt. Das liegt daran, dass dieses Protokoll keine Informationen wie eine TTL unterstützt. Sie können über das Kontrollfeld *Enable FTP caching* lediglich angeben, ob Daten, die über dieses Protokoll übertragen werden, im Cache gehalten oder verworfen werden, sowie anschließend eine TTL für die übertragenen Objekte angeben. Auch hier können Sie über *Restore Defaults* die Standardwerte wieder zurücksetzen.

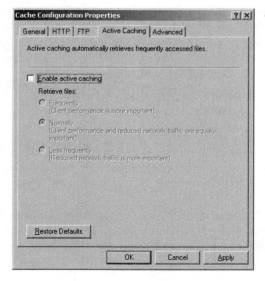

Einstellung des aktiven Caches

Konfiguration des Proxy-Servers

Die Einstellungen auf der Registerkarte *Active Caching* sollten Sie nur dann ändern, wenn Sie über eine Standleitung zum Internet verfügen oder die Verbindung über einen Pauschaltarif abgerechnet wird, da hier auch ohne Zugriffe der Anwender Verbindungen zu Webservern hergestellt werden.

Um die Antwortzeiten zu reduzieren, kann der ISA-Server den Cache aktualisieren, auch ohne dass ein Anwender ein spezielles Objekt angefordert hat. Wenn der Anwender dieses Objekt nun später anfordert, ist es mit größerer Wahrscheinlichkeit noch aktuell und muss vom Webserver nicht mehr angefordert werden, sondern kommt direkt aus dem Cache des ISA-Servers.

Aktivieren Sie zunächst das Kontrollfeld *Enable active caching* und wählen Sie dann aus, wie häufig der ISA-Server den Cache-Inhalt aktiv aktualisieren soll.

- *Frequently* – Ein Objekt wird auf Aktualität überprüft und bei Bedarf neu geladen, noch bevor die TTL abgelaufen ist. Diese Einstellung erzeugt die höchste zusätzliche Netzlast, sorgt aber für die bestmöglichen Antwortzeiten.

- *Normally* – Die Standardeinstellung liefert wieder ein ausgewogenes Verhältnis zwischen Netzwerklast und Aktualität der Cache-Einträge und damit der Antwortzeiten.

- *Less frequently* – Bei dieser Einstellung wird die Verbindung zum Internet am wenigsten belastet und die Wahrscheinlichkeit, dass ein vom Anwender angeforderter Eintrag veraltet ist und erst neu vom Webserver angefordert werden muss, ist am höchsten.

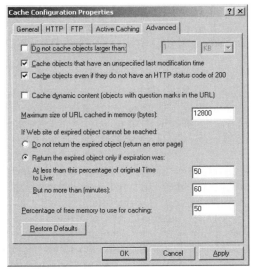

Erweiterte Einstellungen des Caches

Beschleunigung von Webzugriffen

Auf der Registerkarte *Advanced* werden weitere Einstellungen zum Cache vorgenommen. Zunächst können Sie das Kontrollfeld *Do not cache objects larger than* aktivieren und angeben, bis zu welcher Größe Objekte überhaupt im Cache gehalten werden. So würde bei einer Cachegröße von 500 MByte der Download von zwei größeren Dateien zum Beispiel schon den gesamten Cache belegen und alle anderen Einträge müssten verworfen werden. Diese Einstellung sollte dann vorgenommen werden, wenn für den Cache weniger als der empfohlene Speicherplatz zur Verfügung steht.

Wenn bei der Übermittlung eines Objekts nicht ermittelt werden kann, wann dieses Objekt zuletzt verändert wurde, kann die Berechnung einer TTL je nach Einstellung des ISA-Servers nicht durchgeführt werden. So hilft die Angabe eines Prozentsatzes auf der Registerkarte *HTTP* nicht viel, wenn der Ausgangswert nicht zur Verfügung steht. Wenn Sie diese Objekte nicht in den Cache aufnehmen wollen, deaktivieren Sie das Kontrollfeld *Cache objects that have an unspecified last modification time*.

Zu jeder Anfrage an einen Webserver liefert dieser zusätzlich zu den Daten auch immer einen so genannten Status Code zurück. Damit wird zum Beispiel angegeben, dass ein angefordertes Objekt nicht vorhanden ist, der Anwender keinen Zugriff auf das Objekt hat oder Ähnliches. Der Wert 200 steht für eine erfolgreiche Anfrage. Falls der Webserver zwar den angeforderten Inhalt liefert, die Anforderung aber mit einem anderen Code als 200 quittiert, kann ein Fehler aufgetreten sein oder der Webserver ist schlicht auf einen anderen Wert konfiguriert. Solange es nicht zu Problemen kommt, kann das Kontrollfeld *Cache objects even if they do not have an HTTP status code of 200* aktiviert bleiben und alle angeforderten Objekte werden unabhängig vom Status Code in den Cache übernommen.

Nicht alle Webseiten sind so auf den Servern gespeichert, wie sie an den Browser schließlich übertragen werden. Einige werden dynamisch generiert, sobald der Anwender sie aufruft. Diese dynamischen Seiten sind also beim nächsten Aufruf bereits wieder veraltet und müssen vom Webserver neu angefordert werden. Daher ist das Kontrollfeld *Cache dynamic content* in der Standardeinstellung auch deaktiviert. Nur wenn der Webserver nicht verfügbar ist, hat diese Einstellung noch einen Sinn, weil dann der letzte aktuelle Inhalt aus dem Cache übertragen werden könnte.

Um den Zugriff auf Webseiten noch weiter zu beschleunigen, hält der ISA-Server einen Teil des Caches zusätzlich im Arbeitsspeicher bereit, auf den bekanntlich bedeutend schneller zugegriffen werden kann als auf den Cache auf der Festplatte. Da die Größe dieses Caches allerdings begrenzt ist, gilt hier das Gleiche wie für die anfangs bei der Beschreibung dieser Registerkarte beschriebene Beschränkung der Größe für in den Cache aufzunehmende Objekte. Hier ist allerdings unter *Maximum size of URL cached in memory*

Konfiguration des Proxy-Servers

bereits ein Grenzwert gesetzt, der bei 12.800 Byte liegt. Größere Objekte werden nur in den Cache auf der Festplatte geschrieben und nicht im RAM gehalten. Wie viel RAM für den schnelleren Cache verwendet wird, definieren Sie im Feld *Percentage of free memory to use for caching*. In der Standardeinstellung wird 50 % des freien Speicherplatzes verwendet.

Wie bereits gesagt, versucht der ISA-Server bei der Anforderung eines Objekts aus dem Cache immer zunächst zu ermitteln, ob dieses Objekt noch aktuell ist. Ist die TTL des Objekts abgelaufen, stellt der ISA-Server eine Verbindung zum Zielserver her. Wenn der Zielserver nicht zur Verfügung steht, können wir nun entscheiden, wie der ISA-Server weiter verfährt. In der Standardeinstellung *Return the expired object only if expiration was* wird das veraltete Objekt aus dem Cache an den Browser weitergegeben, wenn die TTL höchstens um 50 Prozent beziehungsweise eine Stunde überschritten worden ist. Wird einer der beiden Werte überschritten, liefert der ISA-Server eine Fehlermeldung an den Browser zurück und zeigt an, dass der Zielserver nicht verfügbar ist.

Konfiguration des Speicherplatzes für den Cache

Die bereits bei der Installation angegebene Einstellung für den für Cache-Einträge zu verwendenden Speicherplatz ändern Sie bei Bedarf über den Container *Drives* unter *Cache Configuration*. Wählen Sie in diesem Container den Server aus, dessen Cache-Einstellungen verändert werden sollen.

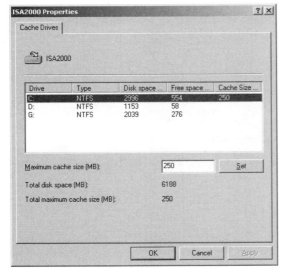

Verteilung des Caches auf die vorhandenen Laufwerke

Sie sehen nun die Aufstellung aller verfügbaren Laufwerke sowie den darauf verfügbaren Speicherplatz. Wenn im Feld *Cache Size* ein Wert eingetragen

Beschleunigung von Webzugriffen

ist, wird dieser für den Cache des ISA-Servers verwendet. Um die Einstellungen zu ändern, wählen Sie ein Laufwerk aus, geben Sie im Feld *Maximum cache size* den für den Cache zu verwendenden Speicherplatz ein und klicken Sie auf *Set*.

Einrichten von Cache-Arrays

Innerhalb von Unternehmen werden Web-Caches häufig zusammengeschaltet, um die Performance des Systems zu erhöhen. So verfügt zum Beispiel jede Abteilung über einen eigenen Web-Cache-Server. Kann dieser eine Anfrage nicht aus seinem Cache bedienen, leitet der diese Anfrage nun aber nicht direkt an den eigentlichen Webserver weiter, sondern an einen so genannten Upstream-Server. Dabei handelt es sich ebenfalls wieder um einen Web-Cache. Erst dieser stellt dann bei Bedarf eine Verbindung ins Internet her. So kann innerhalb des Unternehmens Bandbreite eingespart werden und nur der letzte Upstream-Server benötigt eine Anbindung ans Internet. Bei der Verbindung zwischen den Servern wird das Protokoll CARP (**C**ache **A**rray **R**outing **P**rotocol) verwendet.

Diese Konfiguration ist auch dann notwendig, wenn der Provider keinen direkten Webzugang bereitstellt, sondern ebenfalls einen Web-Proxy einsetzt, über den die Anfragen geleitet werden. Um die Umleitung der Anfragen auf einen Upstream-Server umzuleiten, öffnen Sie im Container *Network Configuration* unter *Routing* die Eigenschaften der entsprechenden Regel.

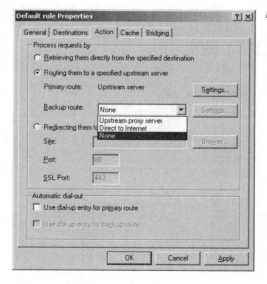

Definition eines Upstream-Servers

In der Standardeinstellung werden alle Anfragen vom ISA-Server direkt an den Zielserver weitergeleitet. Wählen Sie nun *Routing them to a specified*

Konfiguration des Proxy-Servers

upstream server, um die Umleitung zu aktivieren. Über die Schaltfläche *Settings* geben Sie dann den Server an.

Falls der Upstream-Server nicht verfügbar ist, kann eine Backup-Route angegeben werden. Dabei kann es sich wiederum um einen Upstream-Server handeln, der parallel zum ersten betrieben wird. Alternativ kann die Verbindung jetzt auch direkt zum Zielserver hergestellt werden. Ist auch das nicht gewünscht, versucht der ISA-Server, die Anfrage aus seinem lokalen, gegebenenfalls bereits veralteten Cache zu beantworten, und liefert ansonsten eine Fehlermeldung an den Browser zurück, dass die Verbindung nicht hergestellt werden kann.

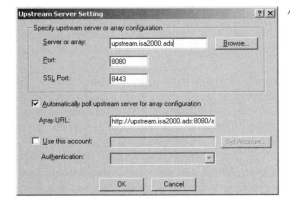

Angabe des Upstream-Servers

Über das Kontrollfeld *Settings* gelangen Sie zu dem oben abgebildeten Eingabefenster, in dem der Upstream-Server angegeben wird. Geben Sie hier den Hostnamen beziehungsweise die IP-Adresse des Servers an oder wählen Sie ihn über *Browse* aus. Geben Sie anschließend an, auf welchem TCP-Port und SSL-Port dieser Upstream-Server auf Anfragen als Proxy-Server reagiert.

Über das Kontrolfeld *Automatically poll upstream server for array configuration* geben Sie an, dass es sich bei dem Upstream-Server um das Mitglied eines Arrays handeln kann. In diesem Fall kann der ISA-Server Informationen über dieses Array anfordern und alle vorhandenen Server des Arrays nutzen. Aus dem angegebenen Namen des Servers wird der angezeigte URL des Arrays automatisch generiert. Sie können diese bei Bedarf aber anpassen.

Falls eine Anmeldung an diesem Server erforderlich ist, aktivieren Sie das Kontrollfeld *Use this account* und geben Sie anschließend einen Anmeldenamen und ein Passwort ein.

7.2 Automatischer Download von Webseiten

Wenn Sie genau wissen, dass Anwender bestimmte Webseiten regelmäßig besuchen, können Sie neben dem im letzten Abschnitt beschriebenen aktiven Caching noch einen Schritt weitergehen und komplette Websites zu bestimmten Zeiten in den Cache des ISA-Servers laden, auch ohne dass ein Anwender zuvor diese Seite angewählt hat.

Dieser Vorgang wird als Schedules Content Download bezeichnet. Von einer angegebenen Website wird regelmäßig der komplette Inhalt auf den ISA-Server in den Cache kopiert und damit dafür gesorgt, dass die Daten im besten Fall bereits aktuell sind, wenn der Anwender schließlich die entsprechenden Seiten anfordert. Jede Website wird dabei als einzelner Job konfiguriert.

Diese Jobs finden Sie ebenfalls wieder im Container *Cache Configuration*. Zum Erstellen eines solchen Jobs wählen Sie im Kontextmenü des Containers *Scheduled Content Download Jobs* den Eintrag *New Job* und geben Sie anschließend einen Namen für diesen Job ein. Am besten wählen Sie als Namen den URL der Webseite, die Sie downloaden möchten.

Als Nächstes geben Sie an, wann der Job zum ersten Mal ausgeführt werden kann. Wählen Sie entsprechend den Tag und die Uhrzeit aus.

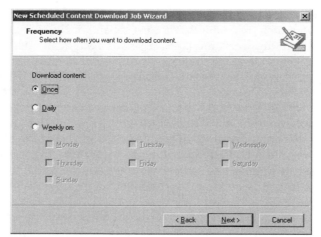

Angabe des Download Schedules

Auf der oben abgebildeten Seite definieren Sie nun das eigentliche Schedule, die Wiederholung des Downloads. Wenn die Seiten nur einmalig heruntergeladen werden sollen, wählen Sie die Standardeinstellung *Once* und der Job wird nach der Ausführung zur zuvor angegebenen Zeit nicht wieder ausge-

Automatischer Download von Webseiten

führt. Über die Einstellung *Daily* wird der Download täglich ausgeführt, und zwar immer zu der Zeit, die Sie zuvor angegeben haben.

Als letzte Option kann der Download über *Weekly on* auch in einem wöchentlichen Rhythmus durchgeführt werden, und zwar an den Tagen, die Sie im Anschluss markieren. Die Uhrzeit entspricht wieder der angegebenen Zeit des ersten Downloads.

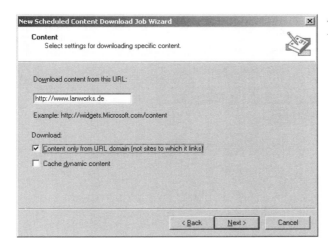

Angabe der beim Download zu übertragenden Daten

Nachdem Sie jetzt bereits angegeben haben, wann der Download jeweils durchgeführt werden soll, müssen Sie dem ISA-Server im nächsten Schritt natürlich auch noch vorgeben, was er überhaupt in seinen lokalen Cache übertragen soll.

Geben Sie als Erstes den URL der Website an, die übertragen werden soll. Falls die komplette Site zu viele Daten beinhaltet, schränken Sie den Download weiter ein, indem Sie dahinter noch über die Angabe von Verzeichnissen den Bereich einschränken.

Da Webseiten in den meisten Fällen über Links miteinander verbunden sind, werden beim Download grundsätzlich auch alle Seiten mit einbezogen, auf die die ausgewählte Startseite verweist. Da solche Links aber auch auf andere Websites verweisen können und darüber schließlich fast das komplette World Wide Web miteinander verbunden ist, wird die entsprechende Datenmenge doch recht groß ausfallen. Sie müssen daher überlegen, wie Sie diese Datenmenge sinnvoll begrenzen. Eine der Möglichkeiten, die in der Standardeinstellung auch bereits aktiviert ist, finden Sie an dieser Stelle. Solange das Kontrollfeld *Content only from URL domain* aktiviert ist, verfolgt der ISA-Server beim Download keine Links, die auf einen anderen URL, also eine andere Website, verweisen.

Beschleunigung von Webzugriffen

Nicht alle Inhalte auf Webseiten sind statisch, sondern werden dynamisch in dem Moment erstellt, in dem der Anwender – oder in unserem Fall der ISA-Server – sie abfragt. Diese Informationen können zwar in den Cache aufgenommen werden, müssen aber bei jeder Anfrage durch den Anwender wieder aktualisiert werden. Damit ist der Vorteil des Downloads wieder hinfällig und wir haben zusätzlich Zeit und Bandbreite verschwendet. Aus diesem Grund ist die Einstellung *Cache dynamic content* zunächst auch deaktiviert. Die Aktivierung dieser Option ist nur dann sinnvoll, wenn Sie wissen, dass der ISA-Server zu bestimmten Zeiten keine Verbindung zum Internet herstellt. In diesem Fall bekommen die Anwender den im Cache gehaltenen dynamisch erzeugten Inhalt angezeigt statt einer Fehlermeldung, dass der Webserver nicht erreicht werden kann.

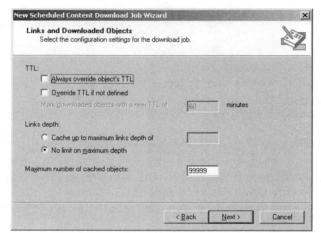

Erweiterte Einstellungen zum Download

Jeder Administrator kann für seine Website selbst festlegen, wie lange Clients oder Proxy-Server die von diesem Server geladenen Objekte im Cache halten. Dazu definiert er die so genannte **T**ime **t**o **L**ive (TTL), die in Minuten angegeben eben genau diese Zeit definiert. Nach Ablauf dieser Zeit wird die Datei als veraltet betrachtet.

Bei einer aktiven Art des Cachings, wie wir es hier durchführen, soll der Inhalt aber unter Umständen überhaupt nicht als veraltet betrachtet, sondern direkt einem Client zur Verfügung gestellt werden. Dabei erweist sich die vom Webserver gesetzte TTL aber als hinderlich, weshalb der ISA-Server hier die Möglichkeit bietet, diese TTL zu überschreiben. Eine vom Webserver gesetzte TTL kann verändert werden, was in unserem Fall in der Regel eine Verlängerung bedeutet, indem Sie das Kontrollfeld *Always override object's TTL* aktivieren und anschließend eine Zeit in Minuten für die TTL angeben.

Falls keine TTL vom Webserver angegeben wurde, verwendet der ISA-Server seine Standard-TTL, die allerdings für die bei diesem Download in den Cache übernommenen Daten ebenfalls wieder überschrieben werden kann. Aktivieren Sie dazu das Kontrollfeld *Override TTL if not defined* und geben Sie dann die neue TTL in Minuten ein.

Wie bereits beschrieben, sind einzelne Webseiten in der Regel mit anderen über Hyperlinks verbunden. Dadurch wird die Menge der Daten sehr groß, die bei einem Download übertragen werden muss, da auch der ISA-Server diesen Links folgt und alle so verbundenen Seiten in seinen Cache lädt. Neben der Beschränkung der Links auf den URL des Startservers kann auch eine maximale Tiefe angegeben werden, in der solche Links verfolgt werden. In der Standardeinstellung *No limit on maximum depth* folgt der ISA-Server allen Links ohne eine Beschränkung. Wählen Sie aber stattdessen die Einstellung *Cache up to maximum links depth of* und geben Sie anschließend einen Höchstwert ein, folgt der ISA-Server von der Startseite aus nur so vielen Verknüpfungen wie angegeben. Auf der letzten Seite angekommen werden alle Links ignoriert, die Seite wird lediglich in den Cache übernommen. Anschließend geht der ISA-Server wieder eine Seite zurück und lädt den nächsten Link.

Die dritte Möglichkeit, die Menge der zu übertragenden Dateien zu beschränken, ist die Angabe der maximalen Anzahl der Objekte, die beim Download in den Cache übertragen werden sollen. Dieses Limit kann nicht deaktiviert werden, der Wert, der unter *Maximum number of cached objects* eingetragen ist, ist mit 99.999 aber so hoch, dass er praktisch keine Begrenzung darstellt.

Falls Sie einen Download-Job einmal deaktivieren wollen, können Sie dies entweder über den Eintrag *Disable* im Kontextmenü des Jobs durchführen oder Sie öffnen die Eigenschaften des Jobs und deaktivieren auf der Registerkarte *General* das Kontrollfeld *Enable*.

7.3 Konfiguration des Browsers

Nachdem der ISA-Server jetzt so konfiguriert ist, dass er die Anfragen der Clients möglichst schnell und effizient beantwortet, muss der Browser selbst nun noch so konfiguriert werden, dass er alle Daten auch über den ISA-Server anfordert. Dies kann entweder manuell oder automatisch geschehen.

Automatische Konfiguration über den ISA-Server

Wenn auf der Client-Workstation der ISA-Server-Firewall-Client installiert wird, holt sich dieser vom Server automatisch die notwendigen Informati-

Beschleunigung von Webzugriffen

onen zur Konfiguration. Zusätzlich kann auch der Webbrowser direkt mit Konfigurationsinformationen versehen werden.

Das **W**eb **P**roxy **A**uto **D**iscovery Protocol (WPAD) erlaubt die Konfiguration des Clients über eine standardisierte Abfrage. Öffnen Sie dazu die Eigenschaften des ISA-Servers und wählen Sie die Registerkarte *Auto Discovery*.

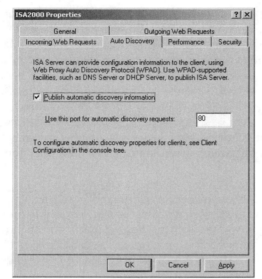

Aktivierung der Auto Discovery-Funktion

Aktivieren Sie zunächst das Kontrollfeld *Publish automatic discovery information* und geben Sie anschließend einen Port ein, auf dem die Informationen abgefragt werden. Dies ist in der Standardeinstellung der Port 80. Diese Einstellung wird im späteren Verlauf der Konfiguration noch benötigt, um dem Client mitteilen zu können, an welchen Server und Port er die Anfrage zur automatischen Konfiguration richten soll.

Definition der Werte zur Übergabe an den Browser

Als Nächstes definieren Sie jetzt die Werte, die bei der automatischen Konfiguration an den Webbrowser übergeben werden. Öffnen Sie dazu im Container *Client Configuration* die Eigenschaften des Eintrags *Web Browser*.

Aktivieren Sie auf der Registerkarte *General* das Kontrollfeld *Configure Web browser during Firewall client setup* und geben Sie danach den Namen des Proxy-Servers ein. Der Port wird automatisch aus der Konfiguration des Servers übernommen, eine Fehlkonfiguration durch eine versehentlich falsche Übernahme der Daten wird somit verhindert.

Konfiguration des Browsers

Konfiguration des Webbrowsers über den Firewall-Client

Der Webbrowser kann nun automatisch die Einstellung für den Proxy-Server vom ISA-Server beziehen. Aktivieren Sie dazu das Kontrollfeld *Automatically discover settings*. Hier kommt wieder das WPAD-Protokoll zum Einsatz. Alternativ können Sie auch einen URL vorgeben, über den der Browser die Konfiguration vom ISA-Server abruft. Aktivieren Sie dazu das Kontrollfeld *Set Web browser to use automatic configuration script* und passen Sie bei Bedarf den automatisch generierten URL an, indem Sie statt *Use default URL* die Option *Use custom URL* wählen und dann den neuen Pfad angeben.

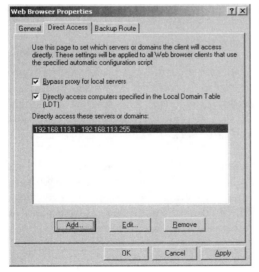

Angabe der Adressen, die direkt und nicht über den Proxy angesprochen werden

Beschleunigung von Webzugriffen

Einige Webserver sind unter Umständen im gleichen Netzwerk wie der Client selbst untergebracht beziehungsweise befinden sich vor der Firewall und dem Web-Proxy. Auf diese Systeme kann der Browser natürlich auch zugreifen, ohne die Verbindung über den ISA-Server herzustellen. In diesem Fall kann in der Konfiguration des Browsers ein Eintrag vorgenommen werden, in dem alle Systeme aufgelistet sind, die unter Umgehung des ISA-Servers direkt zu erreichen sind. Aktivieren Sie das Kontrollfeld *Bypass proxy for local servers* und alle Computer innerhalb des internen Netzwerks werden direkt angesprochen. Über *Directly access computers specified in the Local Domain Table* werden auch alle Domänen aus der am ISA-Server erstellten LDT in diese Liste aufgenommen. Bei Bedarf können Sie noch weitere Adressbereiche manuell hinzufügen.

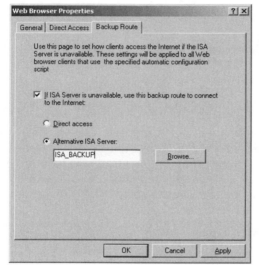

Angabe einer alternativen Route

Für den Fall, dass der ISA-Server ausgefallen ist, steht dem Browser zunächst keine alternative Verbindung ins Internet zur Verfügung und der Anwender bekommt eine Fehlermeldung angezeigt. Um dies zu umgehen, kann eine solche alternative Route aber bereits vom ISA-Server vorgegeben werden. Dies wird über die Registerkarte *Backup Route* konfiguriert.

Falls der Browser bei Ausfall des ISA-Servers einen Ersatz-Server nutzen soll, aktivieren Sie das Kontrollfeld *If ISA Server is unavailable use this backup route to connect to the internet,* wählen Sie die Option *Alternative ISA Server* aus und geben Sie anschließend den Namen des Ersatz-Servers an oder wählen Sie ihn über *Browse* aus.

Steht kein Ausweichserver zur Verfügung, kann der Client immer noch eine direkte Verbindung zum Zielserver herstellen. Wählen Sie dazu die Option

Konfiguration des Browsers

Direct access. Das setzt allerdings voraus, dass die entsprechenden Ports am ISA-Server geöffnet sind.

Automatische Konfiguration über DNS und DHCP

Wenn die Konfiguration des Webbrowsers nicht automatisch durch den Firewall-Client durchgeführt werden kann, weil eben dieser überhaupt nicht verwendet wird, besteht trotzdem die Möglichkeit, eine automatische Konfiguration durchzuführen. Dazu kann entweder DNS oder DHCP verwendet werden.

DNS

Der Webbrowser versucht, bei aktivierter Auto-Konfiguration einen Server mit dem Namen WPAD (**W**eb **P**roxy **A**uto **D**iscovery) zu finden, und stellt eine entsprechende Anfrage an seinen DNS-Server.

Erstellen Sie im DNS-Server in der gewünschten Zone einen neuen Alias-Eintrag, indem Sie in der DNS-Verwaltung im Kontextmenü der entsprechenden Zone den Eintrag *New Alias* wählen.

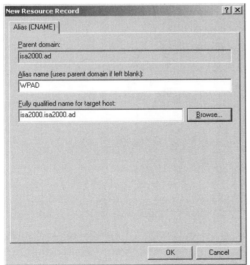

Erstellen eines Alias-Eintrags für den ISA-Server

Geben Sie als *Alias name* „WPAD" ein und wählen Sie anschließend über *Browse* den ISA-Server aus, von dem der Browser seine Autokonfiguration beziehen soll.

227

DHCP

Alternativ zum DNS können die Informationen zur automatischen Konfiguration auch per DHCP übermittelt werden. Dies ist allerdings nur dann möglich, wenn der Client seine IP-Adresse auch per DHCP bezieht.

Öffnen Sie die DHCP-Verwaltung und wählen Sie im Kontextmenü des DHCP-Servers den Eintrag Set *Predefined Options*. Über die Schaltfläche *Add* fügen Sie jetzt einen neuen Eintrag hinzu.

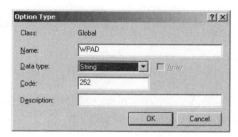

Einrichten einer neuen DHCP-Option

Geben Sie als Namen für die neue Option „WPAD" ein und wählen Sie als *Data Type* den Eintrag *String* aus. Als *Code* für die Option geben Sie anschließend „252" an.

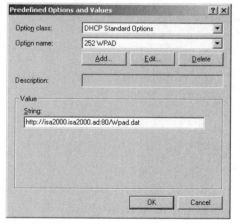

Vorgabe eines Werts für die neue DHCP-Option

Stellen Sie jetzt sicher, dass unter *Option name* die neue Option *252 WPAD* ausgewählt ist und geben Sie im Feld *String* anschließend den URL des ISA-Servers an, dazu den Port, auf dem die Anfrage für die Autokonfiguration durchgeführt wird, und anschließend den Namen der Konfigurationsdatei *Wpad.dat*.

Bekommt ein Client jetzt per DHCP eine IP-Adresse zugewiesen, wird die neue Option ebenfalls übertragen, die anschließend vom Browser übernommen und ausgewertet werden kann.

Konfiguration des Internet Explorer

Wenn die Konfiguration für den Browser nicht automatisch über den Firewall-Client übergeben werden kann, muss die Einstellung manuell erfolgen. Dabei kann der Internet Explorer entweder komplett von Hand konfiguriert werden oder aber er wird nur so weit vorkonfiguriert, dass das Programm die exakten Einstellungen vom ISA-Server abrufen kann. Die hier gezeigte Konfiguration bezieht sich auf den Internet Explorer 5.5 und kann in anderen Versionen leicht abweichen.

Wählen Sie dazu aus der Menüleiste des Internet Explorer *Tools* und dort *Internet Options*. Auf der Registerkarte *Connections* klicken Sie nun auf *LAN Settings*.

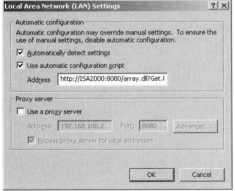

Konfiguration der Proxy-Einstellungen im Internet Explorer

Der Webbrowser kann nun automatisch die Einstellung für den Proxy-Server vom ISA-Server selbst beziehen. Aktivieren Sie dazu das Kontrollfeld *Automatically discover settings*. Hier kommt wieder das WPAD-Protokoll zum Einsatz. Alternativ können Sie auch einen URL vorgeben, über den der Browser die Konfiguration vom ISA-Server abruft. Aktivieren Sie dazu das Kontrollfeld *Use automatic configuration script* und geben Sie den zuvor eingestellten URL an.

Damit sich manuelle und automatische Konfiguration nicht widersprechen können, sollten Sie die automatische mit der manuellen Konfiguration über *Use a proxy server* niemals zusammen aktivieren.

7.4 Verwalten der Inhalte im Proxy-Cache

Gelegentlich ist es nötig, den Inhalt des Caches einzusehen, sei es, um festzustellen, welche Inhalte übermäßig viel Platz belegen, oder um Probleme zu beheben. So kann zum Beispiel der Inhalt des Caches beschädigt worden sein und der ISA-Server daraufhin keine brauchbaren Inhalte mehr an die Browser liefern.

Da der Cache selbst direkt auf der Festplatte nicht eingesehen werden kann, müssen wir auf ein Utility zurückgreifen, das wir direkt nach der Installation von Hand in das ISA-Server-Programmverzeichnis kopiert haben – CacheDir. Starten Sie dieses Programm nun und alle notwendigen Informationen werden sofort aus dem Cache ausgelesen. Dieser Vorgang kann eine Weile dauern, währenddessen Sie das Tool aber bereits aktiv nutzen können.

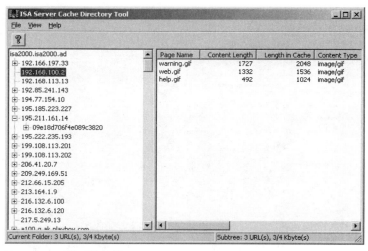

Verwaltungsutility CacheDir

Im linken Fenster sehen Sie alle URLs, deren Inhalte im ISA-Server-Cache zwischengespeichert sind. Im rechten Fenster werden die einzelnen Objekte angezeigt sowie folgende Zusatzinformationen:

- *Page Name* – Name des Objekts

- *Content Length* – Größe des Objekts

- *Length in Cache* – Tatsächlicher Speicherverbrauch des Objekts im Cache. Der Cache ist in 512 Byte große Blöcke unterteilt. Ein Objekt belegt dabei immer komplette Blöcke, der belegte Speicher wird daher immer auf die nächsten vollen 512 Byte aufgerundet.

Verwalten der Inhalte im Proxy-Cache

- **Content Type** – MIME-Typ ders Objekts gemäß der Kennung im HTTP-Header
- **Expires** – TTL des Objekts, dabei wird die absolute Ablaufzeit angezeigt.
- **Last Modified** – Zeit der letzten Änderung des Objekts. Dieser Wert kann bei Bedarf verwendet werden, um eine TTL für das Objekt zu berechnen.
- **Age** – Alter des Objekts im Cache
- **Protocol** – Gibt das für die Übertragung verwendete Protokoll (HTTP oder FTP) an.
- **Port #** – Der Port, von dem das Objekt übertragen wurde.
- **# of Fragments** – Anzahl der einzelnen Teile, in denen das Objekt im Cache gespeichert ist.
- **Disk Index** – Nummer des Laufwerks, auf dem das Objekt gespeichert ist. Tritt ein Fehler bei Objekten im Cache auf und haben alle Objekte den gleichen Disk-Index, lässt dies Rückschlüsse auf einen Fehler des Laufwerks zu.

Sie können durch die einzelnen URLs beliebig navigieren und sehen dabei in der Statusleiste am unteren Rand die Größe des Ordners sowie die Anzahl der Objekte. Wenn Sie den Server selbst auswählen, wird auch die Belegung des Caches absolut in KByte sowie in Prozent angezeigt.

Soll ein Eintrag oder ein kompletter Teilbaum aus dem Cache entfernt werden, wählen Sie im Kontextmenü dieses Eintrags *Mark as Obsolete*, woraufhin das Objekt und alle Unterobjekte sofort aus dem Cache entfernt werden.

Beschleunigung von Webzugriffen

8. Lastverteilung und Ausfallsicherheit

Wenn der ISA-Server die einzige Verbindung zum Internet darstellt und dies von den Anwendern häufig genutzt wird, bedeutet ein Ausfall dieses Servers, dass viele Anwender ihrer Arbeit nicht mehr in vollem Umfang nachgehen können. Hier muss daher dafür gesorgt werden, dass ein alternativer Zugang geschaffen wird, der als Ersatz für den ersten Server dient. Folgende Möglichkeiten stehen dabei zur Verfügung:

- Erstellen einer Backup-Verbindung
- Verschiedene Methoden der Lastverteilung
- Ausfallsicherheit

8.1 Ausfall eines Upstream-Proxy-Servers

Der am einfachsten zu umgehende Ausfall eines Systems ist der eines Upstream-Proxy-Servers. Ein solcher Server kommt zum Einsatz, wenn entweder der Provider für seine Kunden keinen direkten Zugang zu Web- und FTP-Servern zur Verfügung stellt, sondern den Weg über einen bei ihm installierten Proxy-Server, eben dem Upstream-Proxy, vorschreibt oder innerhalb des Unternehmens nur ein zentraler Server direkten Internetzugang hat und alle Anfragen über diesen Server geleitet werden. Falls dieser Server nicht verfügbar oder die Verbindung dorthin gestört ist, können Sie einen alternativen Zugang zum Zielserver auswählen.

Diese sekundäre Verbindung definieren Sie über das Routing des ISA-Servers. Öffnen Sie dazu im Container *Network Configuration* unter *Routing* den Eintrag, für den Sie eine alternative Verbindung einrichten wollen. In den *Eigenschaften* dieses Eintrags nehmen Sie die notwendigen Einstellungen auf der Registerkarte *Action* vor.

Solange Sie die Standardeinstellung *Retrieve them directly from the specified destination* beibehalten, versucht der ISA-Server immer, eine direkte Verbindung zum Zielserver herzustellen. Haben Sie dagegen über *Routing them to a specified upstream server* einen Upstream-Proxy-Server angegeben, kann eine

Lastverteilung und Ausfallsicherheit

Backup-Route definiert werden. Geben Sie dazu unter *Primary route* den Namen sowie die nötigen Anmeldeinformationen und Ports für den Upstream-Proxy-Server an, an den alle Anfragen an Web- und FTP-Server weitergeleitet werden.

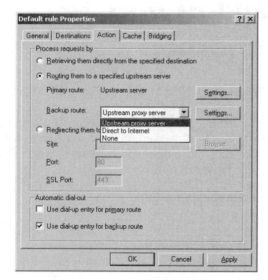

Konfiguration einer alternativen Route

Falls dieser Upstream-Server ausfällt, kann unter *Backup route* ein alternativer *Upstream proxy server* angegeben werden, an den die Anfragen im Fall einer Störung des ersten Servers weitergeleitet werden. Falls ein solcher alternativer Server nicht existiert, können Sie über *Direct to Internet* auch ohne einen weiteren Proxy-Server unmittelbar an den Zielserver senden.

Sollte kein alternativer Server zur Verfügung stehen und es ist in Betracht zu ziehen, dass die primäre Netzwerkverbindung gestört werden kann, tragen Sie unter *Backup route* denselben Server ein wie unter *Primary route* und aktivieren Sie anschließend das Kontrollfeld *Use dial-up entry for backup route*.

Nachteile der Backup-Route

Diese Funktion kann nur dann verwendet werden, wenn ein Upstream-Proxy-Server verwendet wird, und bietet auch nur einen Ersatz für Zugriffe auf Web- und FTP-Server. Die Backup-Route über eine Wählleitung kann nur dann verwendet werden, wenn es sich bei der primären Route um eine über die Netzwerkkarte angeschlossene Verbindung handelt.

8.2 DNS-Round-Robin

DNS-Round-Robin ist die günstigste Methode, eine Lastverteilung auf mehrere ISA-Server durchzuführen. In unserem Beispiel haben wir zwei ISA-Server installiert, *isa2000* mit der IP-Adresse 192.178.100.2 und *isa2000backup* mit der Adresse 192.168.100.3 als Reserve-Server. Zusätzlich wurde für beide IP-Adressen ein DNS-Eintrag *proxy* erstellt. Dieser doppelte Eintrag wird vom DNS-Server erkannt, was die Basis für das eigentliche Round-Robin-Verfahren ist. Sobald ein Client jetzt die IP-Adresse für den Computer *proxy.isa2000.ad* beim DNS-Server anfragt, gibt dieser im Wechsel eine der beiden Adressen als Antwort zurück.

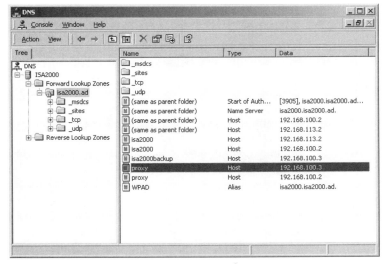

Doppelte DNS-Alias-Einträge für DNS-Round-Robin

Erstellen der DNS-Einträge

Öffnen Sie – auf dem DNS-Server – unter *Administrative Tools* die Konsole DNS. Erweitern Sie die Ansicht für den gewünschten DNS-Server und wählen Sie im Kontextmenü der Domäne, in der der neue Eintrag erstellt werden soll, *New Host*.

Tragen Sie unter *Name* den alternativen Hostnamen des ISA-Servers ein. Sie brauchen nicht den vollen Namen einzutragen (*proxy.isa2000.ad*), wenn Sie den Host in der Domäne anlegen, zu der er gehört. Anschließend geben Sie die IP-Addresse des ersten ISA-Servers an. Klicken Sie anschließend auf *Add Host* und geben Sie dann für den gleichen Namen die IP-Adresse des zweiten ISA-Servers ein. Auch hier wird die Eingabe über *Add Host* abgeschlossen. *Done* schließt die Eingabemaske und verwirft die aktuellen Einträge.

Lastverteilung und Ausfallsicherheit

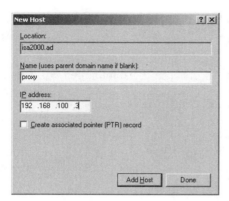

Eingabemaske für einen neuen DNS-Host-Eintrag

Nachteile einer statischen Lastverteilung

Mit diesem Verfahren wird eine statistische Lastverteilung erreicht, etwa die Hälfte aller Anfragen landet also beim ersten Server, der Rest beim zweiten. Eine „echte" Lastverteilung kann hier nicht erfolgen, da der DNS-Server nichts über den Zustand der Computer weiß.

Dass die Lastverteilung nicht optimal arbeitet, lässt sich noch verschmerzen, schließlich entstehen bei dieser Lösung keine weiteren Kosten wie bei im Anschluss vorgestellten Konzepten. Problematisch wird diese Methode jedoch, sobald einer der ISA-Server ausfällt. Auch über diese Informationen verfügt der DNS-Server nicht, weshalb er auf eine Anfrage des Clients eine IP-Adresse liefert, die überhaupt nicht erreichbar ist, woraufhin der Verbindungsversuch natürlich fehlschlägt. Da der Client selbst die verwendete IP-Adresse in einem lokalen Cache speichert, bringt auch der folgende Aufruf wieder den gleichen Fehler hervor. Lediglich ein Löschen des lokalen DNS-Cache über das Kommando *ipconfig /flushdns*, worauf eine neue Anfrage zur Namensauflösung an den DNS-Server gesendet wird, kann helfen. Dies ist aber auch nur dann möglich, wenn der DNS-Server in der Zwischenzeit nicht bereits eine weitere Anfrage auf diesen Hostnamen von einem anderen Client beantwortet hat, der dann die IP-Adresse des noch funktionierenden Servers erhalten hat.

8.3 Windows 2000-Load-Balancing

Eine intelligente Lastverteilung, die nicht nur darauf beruht, die Anwender im Wechsel auf einen anderen ISA-Server zu leiten, bietet das Network Load Balancing von Windows 2000 ab dem Advanced Server. Dabei werden bis zu 32 Server zu einem so genannten Load Balancing Cluster zusammengefügt, der von außen über eine gemeinsame virtuelle IP-Adresse angesprochen wird und somit wie ein einziger Computer erscheint.

Diese Komponente wird bei der Windows 2000-Installation bereits mit installiert, ist aber zunächst deaktiviert. Sie aktivieren und konfigurieren die Funktion für jede Netzwerkverbindung einzeln und können so entweder für die internen oder die externen Schnittstellen eine Lastverteilung implementieren, wobei die Funktion exklusiv zu verwenden ist. Wenn Sie das Network Load Balancing für eine Netzwerkkarte aktivieren, wird es auf allen anderen Karten deaktiviert.

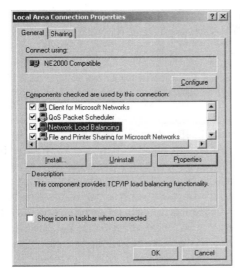

Aktivierung des Network Load Balancing für eine Schnittstelle

Öffnen Sie unter den Eigenschaften von *My Network Places* die Eigenschaften der gewünschten Verbindung und aktivieren Sie das *Network Load Balancing*. Falls Sie diese Komponente nicht installiert oder bereits wieder entfernt haben, wählen Sie *Install* und fügen Sie über den Bereich *Service* anschließend die Komponente wieder hinzu. Danach beginnen Sie über *Properties* mit der Konfiguration.

Auf der Registerkarte *Cluster Parameters* geben Sie unter *Primary IP address* die virtuelle IP-Adresse des Load Balancing Clusters ein. Achten Sie darauf, dass diese Adresse keiner anderen Netzwerkkarte zugewiesen wird, sondern nur bei den anderen Servern des Clusters an der gleichen Stelle eingetragen wird. Außerdem wird die *Subnet mask* für die Adresse benötigt.

Im Feld *Full Internet name* geben Sie den Namen des Load Balancing-Clusters an. Auch dieser Name muss auf allen Servern des Clusters gleich lauten. Außerdem muss eine Namensauflösung über DNS möglich sein.

Lastverteilung und Ausfallsicherheit

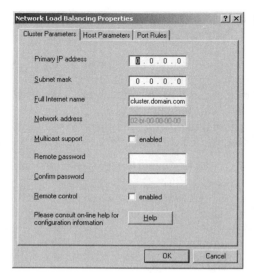

Definition des Load Balancing-Clusters

Damit alle Server des Clusters auf eine Verbindungsanfrage reagieren können, muss nicht nur die virtuelle IP-Adresse auf allen Computern identisch sein. Damit ein Datenpaket zugestellt werden kann, muss zu der IP-Adresse die zugehörige physische Adresse der Netzwerkkarte (die MAC-Adresse) ermittelt werden. Diese Adresse wird bei der Herstellung der Karte fest eingebrannt, kann aber später durch die Netzwerktreiber überschrieben werden, solange der Computer nicht neu gestartet wird. Für alle Netzwerkkarten, für die das Load Balancing aktiviert ist, wird diese MAC-Adresse auf den gleichen Wert gesetzt der aus der IP-Adresse des Clusters berechnet wird. Falls die Übertragung von Daten an den Load Balancing Cluster auch über Multicast-Pakete erfolgen soll, was zum Beispiel bei einigen Streaming Media-Formaten der Fall ist, setzen Sie den *Multicast support* auf *enabled*.

Für die Fernverwaltung eines Clusters kann das Programm *Wlbs.exe* eingesetzt werden. Damit können Informationen von den Servern des Clusters abgefragt und einige Parameter gesetzt werden. Falls Sie diese Funktion der Fernverwaltung nutzen wollen, aktivieren Sie das Kontrollfeld *enabled* in der Zeile *Remote control*. Da jetzt allerdings jeder die Verwaltung über *Wlbs.exe* durchführen kann, setzen Sie im Feld *Remote password* ein Passwort, das für den Zugriff eingegeben werden muss, und wiederholen Sie dieses Passwort im Feld *Confirm password*. Falls das Load Balancing auf den internen Schnittstellen des ISA-Servers durchgeführt wird, kann die Funktion *Remote Control* relativ gefahrlos aktiviert werden. Für externe Schnittstellen zum Internet besteht hier natürlich die Gefahr, dass ein Angreifer die Kontrolle über den Load Balancing-Cluster übernimmt und Server für Server deaktiviert.

Windows 2000-Load-Balancing

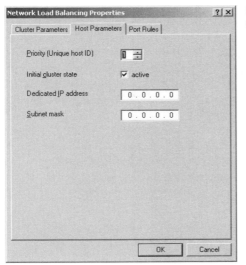

Konfiguration der Adressen für das lokale Interface

Über die Registerkarte *Host Parameters* nehmen Sie allgemeine Einstellungen für diesen Computer innerhalb des Load Balancing-Clusters vor. Falls ein System innerhalb des Clusters ausfällt, muss ein anderer Server dessen Arbeit übernehmen. Welcher Server das ist, bestimmen Sie, indem Sie unter *Priority* einen Wert angeben, der den Server bestimmt, der die Last übernimmt. Wenn Sie diesen Wert, der von 1 bis 32 gesetzt werden kann, auf 1 lassen, übernimmt dieser Server, zusammen mit allen anderen mit der gleichen Priorität, die Last. Dies ist allerdings nur eine allgemeine Einstellung, die für einzelne Ports überschrieben werden kann.

Beim Start des Windows 2000-Servers arbeitet das System in der Standardeinstellung sofort im Cluster. Falls Sie das nicht wünschen, deaktivieren Sie das Kontrollfeld *active* in der Zeile *Initial cluster state*. Sie können die Load Balancing-Cluster-Funktion anschließend in der Eingabeaufforderung über das Kommando *wlbs start* manuell starten beziehungsweise über *wlbs stop* auch wieder beenden.

Anschließend geben Sie noch die einer Netzwerkkarte auf diesem Server direkt zugewiesene IP-Adresse und Subnetzmaske an, auf die der über die virtuelle IP-Adresse laufende Netzwerkverkehr umgeleitet werden soll.

Nachdem Sie bereits allgemein angegeben haben, mit welcher Priorität dieser Server Anfragen von Clients innerhalb des Clusters übernimmt, können Sie nun auf der Registerkarte *Port Rules* genauer definieren, welche Ports mit welcher Priorität behandelt werden. Dazu werden jeweils Regeln definiert, indem Sie auf der Registerkarte die gewünschten Werte einstellen und dann abschließend über *Add* diese Werte als Regel hinzufügen.

Lastverteilung und Ausfallsicherheit

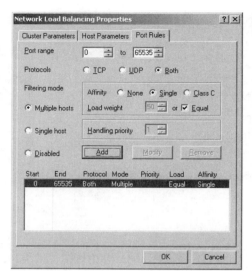

Spezielle Einstellungen des Load Balancing

Unter *Port range* geben Sie den Port beziehungsweise den Bereich an, für den diese Regel gilt. Anschließend wählen Sie das verwendete Transportprotokoll *TCP*, *UDP* oder *Both* (TCP und UDP) aus.

Wie der Server innerhalb des Load Balancing-Clusters reagiert, geben Sie über den *Filtering mode* an. In der Standardeinstellung *Multiple Hosts* können die von einem Client ausgehenden Verbindungen auf mehrere Server innerhalb des Clusters verteilt werden. Dies ist jedoch an der Stelle problematisch, wo zu einer scheinbar einzelnen Anfrage in Wirklichkeit mehrere Verbindungen hergestellt werden. So etwas tritt zum Beispiel bei Webservern auf. Dort stellt der Browser mehrere Verbindungen zum Webserver her, um die auf einer Seite angezeigten Objekte parallel zu übertragen. Bei statischen Inhalten führt dies zu keinen weiteren Problemen, anders jedoch sieht es bei dynamisch erstellten Seiten aus, bei denen der eine Webserver natürlich keine Informationen darüber erhält, welche Daten dieser für den Anwender bereitgestellt hat. Hier ist die Einstellung *Single Host* angebracht, bei der ein einzelner Server im Cluster alle weiteren Verbindungen eines Clients ebenfalls übernimmt. Haben Sie dagegen die Einstellung *Disabled* gewählt, nimmt der Server Anfragen auf diesen Ports überhaupt nicht entgegen. Auf diese Weise kann auch sehr leicht ein einfacher Filter eingerichtet werden.

Über die Einstellung *Affinity* wird das Verhalten des Clusters auf eingehende Verbindungen von ein und demselben Client geregelt. In der Standardeinstellung *Single* werden alle Verbindungsanfragen von einem Client jeweils an denselben Server innerhalb des Clusters weitergeleitet. So nimmt auch der Zielserver an, dass alle Anfragen von einem Client an ihn gerichtet werden. Wählen Sie dagegen *None*, wird jede neue Anfrage an den Cluster jeweils an den am wenigsten belasteten Server weitergeleitet. Dies hat allerdings zur Folge, dass alle von ursprünglich einem Client ausgehenden Anfragen jetzt von verschiedenen Servern innerhalb des Load Balancing-Clusters an den Zielserver weitergeleitet werden und dieser annimmt, dass die Anfragen von verschiedenen Clients stammen, wodurch der Zielserver Zusammenhänge zwischen den Verbindungen nicht mehr erkennt und unter Umständen falsche Daten liefert. Die letzte Einstellung, Class C, leitet die Anfragen aller Clients aus einem Class C-TCP/IP-Adressbereich, also aller Clients, bei denen die ersten drei Byte der IP-Adresse identisch sind, an denselben Server im Load Balancing-Cluster weiter und verteilt so die Anfragen ausgehend von den Adressen der Clients.

Alle Server werden bei der Verteilung dabei zunächst gleichwertig behandelt, solange das Kontrollfeld *Equal* aktiviert ist. Alternativ können Sie dieses auch deaktivieren und den einzelnen Servern Prioritäten zuweisen.

Network Load Balancing erst ab Advanced Server

Das Network Load Balancing von Windows 2000 ist leider erst ab dem Windows 2000 Advanced Server verfügbar, setzt also die bedeutend teurere Variante des Betriebssystems voraus.

8.4 Windows 2000-Cluster

Eine weitere Möglichkeit, die Verfügbarkeit eines Gesamtsystems zu erhöhen, ist der Einsatz von zwei oder mehr Windows 2000 Advanced Servern in einem so genannten Cluster. Dabei greifen zwei Server auf ein gemeinsam genutztes Festplattensystem zu, das getrennt von den beiden Servern betrieben wird. Auf einem der Server wird der als ausfallsicher gestartete Dienst jetzt ausgeführt. Fällt dieser Dienst aus, wird das vom zweiten Server erkannt und ein Fail-over eingeleitet. Dabei werden auf dem ersten Server alle entsprechenden Dienste beendet und anschließend auf dem zweiten Server gestartet.

Die Lösung funktioniert zwar mit dem ISA-Server, ist praktisch jedoch Geld- und Ressourcenverschwendung. Falls ein ISA-Server ausfällt, werden die einzigen aktiven Daten, nämlich der Cache des Web-Proxy, nicht zwingend benötigt, der zweite ISA-Server kann problemlos mit einem leeren Cache starten. Damit entfällt die Notwendigkeit eines teuren, externen, gemeinsam genutzten Speichermediums. Eine Lastverteilung setzt zusätzlich voraus, dass das Windows 2000 Network Load Balancing implementiert wird. Das Maß an Verfügbarkeit und Lastverteilung, das eine auf einem Windows 2000-Cluster basiert, kann ebenso über eine Kombination mehrerer ISA-Server in einem Array, wie im nächsten Abschnitt beschrieben, erfolgen.

Lastverteilung und Ausfallsicherheit

8.5 ISA-Server-Array

In der Enterprise Edition erlaubt der ISA-Server auch das Zusammenschalten mehrerer einzelner Server zu einem Array, einem logischen Verbund, der von den Anwendern als ein großer Server gesehen wird. Voraussetzung ist dazu zusätzlich, dass die ISA-Server als Mitglied in einer Active Directory-Domäne integriert wurden.

Falls Sie den ISA-Server nicht bereits bei der Installation in ein Array installiert haben, können Sie diesen Vorgang jederzeit nachholen, aber niemals wieder rückgängig machen. Nachdem Sie das Active Directory, wie in Kapitel 3 beschrieben, vorbereitet haben, öffnen Sie die ISA-Server-Verwaltung und wählen Sie im Kontextmenü des ISA-Servers den Eintrag *Promote*. Da der Vorgang nicht rückgängig gemacht werden kann, müssen Sie anschließend den Warnhinweis bestätigen.

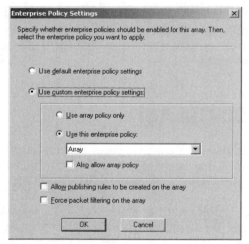

Auswahl der für das Array zu verwendenden Policy

Nachdem Sie bei der Vorbereitung bereits Einstellungen für die Policies innerhalb des Arrays vorgegeben haben, wählen Sie nun die speziellen Einstellungen für diesen Server aus. Innerhalb des Active Directory können parallel mehrere Arrays konfiguriert werden. Damit ist es in einem Unternehmen zum Beispiel möglich, an verschiedenen Standorten jeweils mehrere Server in einem Array zu konfigurieren. Die Konfiguration kann dabei entweder über eine Enterprise Policy oder eine Array Policy durchgeführt werden. In der Standardeinstellung wird eine Enterprise Policy erstellt, die zunächst für alle Arrays innerhalb des Active Directory gilt. Wenn für jedes Array unabhängig eine eigene Policy erstellt werden soll, wählen Sie die Einstellung *Use array policy only*. Global gültige Einstellungen setzen Sie über die Einstellung *Use this enterprise policy*, wobei Sie über das Kontrollfeld *Allow array-level access policy rules that restrict enterprise policy* die Möglichkeit aktivieren können, innerhalb des Arrays anders lautende Policies zu definieren.

Über das Kontrollfeld *Allow publishing rules* können interne Internetserver nach außen über den ISA-Server abgebildet werden. Damit kann in jedem Array unabhängig von den globalen Richtlinien lokal entschieden werden, auf welche Dienste von außen zugegriffen werden kann.

Force packet filtering on the array sollte immer aktiviert bleiben, damit eine global festgelegte Sicherheitsstrategie nicht auf einem lokalen Server komplett untergraben werden kann. Ein- und ausgehende Verbindungen in der Firewall können damit nur zentral, nicht mehr auf der einzelnen Firewall, eingerichtet werden. Diese Eigenschaften können Sie später über die Eigenschaften des Arrays auf der Registerkarte *Policies* ändern.

Nach dieser Eingabe wird die Übernahme des Stand-alone-Servers in das Array gestartet. Dieser Vorgang kann mehrere Minuten dauern. Während dieser Zeit sind die Dienste des ISA-Servers deaktiviert.

Nach dem Abschluss der Übernahme starten Sie die Verwaltungskonsole neu und verbinden sich mit dem neuen Array. In der folgenden Abbildung sehen Sie die Änderungen bezüglich der Verwaltung in der MMC.

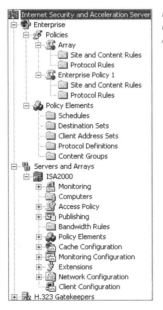

Erweiterung der Darstellung in der MMC nach der Übernahme des Servers in ein Array

Richtlinien werden von nun an für das Array definiert und nicht mehr für einzelne Server. Sollten Sie trotzdem spezielle Richtlinien für einen Server definieren, beachten Sie, dass diese die bestehenden Array-Richtlinien nur weiter einschränken können. Ob Sie eine Richtlinie für ein Array oder einen einzelnen Server definieren, bestimmen Sie in einem erweiterten Dialog bei der Erstellung der Richtlinie.

Weitere Server fügen Sie auf die gleiche Weise dem Array hinzu.

9. Monitoring und Reporting

Nachdem der ISA-Server nun so weit konfiguriert ist, dass wir das System im regulären Betrieb verwenden können, gilt dieses Kapitel der Überwachung. Dazu gehören die Kontrolle der Dienste und Fehlermeldungen sowie die Auswertung von Protokolldateien und Leistungsdaten. Dazu werden wir in diesem Kapitel folgende Themen behandeln:

- Überwachen des ISA-Servers
- Protokollierung des Datentransfers über den ISA-Server
- Erstellen, Konfigurieren und Auswerten von Berichten
- Überwachen der Leistungsdaten

9.1 Überwachen des ISA-Servers

Während des Betriebs des ISA-Servers ist es auch wichtig zu wissen, ob alle Dienste ordnungsgemäß funktionieren, damit eine Funktionsstörung schnell erkannt und unter Umständen sogar automatisch behoben werden kann. Wie auf einen ausgefallenen oder vielleicht auch durch externe Einwirkungen beendeten Dienst reagiert werden soll, definieren Sie im Container *Monitoring Configuration* unter *Alerts*. Um eine neue Regel zu erstellen, wählen Sie im Kontextmenü von *Alerts* den Punkt *New Alert* oder wählen Sie eine bereits erstellte Regel aus der Liste aus. Auf jeden Fall wird immer ein Eintrag im Container *Alerts* unter *Monitoring* erzeugt. Auf der Registerkarte *General* können Sie über das Kontrollfeld *Enable* lediglich angeben, ob die zugeordneten Aktionen ausgeführt werden.

Zunächst müssen Sie auf der Registerkarte *Events* definieren, auf welches Ereignis überhaupt reagiert werden soll. Neben den bereits aufgeführten Angriffen haben Sie hier auch die Möglichkeit, auf Fehler im ISA-Server oder den einzelnen Diensten zu reagieren. Wählen Sie im Feld *Event* zunächst das Ereignis aus, auf das reagiert werden soll. Falls, wie im oben abgebildeten Beispiel, eine weitere Unterscheidung möglich ist, geben Sie im Feld *Additional condition* das exakte Ereignis an.

Monitoring und Reporting

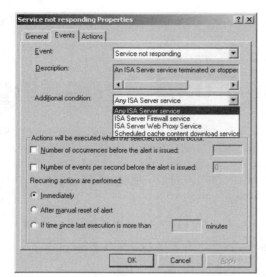

Auswahl des Events

Sofortige Alarmierung bei relevanten Vorfällen

Bei einem Fehler innerhalb des ISA-Servers sollten Sie immer sofort informiert werden, weshalb die Felder *Number of occurrences before this alert is issued* und *Number of events per second before an alert is issued* deaktiviert bleiben sollten.

Damit Sie nicht mit einer Vielzahl von Alarmmeldungen überflutet werden, definieren Sie abschließend, wie oft der Alarm ausgelöst und die im Anschluss eingestellten Aktionen ausgeführt werden sollen. In der Standardeinstellung wird der Alarm sofort wieder ausgelöst. Soll eine längere Pause zwischen den einzelnen Alarmmeldungen erfolgen, wählen Sie *If time since last execution is more than x minutes* und geben Sie die Wartezeit in Minuten an. Alternativ kann der Alarm erst dann wieder ausgelöst werden, wenn Sie ihn im Container *Monitoring* unter *Alerts* abgeschaltet haben. Wählen Sie dazu *After manual reset of alert*.

Sie haben nun mehrere Möglichkeiten, auf einen erkannten Fehler zu reagieren. Diese Optionen konfigurieren Sie über die Registerkarte *Actions* (Abbildung auf der nächsten Seite).

Alarmierung per E-Mail oder SMS

Aktivieren Sie das Kontrollfeld *Send e-mail*, um die verantwortlichen Administratoren über den Fehler zu informieren. So können diese direkt reagieren und nicht erst, wenn sie in regelmäßigen Abständen die Protokolle überprüfen. Geben Sie dazu zunächst im Feld *SMTP server* den Server an, über den

Überwachen des ISA-Servers

die Nachrichten verschickt werden sollen, und danach unter *To* und *cc* die Empfänger der Benachrichtigung. Damit jeder sofort zuordnen kann, woher die Nachrichten kommen, tragen Sie anschließend unter *From* noch einen Absender ein, der den ISA-Server eindeutig identifiziert. Über die Schaltfläche *Test* schicken Sie anschließend eine Testnachricht an die Empfänger, um die Funktion zu überprüfen.

Konfiguration der Maßnahmen bei einem Dienstausfall

Die als E-Mail gesendete Benachrichtigung kann natürlich auch an das Handy eines Administrators gesendet werden. Viele Netzbetreiber weisen dazu dem Mobiltelefon eine eigene E-Mail-Adresse zu, an die dann die Nachrichten gesendet werden können. Wenn der Angriff allerdings auf den SMTP-Server ausgeführt wird und dieser nicht mehr verfügbar ist, wird die Nachricht den Administrator auch nie erreichen.

Eine Alternative besteht zum Beispiel darin, eine Nachricht direkt an ein Handy zu schicken und dabei nicht den Umweg über eine E-Mail zu gehen. Dazu muss allerdings ein Programm gestartet werden, das Sie angeben können, wenn Sie das Kontrollfeld *Program* aktivieren. Tragen Sie unter *Run this program* anschließend den Pfad und den Namen des Programms ein und wählen Sie über *Set Account* schließlich, mit welcher Benutzerkennung das Programm ausgeführt werden soll.

In der Standardeinstellung bereits aktiviert ist das Kontrollfeld *Report to Windows 2000 event log*, damit ein Eintrag im Ereignisprotokoll generiert wird.

Die Option *Start selected services* ist sehr wichtig, falls ein Dienst durch einen Fehler unvorhergesehen beendet wird. In diesem Fall kann der Server versu-

Monitoring und Reporting

chen, diesen Dienst automatisch neu zu starten und die Funktionalität des ISA-Servers wiederherzustellen. Dabei können Sie über *Select* aber nur die drei Kerndienste des ISA-Servers Firewall, Web Proxy und Scheduled Content Download neu starten.

9.2 Protokolldateien über Zugriffe erstellen

Wie schon vom Internet Information Server bekannt, protokolliert der ISA-Server bei Bedarf auch alle Zugriffe in Protokolldateien. Damit sind Sie in der Lage zu überprüfen, ob die gesetzten Regeln auch tatsächlich in der gewünschten Form wirksam sind. Auch Angriffen kommen Sie mit den Protokolldateien besser auf die Spur.

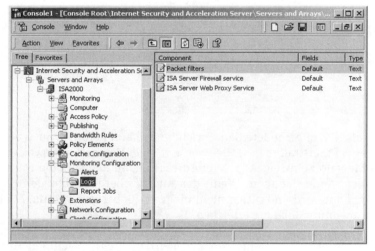

Auswahl der protokollierten Komponenten

Wie Sie in der Abbildung sehen, kann die Protokollierung für Paket-Filter, die Firewall und den Proxy separat konfiguriert werden. Weitere Protokolle sind an dieser Stelle nicht vorgesehen und können auch nicht hinzugefügt werden. Ergänzungen von Drittanbietern verfügen unter Umständen über eigene Optionen zur Konfiguration der Protokollierung. Je nachdem, welche Komponenten des ISA-Servers installiert wurden, werden nicht alle Protokolle wie oben abgebildet angezeigt. Im Folgenden werden wir die Konfiguration der einzelnen Protokolle näher betrachten.

Packet Filter

Die wichtigste Option für die Überprüfung von Filtern, das Troubleshooting sowie die Erkennung von potenziellen Angreifern ist die Auswertung der Protokolle für die Paket-Filter. Hier sehen Sie genau, welche Filter bei welchem Transfer wirksam geworden sind. Öffnen Sie die *Eigenschaften* des Eintrags *Packet filters* im Container *Logs*, um die Protokollierung zu konfigurieren.

Allgemeine Einstellungen zur Speicherung der Protokolldateien

Die wichtigste Einstellung für die Protokollierung finden Sie zunächst am untersten Rand der Registerkarte. Die Option *Enable logging for his device* ist nach der Installation des ISA-Servers sofort aktiv und sorgt dafür, dass alle Zugriffe über Paket-Filter protokolliert werden. Deaktivieren Sie das Kontrollfeld, wenn die Protokollierung dieser Daten nicht benötigt wird, weil Sie keine Auswertung der Leistungsdaten und Zugriffe auf den ISA-Server erstellen wollen.

Nachdem Sie nun festgelegt haben, ob eine Protokollierung durchgeführt werden soll oder nicht, definieren Sie als Nächstes, wo die Daten abgelegt werden. Hier gilt wie bei der Speicherung der Protokolldateien des IIS auch wieder, dass Angreifer natürlich versuchen werden, ihre Spuren zu verwischen, und in den Standardverzeichnissen nach den Protokolldateien suchen werden. In der Standardeinstellung *File* werden die Daten in eine Textdatei protokolliert. Wählen Sie als *Format* entweder die Standardeinstellung *W3C extended log file format* oder *ISA Server file format*. Je nach gewähltem Format erscheint die Ausgabe der Daten unterschiedlich. Im Folgenden sehen Sie den Auszug aus einer Datei im W3C-Format.

Monitoring und Reporting

```
#Software: Microsoft(R) Internet Security and Acceleration Server 2000
#Version: 1.0
#Date: 2001-04-19 17:34:43
#Fields: date time source-ip destination-ip protocol param#1 param#2 filter-rule interface
2001-04-19 17:34:43 212.144.6.58 212.144.6.255 Udp 137 137    BLOCKED Dialout
2001-04-19 17:35:02 212.144.6.16 212.144.6.255 Udp 137 137    BLOCKED Dialout
2001-04-19 17:35:46 212.227.109.212 212.144.6.45 Tcp 80 1107  BLOCKED Dialout
```

Dagegen fällt das ISA-Format in der Erklärung im Header etwas spärlicher aus.

```
4/19/2001,20:00:10,212.144.0.92,212.144.0.255,Udp,137,137,-,BLOCKED,Dialout,-,-
4/19/2001,20:00:58,131.234.84.24,212.144.0.244,Tcp,1476,6346,-,BLOCKED,Dialout,-,-
4/19/2001,20:01:20,24.167.148.151,212.144.0.244,Tcp,1906,6346,-,BLOCKED,Dialout,-,-
```

Der Vorteil dieses zweiten Formats liegt allerdings darin, dass die einzelnen Werte jeweils nur durch Komma getrennt werden. Dieses Format, das auch als CSV (**C**omma **S**eparated **V**alues) bezeichnet wird, kann so einfach zum Import der Dateien in andere Programme wie zum Beispiel Microsoft Access verwendet werden. Die Striche im oben abgebildeten Beispiel stehen für Werte, die aus der Protokollierung ausgeschlossen wurden.

Eine Unterscheidung der Dateiformate ist aber nicht nur anhand des Inhalts, sondern auch durch die Dateinamen selbst möglich, obwohl beide Formate die Dateierweiterung *.log* verwenden. Die Namen der Dateien im Format W3C beginnen alle mit *IPPEXT* und die Dateien im ISA-Format mit *IPP*.

Protokolldateien erreichen sehr schnell enorme Größen und müssen in regelmäßigen Abständen archiviert oder gelöscht werden. Damit nicht die aktuell verwendete Datei gelöscht werden muss, können Sie auswählen, in welchem Intervall eine neue Protokolldatei erstellt wird. Die alten Dateien können danach nach Bedarf bearbeitet werden. Wählen Sie dazu unter *Create a new file* das gewünschte Intervall zwischen Täglich, Wöchentlich, Monatlich und Jährlich aus. Passen Sie das Intervall so an, dass die Dateien noch übersichtlich groß und schnell zu durchsuchen bleiben. Falls Sie in einer 500 MByte großen, jährlich erstellten Datei einen Eintrag suchen, dauert dies natürlich sehr lange. Auch hier wird der Dateiname entsprechend Ihrer Auswahl generiert. Bei der Einstellung Täglich wird der Dateiname um ein D sowie das Jahr, den Monat und den Tag erweitert. Der Buchstabe W zeigt ein wöchentliches Intervall an, gefolgt vom Jahr, dem Monat und der Kalenderwoche. Das M steht für einen monatlichen Wechsel, nach dem nur noch das Jahr und der Monat angegeben wird, und Y steht für das jährlich erzeugte Protokoll, gefolgt vom Jahr.

Über das Kontrollfeld *Options* gelangen Sie zu den erweiterten Einstellungen zur Speicherung der Protokolldateien.

Protokolldateien über Zugriffe erstellen

Erweitere Einstellung zur Speicherung der Protokolldateien

In der Standardeinstellung *ISALogs folder in the ISA Server installation folder* werden alle Protokolldateien im Verzeichnis *ISALogs* unterhalb des ISA-Server-Installationspfads gespeichert. Da sich dieser aber in der Regel auf dem Systemlaufwerk befindet, sollten Sie einen anderen Speicherort wählen, falls Sie beabsichtigen, die Protokolldateien längere Zeit aufzubewahren. Um einen anderen Pfad anzugeben, wählen Sie die Option *Other folder* und geben Sie den neuen Pfad manuell ein oder wählen Sie ihn über *Browse* aus.

Um den benötigten Speicherplatz für die Protokolldateien zu minimieren, können die Dateien auch komprimiert werden. Damit der Zugriff durch den Administrator anschließend aber weiterhin ohne weitere Umwege über Zusatzprogramme möglich ist, erfolgt die Komprimierung nur über die in Windows 2000 integrierten Funktionen. Das setzt allerdings voraus, dass die Protokolldateien auf einem mit NTFS formatierten Datenträger gespeichert werden, wovon bei einem Server aber in der Regel ausgegangen werden kann. Wenn Sie diese Komprimierung trotz der Transparenz nicht wünschen, um die für den Vorgang benötigte Rechenzeit zu sparen, deaktivieren Sie das Kontrollfeld *Compress log files*. Eine Änderung dieser Einstellung bezieht sich allerdings nur auf die neu erstellten Dateien. Alle anderen Dateien müssen Sie manuell über den Explorer oder *Cipher.exe* über die Eingabeaufforderung komprimieren oder dekomprimieren.

Bevor das Laufwerk, auf dem Sie den ISA-Server installiert haben, unerwartet voll ist und das System nicht mehr ordnungsgemäß funktioniert, greift zum Glück eine Funktion, mit der im Protokollverzeichnis aufgeräumt werden kann. Die Einstellung *Limit number of log files* sorgt dafür, dass immer nur die angegebene Anzahl von Protokolldateien gespeichert bleibt. Alle älteren Dateien werden sofort gelöscht, sobald das System eine neue Protokolldatei erstellt. In der Standardeinstellung werden die letzten sieben Protokolle auf dem System behalten, was beim täglichen Wechsel der Datei einer Woche

Monitoring und Reporting

entspricht. Wählen Sie diesen Wert so, dass Sie immer auf die noch benötigten Dateien zurückgreifen können, aber andererseits nicht die Gefahr besteht, dass Ihnen der Speicherplatz ausgeht.

Alternativ zum Dateisystem kann die Protokollierung auch direkt in eine Datenbank erfolgen. Das hat den Vorteil, dass Sie anschließend einfacher eine Sortierung der Daten durchführen oder nach bestimmten Einträgen suchen lassen können. Wählen Sie dazu auf der Registerkarte *Log* die Einstellung *Database* und geben Sie die Informationen für die ODBC-Datenquelle und die verwendete Tabelle an sowie über die Schaltfläche *Set Account* den Namen und ein Passwort zur Anmeldung an der Datenbank.

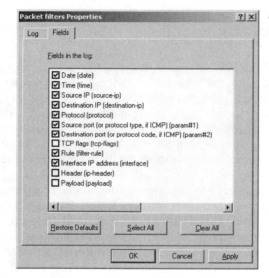

Auswahl der im Protokoll aufgenommenen Informationen

Über die Registerkarte *Fields* wählen Sie im Anschluss aus, welche Daten überhaupt protokolliert werden sollen. Diese Option sollten Sie allerdings nur dann nutzen, wenn Sie gezielt nach Informationen suchen müssen, um Fehler zu beseitigen oder Angriffe zu identifizieren. Andernfalls werden die Protokolle mit unnötigen Informationen nur aufgebläht und erschweren so auch eine Suche innerhalb der Daten. Die obige Abbildung zeigt die standardmäßig aktivierten Optionen.

Wenn Sie das Protokollformat W3C gewählt haben, werden nur die Daten ins Protokoll aufgenommen, die Sie an dieser Stelle ausgewählt haben. In den Kopfzeilen der Protokolldateien sehen Sie jeweils die Auflistung der ausgewählten Werte. Beim ISA-Format dagegen werden nicht ausgewählte Werte mit einem Strich in der Protokolldatei dargestellt, da hier die Information über die protokollierten Daten in den Kopfzeilen fehlt.

Protokolldateien über Zugriffe erstellen

Folgende Informationen können ins Protokoll aufgenommen werden:

- *Date* – Datum, an dem das Paket am ISA-Server empfangen wurde
- *Time* – Uhrzeit, zu der das Paket am ISA-Server empfangen wurde
- *Source IP* – IP-Adresse des Absenders
- *Destination IP* – IP-Adresse des Empfängers
- *Protocol* – Verwendetes Protokoll (TCP, UDP etc.)
- *Source port (or protocol type, if ICMP)* – Port oder Protokolltyp des Absenders
- *Destination port (or protol type, if ICMP)* – Port oder Protokolltyp des Empfängers
- *TCP flags* – Flags im TCP-Header (FIN, SYN, RST, PSH, ACK, URG)
- *Rule* – Angabe, ob das Paket weitergeleitet oder verworfen wurde
- *Interface IP* – IP-Adresse der Netzwerkkarte, über die das Paket vom ISA-Server empfangen wurde
- *Header* – Kompletter Header des IP-Pakets in hexadezimaler Darstellung
- *Payload* – Der Anfang der eigentlichen Daten innerhalb des IP-Pakets in hexadezimaler Darstellung

In der Standardeinstellung werden allerdings nur die Pakete protokolliert, die an einem Filter des ISA-Servers gestoppt und nicht weitergeleitet wurden. Wenn alle Pakete protokolliert werden sollen, öffnen Sie im Container *Access Policy* die Eigenschaften des Eintrags *IP Packet Filters*. Aktivieren Sie anschließend auf der Registerkarte *Packet filters* das Kontrollfeld *Log packets from „Allow" filters*.

ISA-Server-Firewall-Service

Aus den Protokollen des Firewall-Services entnehmen Sie unter anderem, welche Anwender wann auf welche Server über den Firewall-Service zugegriffen haben und welche Software sie dabei verwendet haben. Öffnen Sie die *Eigenschaften* des Eintrags *ISA Server Firewall Service* im Container *Logs*, um die Protokollierung zu konfigurieren. Die Einstellungen auf der Registerkarte *Log* sind mit denen der Packet Filter Logs identisch. Über die Registerkarte *Fields* wählen Sie auch hier wieder aus, welche Daten protokolliert werden.

- *Client IP* – IP-Adresses des Clients
- *Client user name* – Benutzername des Clients, sofern er vom ISA-Server ermittelt werden kann

Monitoring und Reporting

- **Client agent** – Verwendete Software und Betriebssystem, sofern diese Informationen vom ISA-Server ermittelt werden können
- **Authorization status** – Angabe, ob der Client beim ISA-Server angemeldet (Y) oder anonym mit dem Server verbunden (N) ist
- **Service name** – Bezeichnung des Dienstes, ausgehende Anfragen über den Web-Proxy (w3svc), Firewall-Service (fwsrv) oder eingehende Anfragen über den Web-Proxy (w3reverseproxy)
- **Proxy name** – Computername des ISA-Servers
- **Referring server name** – Name des Servers, von dem eine Anfrage an den ISA-Server weitergeleitet wurde. Dieses Feld ist bei Anfragen von Clients nicht gesetzt.
- **Destination name** – Name des Zielsystems. Wenn kein Wert angegeben ist, konnten die Informationen aus dem Cache des ISA-Servers gelesen werden.
- **Processing time** – Zeit zwischen dem Eintreffen der Anfrage des Clients beim ISA-Server und dem Absenden der Daten an den Client
- **Bytes send** – Menge der Daten, die vom Client an den Server über den ISA-Server übertragen wurden
- **Bytes received** – Menge der Daten, die vom Server an den Client über den ISA-Server übertragen wurden
- **Protocol name** – Name des verwendeten Protokolls, zum Beispiel FTP oder HTTP
- **Transport** – Name des verwendeten Transportprotokolls, zum Beispiel TCP oder UDP
- **Operation** – Funktion, die bei der Übertragung ausgeführt wurde, zum Beispiel SET, PUT, POST, HEAD (Web-Proxy) oder BIND, SEND, RECEIVE, GHBN, GHBA (Firewall)
- **Rule #1** – 1. Regel, nach der ein Zugriff gestattet oder blockiert wurde
- **Rule #2** – 2. Regel, nach der ein Zugriff gestattet oder blockiert wurde
- **Session ID** – ID der ausgehenden Session
- **Connection ID** – ID der ausgehenden Verbindung

ISA-Server-Web-Proxy-Service

Aus den Protokollen des Firewall-Services entnehmen Sie unter anderem, welche Anwender wann auf welche Server über den Web-Proxy-Service zugegriffen haben und welche Software sie dabei verwendet haben. Öffnen Sie die *Eigenschaften* des Eintrags *ISA Server Web Proxy Service* im Container *Logs*, um die Protokollierung zu konfigurieren. Die Einstellungen auf der Registerkarte *Log* sind mit denen der Packet Filter Logs identisch. Über die Registerkarte *Fields* wählen Sie auch hier wieder aus, welche Daten protokolliert werden. Im Folgenden finden Sie eine Aufstellung der Optionen, die wir bei der Protokollierung der Paketfilter und des Firewall-Service noch nicht beschrieben haben.

- *Computer name* - Computername des ISA-Servers

- *Result code* – Code, mit dem die Übertragung quittiert und entweder der Erfolg oder ein Fehler berichtet wird

- *Objekt name* – URL des angeforderten Objekts

- *Object MIME* – MIME-Typ des übertragenen Objekts, sofern dieser ermittelt werden kann

- *Object source* – Quelle der an den Client gelieferten Daten. Folgende Einträge sind möglich: o (Keine Information), Cache (Daten wurden aus dem Cache des ISA-Servers geliefert), Inet (Daten wurden aus dem Internet bezogen und im Cache zwischengespeichert), Member (Daten wurden von einem anderen Server innerhalb des Array bezogen), NotModified (Daten wurden aus dem Cache übertragen, eine Überprüfung auf Aktualität, angewiesen durch den Client, ist positiv ausgefallen), NVCache (Daten wurde aus dem Cache übertragen, es konnte aber nicht überprüft werden, ob sie noch aktuell sind), Upstream (Daten wurden von einem Upstream-Proxy-Server bezogen), VCache (Daten wurden aus dem Cache übertragen, eine Überprüfung auf Aktualität ist positiv ausgefallen), VFInet (Daten wurden aus dem Internet bezogen, nachdem eine Prüfung des Objekts im Cache auf Aktualität negativ ausgefallen ist, der Cache wurde aktualisiert).

- *Cache information* – Angabe, ob das Objekt in den Cache übernommen wurde

9.3 Erstellen von Berichten

Um die Auslastung des ISA-Servers, verwendete Clients, Protokolle etc. über einen längeren Zeitraum zu überwachen, können Sie Berichte erstellen lassen, denen Sie zum Beispiel entnehmen können, welche Anwender über welche Protokolle wann auf welche Server zugegriffen haben, wie viel Last dabei im Netzwerk entstanden ist und welche Arten von Daten dabei übertragen wurden. Damit können Sie die Ursachen für langsame Netzwerkverbindungen (zum Beispiel Download großer Audio- und Videodateien) ausmachen oder für den Download von Websites in den Cache des ISA-Servers ermitteln, zu welchen Zeiten die Verbindungen am wenigsten genutzt werden.

Einige Optionen zur Erstellung von Berichten können Sie über die Eigenschaften des Containers *Report Jobs* unterhalb des Containers *Monitoring Configuration* verändern. Auf der Registerkate *General* bestimmen Sie, ob die Berichte überhaupt erstellt werden. Wenn Sie die Report-Funktionen nicht nutzen wollen, deaktivieren Sie das Kontrollfeld *Enable Reports* und es werden keine Berichte mehr generiert, auch wenn Sie, wie im Anschluss beschrieben, so genannte Report Jobs erstellt haben.

Gespeichert werden die Berichte in einem internen Format mit der Erweiterung *.irp* im Ordner *ISAReports* unterhalb des ISA-Server-Programmverzeichnisses. Hier gilt, was den benötigten Speicherplatz sowie den Schutz vor Manipulationen angeht, natürlich das Gleiche wie für die Protokolldateien. Daher sollten Sie auch hier einen anderen Speicherort auswählen, indem Sie die Option *Other Folder* aktivieren und anschließend einen neuen Pfad eingeben oder über *Browse* auswählen.

Beachten Sie bei der Auswertung der Berichte bitte, dass aus protokollierten IP-Adressen und Anmeldeinformationen leicht auch auf den Anwender geschlossen werden kann und damit eine Überwachung seiner Arbeit denkbar wäre. Ohne Information der Arbeitnehmervertreter eines Unternehmens sollten Sie diese Funktionen daher nicht nutzen.

Erstellen eines neuen Report Jobs

Damit überhaupt ein Bericht erstellt wird, müssen Sie zunächst einen neuen Report Job definieren. Über diesen Job geben Sie an, wann der Bericht erstellt und über welchen Zeitraum die Daten in dem Bericht erfasst werden sollen.

Um einen neuen Bericht zu erstellen, wählen Sie unter *Monitoring Configuration* im Kontextmenü des Containers *Report Jobs* den Eintrag *New Report Job*. Geben Sie auf der Registerkarte *General* anschließend einen Namen für den Job ein. Wenn der Job eine gewisse Zeit nicht gestartet werden soll, unterbrechen Sie die Ausführung, indem Sie das Kontrollfeld *Enable* deaktivieren.

Auf der Registerkarte *Period* geben Sie jetzt den Zeitraum an, über den der Bericht erstellt werden soll. Sie haben hier die Auswahl zwischen einem Tag, einer Woche, einem Monat, einem Jahr oder einem beliebigen unter *Custom* anzugebenden Zeitraum, abhängig von den zur Auswertung benötigten Informationen. Wenn Sie zum Beispiel nur wissen möchten, warum die Internetverbindung an diesem Tag sehr langsam war, wählen Sie eine Auswertung eines Tages.

Erstellen von Berichten

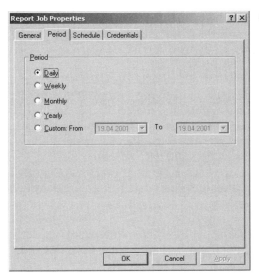

Angabe des Zeitraums für den Bericht

Um Trends zu verfolgen und schätzen zu können, wann die bestehende Internetverbindung ihr Limit erreicht hat, betrachten Sie einen kompletten Monat oder vielleicht sogar ein Jahr. Damit der Bericht über den angegebenen Zeitraum auch erstellt werden kann, müssen die Protokolle aus diesem Zeitraum alle noch auf dem Server vorhanden sein. Da hierdurch eine sehr große Datenmenge vorgehalten wird, können die im Anschluss vorgestellten Summaries erstellt werden, die den Inhalt der Protokolle in komprimierter Form enthalten und somit helfen, Speicherplatz und Rechenzeit zu sparen.

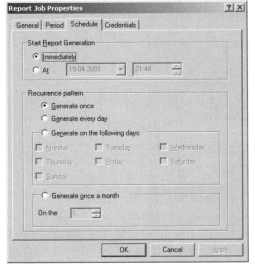

Definition des Zeitplans für die Erstellung von Berichten

Monitoring und Reporting

Nachdem Sie angegeben haben, über welchen Zeitraum der Bericht erstellt werden soll, fehlt jetzt noch die Information, wann denn die Berichte überhaupt erstellt werden. Dies stellen Sie über die Registerkarte *Schedule* ein.

Als Erstes geben Sie an, wann der Bericht zum ersten Mal erstellt werden soll. Wählen Sie entweder die Einstellung *Immediately* und der ISA-Server beginnt mit der Erstellung des Berichts, sobald Sie die Eigenschaften des Jobs schließen, oder wählen Sie die Option *At* und geben Sie ein Datum und eine Uhrzeit für den ersten Start an. Alle folgenden Läufe der Reporterstellung erfolgen jeweils wieder zur selben Uhrzeit. Beachten Sie dabei, dass die Berichterstellung intensiv Prozessorzeit benötigt und viele Zugriffe auf die Festplatten durchführt. Die Berichte sollten daher in Zeiten schwacher Nutzung des ISA-Servers erstellt werden.

Danach definieren Sie, in welchen Abständen dieser Job wiederholt wird, damit zum Beispiel wöchentlich ein Bericht erstellt werden kann. In der Standardeinstellung *Generate once* wird der Job allerdings nur ein einziges Mal ausgeführt. Die tägliche Berichterstellung aktivieren Sie dagegen über die Option *Generate every day*. Diese Einstellung ist sinnvoll, wenn Sie jeweils einen Tagesbericht haben wollen. Für Wochenberichte wählen Sie dagegen *Generate on the following days* und geben dann den Tag an, an dem der Wochenbericht erstellt wird. Diese Option ist auch dann nützlich, wenn Sie zwar Tagesberichte erstellen lassen wollen, aber zum Beispiel am Wochenende keine Berichte benötigen, da an diesen Tagen ohnehin sehr wenig geschieht. In diesem Fall würden Sie alle Tage mit Ausnahme des Samstags und Sonntags auswählen. Die letzte Auswahlmöglichkeit, die Sie bei der Planung der Jobs haben, ist ein monatlicher Durchlauf. Wählen Sie dazu *Generate once a month* und geben Sie anschließend den Tag ein, an dem der Bericht erstellt werden soll.

Da in einer Array-Konfiguration die Daten mehrerer Server in die Berichte einfließen, muss der Zugriff auf die anderen ISA-Server möglich sein, damit von dort die jeweiligen Protokolle eingesehen werden können. Damit dieser Zugriff durchgeführt werden kann, geben Sie in diesem Fall auf der Registerkarte *Credentials* einen Benutzernamen sowie ein Passwort ein, mit dem der Zugriff auf die anderen ISA-Server möglich ist. In einem Szenario mit nur einem Server wird diese Einstellung nicht benötigt.

Auswerten der Berichte

Nachdem die ersten Berichte jetzt erstellt wurden, möchten Sie diese natürlich auch ansehen. Unter *Monitoring* finden Sie im Container *Reports* alle erstellten Berichte. In *Reports* selbst sehen Sie allerdings nur, welcher Bericht wann erstellt wurde, die eigentlichen, zur Ansicht bestimmten Berichte finden Sie in den fünf Unterordnern. Wählen Sie den Ordner mit den gewünsch-

Erstellen von Berichten

ten Berichten aus und durch einen Doppelklick auf einen speziellen Bericht wird eine Ansicht der Daten erstellt, der Internet Explorer gestartet und die Daten werden im Browserfenster angezeigt. Im Folgenden finden Sie eine Beschreibung der einzelnen Berichte.

Summary

Hier finden Sie eine kurze Zusammenfassung aller Informationen. Diese ist in einzelne Sparten unterteilt, die Sie entweder durch Scrollen innerhalb des rechten Fensters oder über die Hyperlinks im linken Browserfenster erreichen

- *Report Status* – An dieser Stelle sehen Sie, ob Fehler beim Erstellen des Berichts aufgetreten sind und ob die Daten von allen Servern, sofern Sie mehrere zu einem Array zusammengefasst haben, zusammengetragen werden konnten.
- *Protocols* – Wie in der unten gezeigten Abbildung sehen Sie, welche Protokolle am häufigsten verwendet wurden. Nach welchen Kriterien diese Sortierung erfolgt und wie viele Protokolle überhaupt angezeigt werden, kann für jeden Teilbericht einzeln definiert werden. Genauere Angaben dazu finden Sie im Anschluss. Nach der Grafik werden alle Daten nochmals in tabellarischer Form mit der Angabe der genauen Anzahl sowie prozentualem Anteil aufgelistet.

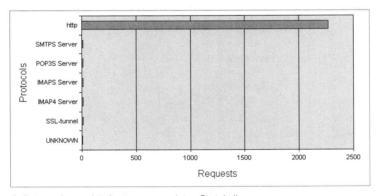

Auflistung der am häufigsten verwendeten Protokolle

- *Top Users* – In der unten abgebildeten Grafik sehen Sie die Benutzer, die das größte Datenaufkommen verursacht haben. Falls die Anwender den ISA-Proxy-Client verwenden oder Sie beim Web-Proxy eingestellt haben, dass eine Anmeldung der Anwender nötig ist, wird der Name des Benutzers angezeigt, andernfalls die IP-Adresse des Systems, von dem aus die Zugriffe erfolgt sind. Auch hier folgt im Anschluss wieder eine tabellarische Aufstellung.

Monitoring und Reporting

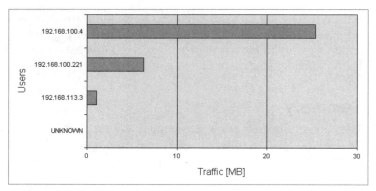

Aufstellung der Benutzer sortiert nach erzeugtem Datenaufkommen

- **Top Web Sites** – Dies ist eine Aufstellung der am häufigsten besuchten Websites. Diese Aufstellung ist bei Administratoren sehr beliebt, da sich an dieser Stelle häufig auch Sites finden, die mit sehr großer Wahrscheinlichkeit nichts mit den Arbeitsvorgängen der Kollegen zu tun haben. Diese Sites können Sie im Anschluss direkt in die Liste der gesperrten Ziele aufnehmen und damit für den nächsten Bericht aus der Aufstellung verbannen. Andererseits hilft die Liste auch bei der Planung von automatischen Downloads von Websites in den Cache.

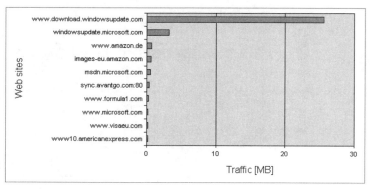

Liste der beliebtesten Websites

- **Cache Performance** – Wichtig für die Einschätzung der Performance eines Web-Proxy-Servers ist die Information, wie viele Daten der Server direkt aus seinem Cache zur Verfügung stellen musste, ohne dass es zu einem Datentransfer zwischen Proxy- und Webserver gekommen ist. Zusammen mit der Information über den „Füllstand" des Caches können Sie so entscheiden ob Sie mehr Speicherplatz für den Cache des ISA-Servers bereitstellen müssen oder ob die Benutzer schlichtweg selten mehrfach auf die gleichen Webseiten zugreifen. Der blau dargestellte Bereich (*Objects returned from the Internet*) sollte möglichst klein sein, da hier der Cache nicht zum Tragen gekommen ist, sondern die angeforderten Daten direkt vom Webserver bezogen wurden. Magenta (*Objects returned from cache after verifying that they have not changed*) steht für alle Daten, die aus dem Cache bereitgestellt werden konnten, nachdem eine Überprüfung stattgefunden hat, ob diese noch aktuell sind. Der gelbe (*Objects returned from cache without verification*) Bereich zeigt den Teil der Objekte an, die aus dem Cache an den Anwender übertragen wurden ohne dass eine Überprüfung der Aktualität der Daten stattgefunden hat. Bei dem türkis (Objects returned from the Internet updating a file in cache) markierten Bereich handelt es sich um die Objekte, die zwar im Cache vorhanden waren, bei denen eine Überprüfung der Aktualität allerdings dazu geführt hat, dass das Objekt erneut vom Webserver angefordert und der Inhalt des Caches aktualisiert wurde. Violett (*Information not available*) sind schließlich die Objekte markiert, für die keine Informationen vorliegen.

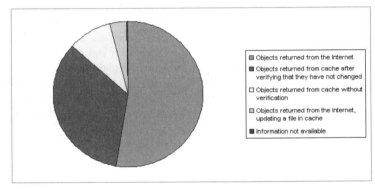

Verteilung der Zugriffe nach Cachezugriffen

- **Traffic** – Der Datenverkehr über den ISA-Server ist in der Regel nicht konstant. Vielmehr lassen sich meistens klare Phasen mit starkem Verkehr und solche mit „Ruhezeiten" erkennen. Letztere stellen kein Problem dar, nur wenn aufgrund großer Last Verzögerungen auftreten, werden die Anwender meist Beschwerden vorbringen. Über diese Anzeige des Berichts können Sie nun ausmachen, wann es zu starker Belastung der Verbindung kommt und an welchen Tagen Phasen mit weniger Verkehr auftreten. Sie können so erkennen, ob die Leistung des Zugangs dauerhaft überfordert ist oder ob sich die Situation mit einer geschickten Verteilung der Last auf andere Tage verteilen lässt beziehungsweise ob es sich bei den Engpässen nur um Peaks handelt, die einen Ausbau des Systems nicht rechtfertigen.

Monitoring und Reporting

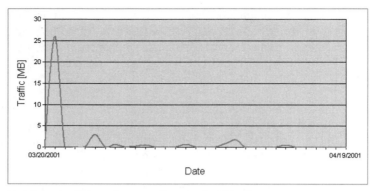

Verteilung des Datenaufkommens über den Berichtszeitraum

- **Daily Traffic** – Für die Planung von automatischen Datentransfers über das Internet oder den Download von Websites in den Cache des ISA-Servers oder auch, um Zeiten zu ermitteln, in denen eine Wartung am Server die wenigsten Anwender betrifft, können Sie dieser Aufstellung entnehmen, zu welcher Zeit wie viel Datenverkehr über den ISA-Server abgewickelt wird. Die Liste berücksichtigt dabei nur die Zeiten, zu denen wirklich Daten übertragen wurden. Wie Sie im unten abgebildeten Beispiel sehen, hat innerhalb des Berichtsintervalls keine Übertragung vor 11:15 Uhr und nach 22:45 Uhr stattgefunden. Die Zeiten um 14:45 Uhr oder 15:45 Uhr eignen sich auch sehr gut für eine Abschaltung des ISA-Servers zu Wartungszwecken.

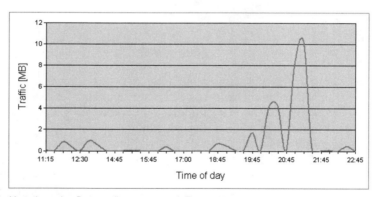

Verteilung des Datenaufkommens nach Tageszeiten sortiert

Web Usage

Über diesen Report erhalten Sie eine Übersicht über die Zugriffe auf Webserver, die über den Web-Proxy-Dienst des ISA-Servers abgewickelt werden.

- *Top Web Users* – Siehe Summary, die Daten beziehen sich an dieser Stelle allerdings ausschließlich auf Web-Traffic.
- *Top Web Sites* – siehe Summary
- *Protocols* – Nicht nur der gesamte Verkehr über den Proxy ist für einen Administrator interessant, sondern auch eine weitere Aufschlüsselung nach einzelnen Protokollen. Dadurch lassen sich Ursachen für Engpässe leichter erkennen. So müssen Sie zum Beispiel für eine mit SSL gesicherte Verbindung immer rund 10 %-15 % Overhead für die Verschlüsselung einrechnen. Je nach Konfiguration des ISA-Servers verdoppelt sich dieser Overhead noch, da die Daten erst, vom Webserver kommend, am ISA-Server entschlüsselt werden und dann für die sichere Übertragung zum Client erneut verschlüsselt werden müssen. Bei einer zu starken Belastung des ISA-Servers könnten Sie das System etwas entlasten, wenn die Kommunikation zwischen ISA-Server und Client nicht durch Verschlüsselung gesichert werden muss.

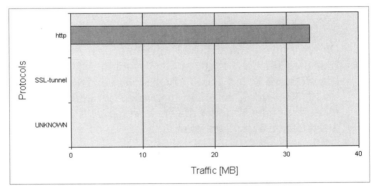

Aufstellung der Verwendung des Proxy-Servers nach Protokollen sortiert

- *HTTP Responses* – Jeder Webserver liefert außer den angeforderten Daten auch immer einen Statuscode zurück. Dieser Code gibt an, ob die Anfrage erfolgreich bearbeitet werden konnten, oder welcher Fehler beim Zugriff aufgetreten ist. Der blaue Bereich (*Success*) zeigt an, dass das angeforderte Objekt vom Webserver übertragen werden konnte. Zusammen mit dem weinroten Bereich (*Object moved*), bei dem der Server das Objekt zwar liefert, aber dabei meldet, dass das Objekt an einen neuen Ort verschoben wurde, ergeben die beiden Bereiche die erfolgreich vom Webserver empfangenen Daten. Gelb (*Authorization failure*) steht für Übertragungsfehler aufgrund fehlender oder falscher Anmeldung am Ziel-

Monitoring und Reporting

webserver. Falls dieser Bereich deutlich zunimmt, sollten Sie einen tieferen Einblick in die Protokolldateien nehmen und nachsehen, ob diese Zugriffsverletzungen von einem oder einer kleinen Gruppe von Benutzern ausgeht, die sich unter Umständen als Hacker versuchen. Hellblau (*Object not found*) lässt auf eine Falscheingabe, veraltete Bookmarks oder nicht aktuelle Links schließen, da hier der Webserver das angeforderte Objekt einfach nicht auffinden konnte. Violett (*Other*) schließlich steht für alle anderen Fehlermeldungen, wie zum Beispiel interne Fehler des Webservers.

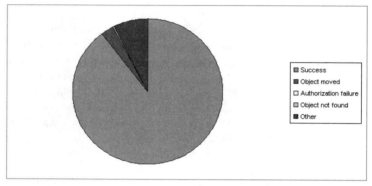

Anteile der Rückmeldungen von Webservern an den ISA-Server

- **Object Types** – Auch diese Grafik hilft dem Administrator wieder dabei, Ursachen für hohe Last auf der Verbindung zum Internet zu entdecken. Die meistens Daten, die ein Webserver sendet, bekommen eine Kennung im HTTP-Header, der den Datentypen beziehungsweise das Format definiert, damit der Browser die entsprechende Komponente zur Darstellung dieser Daten aktivieren kann.

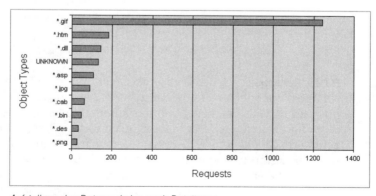

Aufstellung des Datenverkehrs nach Dateitypen

Erstellen von Berichten

Solange die übertragenen Dateien tatsächlich noch für den Aufbau von Webseiten im Browser verwendet werden, kann eine zu starke Belastung der Verbindung nur schwer eingeschränkt werden. Wird die Liste dagegen von Dateien wie MP3 oder MPEG, also Audio- und Videoformaten, angeführt und kommt es dabei zu Engpässen bei der Nutzung des Internet, kann der Administrator anhand dieser Informationen Filter setzen und diese Datentypen sperren.

- **Browsers** – Eine Aufstellung verwendeter Browser ist hauptsächlich für die Administratoren interessant, die über den ISA-Server den Zugriff auf ihren internen Webserver absichern und beschleunigen. Sie erkennen so sehr einfach, welche Browser auf die Websites zugreifen, und wissen dann, auf welche Browser Sie die Seiten optimieren können beziehungsweise welche Unterstützungen nur noch „Altlasten" sind und aus den Seiten entfernt werden können.

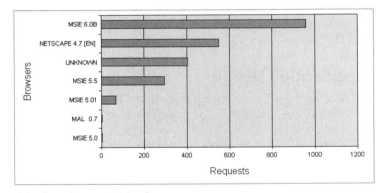

Aufstellung der verwendeten Browser

- **Operating Systems** – Ebenfalls wichtig für den Administrator, der einen eigenen Webserver über den ISA-Server für Anwender im Internet verfügbar macht, ist die Liste der von den Benutzern im Internet verwendeten Betriebssysteme. Falls Sie prozessor- oder betriebssystemspezifische Erweiterungen zum Download auf den Webseiten anbieten, wissen Sie exakt, welche davon am häufigsten zum Einsatz kommen und welche ebenfalls wieder als „Altlasten" aus dem System entfernt beziehungsweise nicht mehr in vollem Umfang unterstützt werden müssen.

Monitoring und Reporting

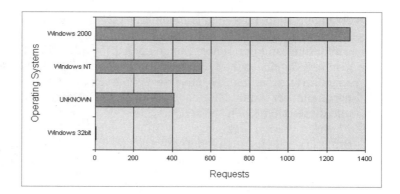

- **Browsers vs. Operating Systems** – Zu dieser Auswertung wurde aufgrund der Komplexität der Daten keine Grafik erstellt, sondern lediglich eine Tabelle eingefügt. Diese Tabelle ist eine Kombination aus den letzten beiden Informationen und bietet eine Übersicht über die verwendeten Browser in Zusammenhang mit dem dabei jeweils verwendeten Betriebssystem.

Application Usage

- **Protocols** – Die Auflistung der verwendeten Protokolle kann als Basis für eine Aufteilung der Funktionen des ISA-Servers dienen. Wenn Sie feststellen, dass einige Protokolle während Zeiten starker Prozessorlast auf dem ISA-Server besonders intensiv genutzt werden, sollten Sie überlegen, diese Protokolle auf einen separaten Server auszulagern und die Zugriffe durch diese Verteilung wieder zu beschleunigen.

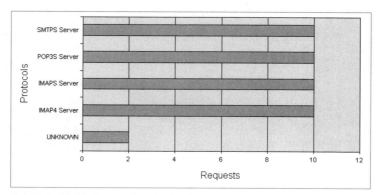

Anzahl der Verbindungen über den ISA-Server, sortiert nach Protokollen

- **Top Application Users** – siehe Summary, Top Users
- **Top Applications** – In dieser Grafik sehen Sie die Verteilung der Anwender auf die verschiedenen Zugriffsarten wie SecureNAT und Proxy-Client.

Erstellen von Berichten

- *Operating Systems* – siehe Web Usage
- *Top Destinations* – siehe Summary, Top Web Sites

Traffic & Utilization

- *Protocols* – siehe Summary
- *Traffic* – siehe Summary
- *Cache Performance* – siehe Summary
- *Connections* – Es mag zunächst so erscheinen, dass die Anzeige für die bestehenden Verbindungen in etwa mit denen für die übertragenen Datenmengen recht identisch ist. Dies ist oft aber nicht der Fall, weil einerseits über viele Verbindungen nur wenige Daten übertragen werden können, bei großen Downloads dagegen mit wenigen Verbindungen eine große Datenmenge übertragen wird. Ein Anstieg der Verbindungen bei gleich bleibend geringem Datenvolumen kann auch Anzeichen für einen Angriff auf Ihre Server sein, bei dem versucht wird, die maximale Anzahl der möglichen Verbindungen auf einem Server zu öffnen und damit diesen für alle anderen Benutzer zu blockieren.

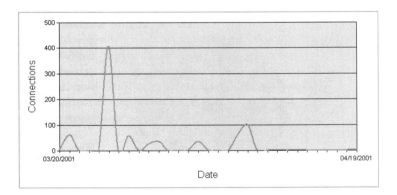

- *Processing Time* – Falls die Anwender melden, dass der Zugriff auf Daten im Internet langsam ist, können Sie das mit dieser Grafik leicht überprüfen. Sie sehen hier zu jedem Tag die durchschnittliche Antwortzeit des ISA-Servers, also die Zeit, die zwischen dem Eintreffen der Anfrage des Clients und dem Weiterleiten der Daten vom Server im Internet an den Client vergangen ist. Wie Sie in der Grafik deutlich sehen, ist an einem Tag die Antwortzeit sehr hoch, hier ist es also zu starken Verzögerungen gekommen.

Monitoring und Reporting

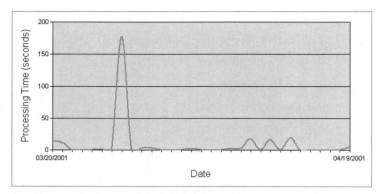

Reaktionsgeschindigkeit des ISA-Servers auf Client-Anfragen

- **Daily Traffic** – siehe Sumary
- **Errors** – Wenn es zu Fehlern beim Zugriff kommt, nutzt der Anwender entweder den Firewall-Service über den Proxy-Client oder den Secure-NAT-Client oder die Verbindung wird über den Web-Proxy hergestellt. Hellblau dargestellt sind die Zugriffsfehler über den Web-Proxy und dunkelblau alle fehlgeschlagenen Verbindungsversuche über den Firewall-Dienst.

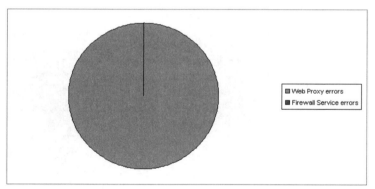

Verteilung der Zugriffsfehler

Security

- **Authorization Failures** – In dieser Ansicht sehen Sie alle Zugriffsfehler, die während des Protokollzeitraums aufgetreten sind.
- **Dropped Packets** – In dieser Grafik werden die Benutzernamen, oder wenn die Namen nicht ermittelt werden können, die IP-Adressen der Computer angezeigt, von denen die meisten Pakete vom ISA-Server aufgrund von Filterregeln abgewiesen wurden. Sie sehen hier einerseits, ob in der aktuellen Konfiguration Fehler vorliegen (weil dem Anwender be-

Erstellen von Berichten

ziehungsweise von seinem Computer aus der Zugriff erlaubt sein sollte) oder ob Anwender die Grenzen des Systems austesten und so versuchen, Lücken in der Sicherheit zu finden.

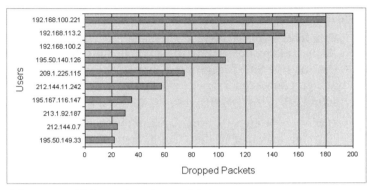

Auflistung vom ISA-Server abgewiesener Pakete

Konfigurieren der Berichtsdarstellung

Die Teilberichte sind nicht so statisch, wie sie in der Anzeige im Webbrowser zunächst erscheinen. Für jede Teilberichtsart können Sie die Darstellung in einigen Punkten modifizieren. Wählen Sie dazu im Container für die Teilberichte im Kontextmenü den Punkt *Properties*. In der folgenden Aufstellung finden Sie alle Optionen der einzelnen Teilberichte. Registerkarten mit identischen Inhalten sind nur einmal beschrieben.

Die von Ihnen durchgeführten Änderungen in den Einstellungen sind sofort wirksam, da der Bericht selbst immer erst aus den gesammelten Daten generiert wird, wenn Sie ihn mit einem Doppelklick öffnen.

Summary

- **Top Users** – Unter *Top users number* definieren Sie die maximale Anzahl der aufgelisteten Benutzer. Anschließend definieren Sie, nach welchem Kriterium die Sortierung erfolgen soll. Wählen Sie dazu eine der folgenden Optionen: *Requests* (Anzahl der Zugriffe), *Bytes In* (vom Server empfangene Bytes), *Bytes Out* (zum Server gesendete Bytes), *Total Bytes* (gesendete und empfangene Bytes).

- **Top Web Sites** – Auch hier wählen Sie die Anzahl der maximal dargestellten Websites wieder über *Top sites number* und legen anschließend die Grundlage der Sortierung fest. *Requests* (Anzahl der Zugriffe), *Users* (Anzahl der Benutzer, die auf diese Webseite zugegriffen haben), *Bytes In* (von der Website empfangene Bytes), *Bytes Out* (an die Website gesendete Bytes), *Total Bytes* (gesendete und empfangene Bytes).

- **Cache Hit Ration** – Hier legen Sie lediglich fest, wonach die Daten sortiert werden, *Requests* (Anzahl der Zugriffe auf den Cache) oder *Bytes* (Anzahl der Bytes, die aus dem Cache gelesen wurden).

Web Usage

- **Protocols** – Hier geben Sie ebenfalls nur wieder das Sortierkriterium an. *Requests* (Anzahl der Zugriffe auf eine Site), *Users* (Anzahl der Benutzer, die auf eine Site zugegriffen haben), *Bytes In* (Anzahl der von der Website empfangenen Bytes), *Bytes Out* (Anzahl der an die Website gesendeten Bytes), *Total Bytes* (Gesendete und empfangene Bytes).

- **Browsers** – Unter *Top browsers number* geben Sie zunächst an, wie viele Einträge maximal in die Liste aufgenommen werden sollen, und legen anschließend das Kriterium fest. *Requests* (Anzahl der Anfragen) oder *Users* (Anzahl der Benutzer).

- **Operating Systems** – Unter *Top OS number* geben Sie zunächst an, wie viele Einträge maximal in die Liste aufgenommen werden sollen, und legen anschließend das Kriterium fest. *Requests* (Anzahl der Anfragen) oder *Users* (Anzahl der Benutzer).

Application Usage

- **Protocols** – Die Sortierung der verwendeten Protokolle kann entweder anhand der über ein Protokoll gesendeten *Requests* oder der *User* durchgeführt werden, die diese Protokolle nutzen.

- **Top Users** – Bei der Aufstellung der Top User stehen gleich mehrere Optionen für das Sortierkriterium zur Verfügung. Als Erstes können Sie wieder die Höchstzahl unter *Top users number* angeben. Die Sortierung selbst erfolgt dann nach *Requests* (Anzahl der Anfragen), *Bytes In* (Menge der empfangenen Bytes), *Bytes Out* (Menge der gesendeten Bytes) oder *Total Bytes* (Gesendete und empfangene Bytes).

- **Client Applications** – Die am häufigsten verwendeten Anwendungen können über *Top applications number* zunächst wieder in der Menge beschränkt und anschließend entweder nach *Requests* (Anzahl der Zugriffe) oder *Users* (Anzahl der Benutzer, die dieses Protokoll verwendet haben) sortiert werden.

- **Destinations** – Die am häufigsten ausgewählten Zielsysteme sind ebenfalls wieder zu beschränken über *Top destinations IP number*. Anschließend geben Sie das Sortierkriterium an: *Requests* (Anzahl der Zugriffe), *Users* (Anzahl der Benutzer), *Bytes In* (Menge empfangener Bytes), *Bytes Out* (Menge gesendeter Bytes), *Total Bytes* (Gesendete und empfangene Bytes):

Erstellen von Berichten

Traffic & Utilization

Alle hier vorzunehmenden Einstellungen wurden bereits für die anderen Teilbereichte beschrieben.

Security

- ***Authorization Failures*** – Da es bei Fehlern keine alternative Möglichkeit der Auswertung gibt, können Sie unter *Top users number* nur angeben, wie viele Einträge höchstens angezeigt werden.

- ***Dropped Packets*** – Auch hier können Sie wieder nur angeben, wie viele Einträge maximal in die Liste aufgenommen werden. Geben Sie den entsprechenden Wert im Feld *Top clients number* ein.

Verwalten der Berichte

Die Berichte bleiben leider dauerhaft auf dem Server gespeichert und werden nicht automatisch gelöscht, sobald ein Job erneut ausgeführt wird. An dieser Stelle haben Sie leider auch keine Möglichkeit, Berichte innerhalb eines bestimmten Intervalls oder nach Erreichen einer bestimmten Anzahl automatisch löschen zu lassen. Falls Sie einen Bericht nicht mehr benötigen, wählen Sie im Kontextmenü dieses Berichts *Delete* und bestätigen Sie die anschließende Sicherheitsabfrage.

Falls Sie einen Bericht für eine spätere Verwendung, zur Weitergabe oder für andere Arten der Auswertung archivieren wollen, dann steht Ihnen die Funktion zum Export in eine Microsoft Excel-Datei zur Verfügung. Wählen Sie unter *Reports* den gewünschten Bericht aus, klicken Sie im Kontextmenü des Berichts auf *Save as* und wählen Sie den Namen und den Pfad für die Excel-Datei. Damit können allerdings nur komplette Berichte exportiert werden, keine Ansichten, wie Sie in den Unterordnern von *Reports* zu finden sind. Diese Daten können Sie nun entweder in Microsoft Excel aufbereiten oder in eine Datenbank wie zum Beispiel Microsoft Access importieren und dort weiterverarbeiten.

Auch wenn die Teilberichte nicht als Excel-Datei abgespeichert werden können, besteht trotzdem die Möglichkeit des Exports dieser Daten, allerdings nur so, wie sie bei der Ansicht auch dargestellt werden, als HTML-Dateien. Wählen Sie dazu unter *Reports* den Container mit den entsprechenden Teilberichten und dort den gewünschten Teilbericht. Über die Funktion *Save as* im Kontextmenü dieses Berichts speichern Sie die Daten nach Angabe von Pfad und Dateiname anschließend im HTML-Format.

Effizientere Berichterstellung durch Summaries

Die Berichte werden immer anhand der Protokolldateien des ISA-Servers erstellt. Dieser Vorgang ist natürlich nicht besonders effizient, da die Textdateien immer erst interpretiert werden müssen. Außerdem können die Berichte auch nur aus den Protokolldateien erstellt werden, die auch tatsächlich vorhanden sind. Wenn Sie jedoch eingestellt haben, dass zum Beispiel täglich eine neue Protokolldatei erstellt und nur die letzten sieben Dateien behalten werden, so ist natürlich auch kein Monatsbericht möglich.

Dieses Manko wird mit den Log Summaries behoben. Dies sind tägliche und monatliche Zusammenfassungen, die nur die für die Berichte benötigten Informationen enthalten und diese in binärer Form speichern. Außerdem werden die Daten innerhalb dieser Zusammenfassung gespeichert, auch wenn die Protokolldatei, aus der diese Informationen entnommen wurden, bereits wieder vom System gelöscht ist.

Die Erstellung der Summaries ist nach der Installation des ISA-Servers zunächst aktiviert und erfolgt immer um 00:30 Uhr. Diese Zeit kann nicht verändert werden. Auch wenn Sie keine Berichte erstellen lassen, werden diese Zusammenfassungen zunächst erstellt.

Einige Optionen können Sie aber über die Eigenschaften des Containers *Report Jobs* unterhalb des Containers *Monitoring Configuration* auf der Registerkarte *Log Summaries* verändern.

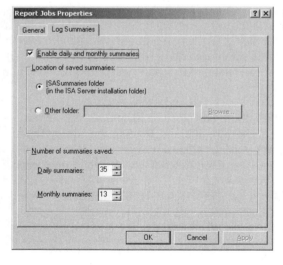

Konfiguration der Zusammenfassungen

Erstellen von Berichten

Generell können Sie auch hier zunächst über das Kontrollfeld *Enable daily and monthly summaries* angeben, ob die Zusammenfassungen erstellt werden oder nicht. Falls Sie die Erstellung der Zusammenfassungen deaktivieren, müssen Sie allerdings dafür sorgen, dass die Protokolldateien des Zeitraums, über den sich die Berichte erstrecken, auch vorhanden sind, was nicht nötig ist, wenn die Summaries erstellt werden. Außerdem wird dadurch der Vorgang der Berichterstellung verlangsamt.

Gespeichert werden die Zusammenfassungen in einem internen Format mit der Erweiterung *.ils* im Ordner *ISASummaries* unterhalb des ISA-Server-Programmverzeichnisses. Hier gilt, was den benötigten Speicherplatz und den Schutz vor Manipulationen angeht, natürlich das Gleiche wie für die Protokolldateien. Daher sollten Sie auch hier einen anderen Speicherort auswählen, indem Sie die Option *Other Folder* aktivieren und anschließend einen neuen Pfad eingeben oder über *Browse* auswählen.

Damit das ausgewählte Laufwerk nicht mit den Zusammenfassungen überläuft, werden alte Dateien automatisch gelöscht. Die täglichen Zusammenfassungen bleiben fünf Wochen gespeichert, die monatlichen 13 Monate. Diese Werte ändern Sie über die Auswahlfelder *Daily summaries* und *Monthly summaries*.

Monitoring und Reporting

10. Migration vom Proxy-Server 2.0 zu ISA-Server 2000

Dieses Kapitel ist für die Leser relevant, die bereits den Microsoft Proxy-Server 2.0 installiert haben und ein Update auf den ISA-Server durchführen wollen. In den häufigsten Fällen wird als Basis-Betriebssystem für den Proxy-Server 2.0 noch Windows NT 4.0 dienen. Allerdings wird auch Windows 2000 in vielen Fällen anzutreffen sein, nachdem Microsoft für eine bestimmte Zeit ein Bundle, bestehend aus Windows 2000, Exchange 2000 und Proxy-Server 2.0 inklusive einem Update-Gutschein für den ISA-Server, angeboten hat.

Wir werden in diesem Abschnitt alle Variationen behandeln. Insbesondere finden Sie hier Informationen zu folgenden Themen:

- Update von Windows NT 4.0 auf Windows 2000
- Migration einer NT 4.0-Domäne zum Windows 2000-Active Directory
- Vorbereitung, Durchführung und Abschluss des Updates von Proxy-Server 2.0 auf ISA-Server 2000

Wir gehen in diesem Kapitel nicht unbedingt davon aus, dass Sie die komplette Migration von Proxy-Server 2.0 zu ISA-Server 2000 an einem Stück durchführen, sondern unter Umständen immer nur bestimmte Zeitfenster nutzen können, in denen die Anwender keinen Internetzugriff benötigen. Daher werden wir alle Schritte zur Migration so anlegen, dass Sie dazwischen jederzeit wieder eine Pause einlegen können, während der das System von den Anwendern weiterhin verwendet werden kann.

Update-Schritte

Dies ist eine Aufstellung aller Arbeitsschritte zur Migration eines Proxy-Servers 2.0 auf einem Windows NT 4.0-Server auf den ISA-Server 2000 unter Windows 2000. Je nach Konfiguration entfallen einer oder mehrere dieser Schritte.

1 Installation des Service Packs 1 für MS Proxy-Server 2.0.

2 Entfernen des Proxy-Servers 2.0 aus einem Array.

3 Update von Windows NT 4.0 auf Windows 2000.

Migration vom Proxy-Server 2.0 zu ISA-Server 2000

4 Update von Windows 2000 mit Service Pack 2.

5 Vorbereitung des Active Directory.

6 Erweitern des Active Directory-Schemas.

7 Update des Proxy-Servers 2.0 mit dem Servicepack für Windows 2000.

8 Update des Proxy-Servers 2.0 auf ISA-Server 2000.

9 Nachbereitung des Updates.

10.1 Einschränkungen

Nicht alle Einstellungen können bei der Migration vom Proxy-Server 2.0 zum ISA-Server 2000 übernommen werden. Folgende Einschränkungen sind bei der Übernahme der Daten und Konfigurationen zu beachten:

- **Veröffentlichte Server** – Bisher musste auf veröffentlichten Servern der Proxy-Client installiert sein. Dies ist beim ISA-Server nicht mehr nötig, die Software kann also entfernt werden. Damit besteht auch keine Gefahr von Inkompatibilitäten zwischen den Diensten auf dem veröffentlichten Server und dem Proxy-Client mehr. Zusätzlich eröffnet sich damit die Möglichkeit, auch Server zu veröffentlichen, die bisher überhaupt nicht eingesetzt werden konnten, da ein anderes Betriebssystem als Microsoft Windows verwendet wurde, für das kein Proxy-Client verfügbar ist.

- **Cache** – Die Verwaltung des Proxy-Cache wurde beim ISA-Server grundlegend geändert, weshalb der alte, vom Proxy-Server 2.0 angelegte Cache nicht weiter verwendet werden kann. Bei der Installation des ISA-Servers wird der alte Cache komplett gelöscht und mit den aus der Konfiguration übernommenen Einstellungen neu angelegt. Nach dem ersten Start des ISA-Servers werden die Zugriffe durch die Webbrowser und FTP-Clients also zunächst etwas langsamer bedient werden, da zunächst der Cache mit den direkt aus dem Internet bezogenen Daten neu gefüllt werden muss.

- **SOCKS** – Bereits für den Proxy-Server 2.0 definierte SOCKS-Regeln werden nicht in die neue Konfiguration übertragen. Stattdessen müssen den die standardmäßig installierten SOCKS-Filter konfigurieren und verwenden.

- **IPX** – Das IPX-Protokoll wird vom ISA-Server nicht mehr unterstützt. Alle Clients, die vorher über dieses Protokoll mit dem Proxy-Server 2.0 kommuniziert haben, müssen vor dem Update auf TCP/IP umgestellt beziehungsweise zusätzlich mit diesem Protokoll ausgestattet werden, falls andere Dienste, wie zum Beispiel Novell Netware 3.x- oder 4.x-Server, noch den Einsatz von IPX voraussetzen. Ab der Version 5.0 unterstützt

Novell Netware auch den Einsatz von TCP/IP, wozu auf den Workstations lediglich der Netware Client von Novell installiert werden muss, da der Netware Client von Microsoft lediglich IPX nutzt.

- **Web Proxy Port** – Der Standard-Port für dem Web-Proxy-Dienst des ISA-Servers ist 8080, wogegen der Proxy-Server 2.0 Port 80 verwendete. Nach der Umstellung muss daher bei allen Webbrowsern der Port für den Web-Proxy umgestellt werden. Alternativ können Sie auch den Port auf dem ISA-Server wieder auf den alten Standardwert 80 zurücksetzen, was keine weiteren Einstellungen an den Clients erfordert.

Keine Einschränkungen dagegen gelten bei den Workstations, auf denen der Proxy-Server-Client installiert wurde. Dieser Client und der neue, vom ISA-Server zur Verfügung gestellte Client sind kompatibel, weshalb hier kein sofortiges Update nötig ist. Aufgrund der erweiterten Funktionalität sollten Sie dieses Update des Clients im Zuge von Wartungen an den Workstations trotzdem durchführen.

10.2 Vorbereitung des Proxy-Servers 2.0

Damit die Migration überhaupt durchgeführt werden kann, muss die Proxy-Server 2.0-Software zunächst auf den aktuellsten Stand gebracht und zusätzlich eine Erweiterung installiert werden, die den Einsatz unter Windows 2000 erlaubt.

Proxy-Server 2.0-Service Pack 1

Zunächst muss der Proxy-Server 2.0 auf den aktuellen Servicestand gebracht werden. Das Service Pack 1 steht unter http://www.microsoft.com/proxy/downloads/DLServicePack1.asp zum Download bereit. Führen Sie nach dem Download die Datei *Msp2sp1i.exe* aus und starten Sie anschließend den Computer neu.

Entfernen des Proxy-Servers 2.0 aus einem Array

Der Zusammenschluss mehrerer Proxy-Server 2.0 zu einem Array wird anders durchgeführt als die gleiche Option des ISA-Servers. Daher muss der Proxy-Server 2.0 vor dem Update aus dem Array entfernt werden. Starten Sie dazu die Proxy-Server-Verwaltung und öffnen Sie die Eigenschaften des Eintrags *Web Proxy*. Auf der Registerkarte *Service* wählen Sie nun die Schaltfläche *Join Array*.

Migration vom Proxy-Server 2.0 zu ISA-Server 2000

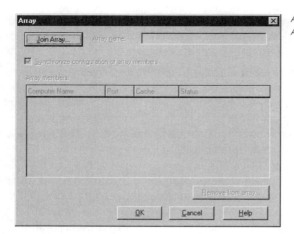

Anzeige der Proxy-Server 2.0-Array-Konfiguration

Wählen Sie nun den gewünschten Server aus der Liste aus und entfernen Sie ihn über *Remove from array* aus dem Array.

10.3 Update von Windows NT 4.0 auf Windows 2000

Nachdem der Proxy-Server 2.0 nun soweit vorbereitet ist, kann das Update des Betriebssystems durchgeführt werden. Auch hier sind zunächst ein paar vorbereitende Schritte nötig. Wir gehen dabei davon aus, dass der Proxy-Server auf einem Windows NT 4.0-Mitgliedsserver installiert wurde.

Vorbereitung des Betriebssystem-Updates

Bevor das Update auf Windows 2000 durchgeführt werden kann, müssen ebenfalls zunächst einige Schritte ausgeführt werden. Als Erstes muss Windows NT 4.0 so weit aktualisiert werden, dass ein Update überhaupt durchgeführt werden kann. Installieren Sie dazu Windows NT 4.0-Servicepack 6 auf dem Server. Nach der Installation des Servicepacks muss der Server neu gestartet werden.

Da der Proxy-Server 2.0 zunächst unter Windows 2000 nicht funktionstüchtig ist und die Neustarts des Servers beim Update unnötig behindert, beenden und deaktivieren Sie zunächst folgende Dienste unter *Control Panel/ Services*, indem Sie den jeweiligen Dienst auswählen, über *Stop* beenden und anschließend über *Startup* die Startoption von *Automatic* oder *Manual* auf *Disabled* setzen:

Update von Windows NT 4.0 auf Windows 2000

- Microsoft Proxy-Server Administration
- Microsoft Winsock Proxy-Service
- Proxy Alert Notification Service
- World Wide Web Publishing Service

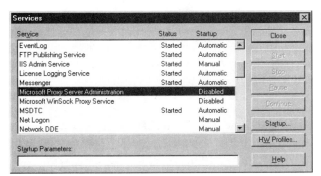

Beendete und deaktivierte Dienste des Proxy-Servers 2.0

Durchführung des Updates auf Windows 2000

Um das Update auf Windows 2000 durchzuführen, legen Sie die Windows 2000-Server- oder Advanced Server-CD ein und warten Sie, bis Sie über die Autostart-Funktion die Frage angezeigt bekommen, ob Sie das Windows 2000-Setup ausführen wollen. Starten Sie das Setup und geben Sie anschließend an, dass ein Update des bestehenden Systems durchgeführt werden soll und keine Neuinstallation.

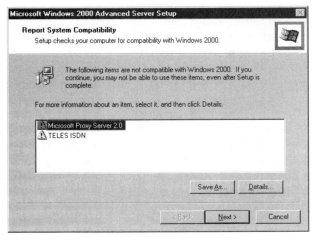

Meldung über möglicherweise inkompatible Komponenten und Treiber

Migration vom Proxy-Server 2.0 zu ISA-Server 2000

Nach der Überprüfung der installierten Komponenten wird das Installationsprogramm eine Fehlermeldung ausgeben und anzeigen, dass eine oder mehrere Komponenten nach dem Update auf Windows 2000 unter Umständen nicht mehr funktionieren werden. Eine der Komponenten wird der Proxy-Server 2.0 sein. Da Sie die zugehörigen Dienste aber bereits im Vorfeld deaktiviert haben, brauchen wir uns an dieser Stelle keine Sorgen zu machen und könnten mit der Installation fortfahren, wenn die Treiber für die ISDN-Karte nicht als inkompatibel erkannt worden wären. Nach dem Update muss daher eine aktuelle Version des Treibers für Windows 2000 installiert werden. Nach einigen Neustarts steht der auf Windows 2000 aktualisierte Server anschließend wieder zur Verfügung.

Aktualisierung von Windows 2000

Windows 2000 weist leider einige Fehler auf. Daher muss vor der Installation des ISA-Servers zunächst zumindest das Service Pack 1 für Windows 2000 eingespielt werden. Sie finden das Service Pack 1 auf der ISA-Server-CD im Verzeichnis *\Support\Windows2000_sp1* als einzelne, selbst entpackende Datei beziehungsweise im Verzeichnis *\Support\Windows2000_sp1\i386* bereits entpackt. Mittlerweile ist bereits mindestens Windows 2000-Service Pack 2 verfügbar, das Sie unter www.microsoft.com/windows2000 downloaden können. Dieses beinhaltet auch die Fehlerkorrekturen aus Service Pack 1 und die so genannten Hotfixes, es genügt also, nach der Installation von Windows 2000 nur Service Pack 2 einzuspielen.

Das Servicepack liegt als selbst entpackende Datei mit dem Namen *Sp2network.exe* vor oder bereits entpackt. Im ersten Fall rufen Sie einfach die Datei auf, womit die Installation automatisch gestartet wird. Im zweiten Fall starten Sie im Unterverzeichnis *Update* das Programm *Update.exe*.

Bestätigen Sie danach, dass Sie mit den Lizenzvereinbarungen einverstanden sind, indem Sie das Kontrollfeld *Ich stimme dem Lizenzvertrag zu* aktivieren. Erst wenn Sie das entsprechende Feld aktiviert haben, können Sie die Installation fortsetzen. Bereits aktiviert ist dagegen das Kontrollfeld *Backup files neccessary to uninstall this Service Pack at a later time*. Alle veränderten Dateien werden dann in einem Unterverzeichnis des Windows 2000-Systemdirectorys gesichert. Um möglichst wenig Speicherplatz zu verwenden, wird auf NTFS-Volumes die Komprimierung eingeschaltet. Wenn Sie sicher sind, dass Sie das Servicepack nicht wieder entfernen wollen, dann können Sie dieses Kontrollfeld auch deaktivieren und damit Speicherplatz sparen. Klicken Sie danach auf *Install* um das Update zu starten.

Das Installationsprogramm ermittelt nun, welche Windows 2000-Komponenten auf Ihrem Server installiert wurden und was davon jetzt aktualisiert werden kann. Anschließend werden alle benötigten Dateien übertragen. Nach

Abschluss der Installation muss ein Neustart des Computers durchgeführt werden, damit alle Module neu geladen werden können. Klicken Sie dazu auf *Restart*.

Um zu ermitteln, ob das Service Pack 2 auf diesem Computer bereits installiert wurde, geben Sie unter *Start/Run* das Kommando „Winver" ein.

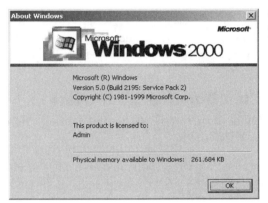

Anzeige der Windows-Version über das Kommando Winver

Dieser Computer läuft unter der Windows-Version 5.0, also Windows 2000. Service Pack 2 ist bereits installiert.

Vorbereiten des Active Directory

Wenn sie beschlossen haben, den ISA-Server zusammen mit anderen Servern zu einem Array zusammenzuschließen, dann muss die Konfiguration der Server in einer zentralen Datenbank gespeichert werden. Microsoft hat dafür das Active Directory vorgesehen. Steht dies nicht zur Verfügung, können die Server nur im Stand-alone-Modus installiert werden und müssen jeweils einzeln konfiguriert werden.

Erstellen einer Active Directory-Domäne

Alle Administratoren, die schon unter Windows NT 4.0 Domänen erstellt haben, kennen die starre Festlegung, dass ein Domänencontroller nach der Installation nicht mehr verändert werden kann und neu installiert werden muss, wenn er zu einem einfachen Mitgliedsserver heruntergestuft werden soll. Gleiches gilt für das Heraufstufen einen Mitgliedsservers zu einem Domänencontroller.

Windows 2000-Server dagegen werden zunächst immer als Mitgliedsserver installiert und erst im Anschluss zu einem Domänencontroller heraufgestuft. Das Hilfsprogramm Dcpromo führt Sie dazu als Assistent durch alle notwendigen Schritte. Vorher allerdings müssen Sie dafür sorgen, dass zumindest ein Laufwerk mit dem NTFS-Dateisystem formatiert ist, da die Dateien aus Sicherheitsgründen auf keinem anderen Dateisystem abgelegt werden können.

> **Hinweis**
>
> **Lokale Benutzerkonten werden gelöscht**
>
> Windows 2000-Server können nur auf eine einzige Benutzerdatenbank zugreifen, weshalb die lokale Benutzerdatenbank gelöscht wird, sobald ein Server zu einem Domänencontroller heraufgestuft wird.

Erstellen des ersten Domänencontrollers

Nach dem Start des Programms *Dcpromo* startet der Assistent für die Einrichtung von Active Directory-Domänen.

1 Geben Sie zuerst an, dass Sie einen Domänencontroller für eine neue Domäne erstellen wollen, da Sie an dieser Stelle ja noch keine Active Directory-Domäne installiert haben. Im späteren Verlauf würden Sie dann zusätzliche Domänencontroller für eine bestehende Domäne einrichten.

2 Auch die nächste Entscheidung wird uns vorweggenommen, da bisher noch keine Active Directory-Domäne existiert. Erstellen Sie daher jetzt eine neue Domänenstruktur.

3 Weiterhin bleibt uns auch bei der nächsten Abfrage keine andere Wahl als eine neue Gesamtstruktur aus Domänenstrukturen zu erstellen.

4 An dieser Stelle müssen Sie der neuen Active Directory nun einen Namen geben. Als Erstes wird dazu der Gesamte DNS-Name für die neue Domäne angegeben. In unserem Beispiel wäre dies *isa2000.ad*.

5 Um die Kompatibilität zu Windows NT zu wahren, benötigt die Domäne zusätzlich zum neu eingeführten DNS-Namen auch noch einen NetBIOS-Domänennamen. Der Assistent schlägt dabei den ersten Teil des DNS-Namens vor. Diesen Vorschlag sollten Sie übernehmen, um leicht eine Zuordnung zwischen den beiden Namen durchführen zu können.

6 Den Speicherort für die Datenbank des Active Directory sowie die zugehörigen Protokolldateien können Sie frei wählen. Beachten Sie bei der Auswahl nur, dass ausschließlich mit NTFS formatierte Laufwerke verwendet werden können.

7 Für den Anmeldeprozess wird auf dem Domänencontroller eine Freigabe benötigt, von der sich Server und Workstations Informationen holen können. Was unter Windows NT die Freigabe NETLOGON übernahm, ist heute für Windows 2000 der *SYSVOL*-Ordner. Geben Sie ein Verzeichnis an, das über diese Freigabe zur Verfügung gestellt wird.

8 Bisher haben wir noch keinen DNS-Server eingerichtet, der die angegebene DNS-Domäne verwaltet. Diese Arbeitsschritte können aber vom Assistenten automatisch durchgeführt werden, weshalb Sie hier *Yes, install and configure DNS on this Computer* wählen. Legen Sie die Windows 2000-Server-CD beziehungsweise die Windows 2000-Service Pack-CD ein, sobald das Programm Sie dazu auffordert.

9 Zum Beispiel für die Anmeldung an einem RAS-Server können Sie nun auswählen, welchem Stand die Berechtigungen angepasst werden sollen. Um Kompatibilitätsprobleme zu vermeiden, sollen *Permissions compatible only with Windows 2000 Servers* eingerichtet werden.

10 Falls es einmal zu einem Absturz kommt, kann das Active Directory offline wiederhergestellt werden. Damit kein Unbefugter diese Änderung durchführen kann, sichern Sie das Verzeichnis durch ein zusätzliches Kennwort, für das Sie aus Sicherheitsgründen anschließend noch eine Kennwortbestätigung eingeben müssen.

11 Die Zusammenfassung ist die letzte Möglichkeit, die Einstellung noch zu verändern. Sobald Sie auf *Next* klicken, wird die Installation des Active Directory auf diesem Server gestartet. Dieser Vorgang kann bis zu einer halben Stunde dauern. Danach muss der Server neu gestartet werden.

Einrichten eines weiteren Domänencontrollers für eine Domäne

Wie schon erwähnt, sollte in jeder Domäne ein zweiter Domänencontroller eingerichtet werden, der bei einem Ausfall des ersten Servers weiterhin die Verzeichnisdienste bereitstellt. Hier kommt ebenfalls wieder Dcpromo zum Einsatz.

1 Da Sie jetzt bereits eine Domäne eingerichtet haben, wählen Sie in diesem Durchgang, dass ein *Additiional domain controller for an existing domain* eingerichtet werden soll.

2 Damit kein Unbefugter in den Besitz der Domänendatenbank gelangt, kann ein zweiter Domänencontroller nur nach Anmeldung als Administrator eingerichtet werden. Geben Sie dazu den Benutzernamen, das Kennwort und die Domäne für die Anmeldung an.

3 Als Nächstes erwartet der Assistent die Eingabe des Domänennames der Domäne, für die ein weiterer Domänencontroller installiert werden soll.

4 Den Speicherort für die Datenbank des Active Directory sowie die zugehörigen Protokolldateien können Sie frei wählen. Beachten Sie bei der Auswahl nur, dass ausschließlich mit NTFS formatierte Laufwerke verwendet werden können.

5 Für den Anmeldeprozess wird auf dem Domänencontroller eine Freigabe benötigt, von der sich Server und Workstations Informationen holen können. Was unter Windows NT die Freigabe NETLOGON übernahm, ist heute für Windows 2000 der *SYSVOL*-Ordner. Geben Sie ein Verzeichnis an, das über diese Freigabe zur Verfügung gestellt wird.

6 Falls es einmal zu einem Absturz kommt, kann das Active Directory offline wiederhergestellt werden. Damit kein Unbefugter diese Änderung durchführen kann, sichern Sie das Verzeichnis durch ein zusätzliches Kennwort, für das Sie aus Sicherheitsgründen anschließend noch eine Kennwortbestätigung eingeben müssen.

7 Die Zusammenfassung ist die letzte Möglichkeit, die Einstellung noch zu verändern. Sobald Sie auf *Next* klicken, wird die Installation des Active Directory auf diesem Server gestartet. Dieser Vorgang kann bis zu einer halben Stunde dauern. Danach muss der Server neu gestartet werden.

Einrichten eines Domänencontrollers für eine weitere Domäne

Im Beispielunternehmen 3 haben wir beschlossen, für jede Niederlassung eine eigene Domäne einzurichten. Diesen Schritt werden wir jetzt durchführen und die bestehende Struktur um eine weitere, der ersten Domäne untergeordneten, Domäne, erweitern.

1 Nach dem Start von *Dcpromo* geben Sie zuerst an, dass Sie einen *Domain controller for a new domain* erstellen wollen.

2 Anschließend wählen Sie den Eintrag *Eine neue untergeordnete Domäne in einer bestehenden Domänenstruktur erstellen*, da die neue Domäne der bestehenden untergeordnet werden soll.

3 Damit kein Unbefugter in den Besitz der Domänendatenbank gelangt, kann eine weitere Domäne nur nach Anmeldung als Administrator eingerichtet werden. Geben Sie dazu den *Benutzernamen*, das *Kennwort* und die *Domäne* für die Anmeldung an.

4 Um die Einordnung in die bestehende Struktur durchführen zu können, wird als nächstes zunächst die Übergeordnete Domäne und dann unter Untergeordnete Domäne der Name der neuen Domäne angegeben. In unserem Fall wäre *isa2000.ad* die übergeordnete Domäne und *paris.isa 2000.ad* die untergeordnete Domäne.

5 Um die Kompatibilität zu Windows NT zu wahren, benötigt die Domäne zusätzlich zum neu eingeführten DNS-Namen auch noch einen *NetBIOS-Domänennamen*. Der Assistent schlägt dabei den ersten Teil des DNS-Namens vor. Diesen Vorschlag sollten Sie übernehmen, um leicht eine Zuordnung zwischen den beiden Namen durchführen zu können.

6 Den Speicherort für die Datenbank des Active Directory sowie die zugehörigen Protokolldateien können Sie frei wählen. Beachten Sie bei der Auswahl nur, dass ausschließlich mit NTFS formatierte Laufwerke verwendet werden können.

7 Für den Anmeldeprozess wird auf dem Domänencontroller eine Freigabe benötigt, von der sich Server und Workstations Informationen holen können. Was unter Windows NT die Freigabe NETLOGON übernahm, ist heute für Windows 2000 der *SYSVOL*-Ordner. Geben Sie ein Verzeichnis an, das über diese Freigabe zur Verfügung gestellt wird.

8 Zum Beispiel für die Anmeldung an einem RAS-Server können Sie nun auswählen, welchem Stand die Berechtigungen angepasst werden sollen. Um Kompatibilitätsprobleme zu vermeiden, sollen *Mit Windows NT 3.5x/.0 Servern kompatible Berechtigungen* eingerichtet werden.

9 Falls es einmal zu einem Absturz kommt, kann das Active Directory offline wiederhergestellt werden. Damit kein Unbefugter diese Änderung durchführen kann, sichern Sie das Verzeichnis durch ein zusätzliches Kennwort, für das Sie aus Sicherheitsgründen anschließend noch eine Kennwortbestätigung eingeben müssen.

10 Die Zusammenfassung ist die letzte Möglichkeit, die Einstellung noch zu verändern. Sobald Sie auf *Next* klicken, wird die Installation des Active Directory auf diesem Server gestartet. Dieser Vorgang kann bis zu einer halben Stunde dauern. Danach muss der Server neu gestartet werden.

Erweiterung des Active Directory-Schemas

Das Active Directory selbst reicht noch nicht aus, damit die ISA-Server zusammen in einem Array betrieben werden können. Zu diesem Zeitpunkt können im Active Directory noch keine Informationen über die ISA-Konfiguration gespeichert werden. Damit dies möglich ist, muss das Active Directory-Schema erweitert werden. Durch die Schemaerweiterung können neue Objekttypen, wie zum Beispiel Filter oder Zugangsregeln, oder zusätzliche Eigenschaften für bestehende Objekttypen erzeugt werden.

Um den Administrator vor unbeabsichtigter Schemaerweiterung zu schützen, wurde die Funktion aus dem eigentlichen Installationsprogramm ausgegliedert. Sie starten das Programm zur Schemaerweiterung, von Microsoft auch als ISA Enterprise Initialization bezeichnet, entweder aus dem *Autostart*-Menü der ISA-Server-CD heraus oder rufen im Verzeichnis *Isa\i386* das Programm *Msisaent.exe* auf. Ausführen dürfen das Schema-Update allerdings nur Anwender, die zur Gruppe der Schemaadministratoren gehören.

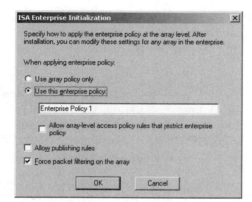

Standard Policy-Einstellungen

Innerhalb des Active Directory können parallel mehrere Arrays konfiguriert werden. Damit ist es in einem Unternehmen zum Beispiel möglich, an verschiedenen Standorten jeweils mehrere Server in einem Array zu konfigurieren. Die Konfiguration kann dabei entweder über eine Enterprise Policy oder eine Array Policy durchgeführt werden. In der Standardeinstellung wird eine Enterprise Policy erstellt, die zunächst für alle Arrays innerhalb des Active Directory gilt. Wenn für jedes Array unabhängig eine eigene Policy erstellt werden soll, wählen Sie die Einstellung *Use array policy only*. Global gültige Einstellungen setzen Sie über die Einstellung *Use this enterprise policy*, wobei Sie über das Kontrollfeld *Allow array-level access policy rules that restrict enterprise policy* die Möglichkeit aktivieren können, innerhalb des Arrays anders lautende Policies zu definieren.

Über das Kontrollfeld *Allow publishing rules* können interne Internetserver nach außen über den ISA-Server abgebildet werden. Damit kann in jedem Array unabhängig von den globalen Richtlinien lokal entschieden werden, auf welche Dienste von außen zugegriffen werden kann.

Force packet filtering on the array sollte immer aktiviert bleiben, damit eine global festgelegte Sicherheitsstrategie nicht auf einem lokalen Server komplett untergraben werden kann. Offene Stellen in der Firewall können damit nur zentral eingerichtet werden.

Das Schema-Update kann durchaus 15 Minuten dauern. Um den Vorgang möglichst schnell ausführen zu können, sollte das Update immer möglichst am Schemamaster durchgeführt werden. Dabei handelt es sich in der Regel um den ersten Domänencontroller, der innerhalb des Active Directory installiert wurde.

Update des Proxy-Servers 2.0

In der jetzigen Form kann der Proxy-Server 2.0 nicht auf dem Windows 2000-Server ausgeführt werden, zunächst muss ein weiteres Update durchgeführt werden. Die dazu benötigte Komponente Proxy-Server für Windows 2000 finden Sie auf dem Microsoft Webserver unter http://www.microsoft.com/proxy/downloads/DLWebAdminTool.asp zum Download.

Nach dem Download starten Sie das Programm *Msp2wizi.exe* und beginnen damit die Aktualisierung des Proxy-Servers 2.0. Dieses Programm benötigt allerdings die Proxy-Server 2.0-CD, da eine Neuinstallation des Systems unter Beibehaltung der alten Konfiguration durchgeführt wird.

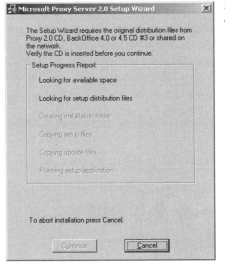

Proxy-Server 2.0 Setup Wizard bei der Aktualisierung des Servers

Nachdem die benötigten Dateien kopiert wurden, startet das Programm das modifizierte Setup. Dort geben Sie zunächst die Seriennummer für den Proxy-Server 2.0 ein sowie den Pfad, in den die Programmdateien installiert werden sollen. Anschließend wählen Sie die zu installierenden Komponenten aus, wobei das Setup-Programm exakt die bereits installierten Komponenten anzeigt.

Migration vom Proxy-Server 2.0 zu ISA-Server 2000

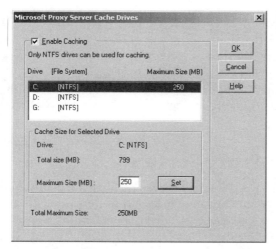

Bestätigung der Webcache-Einstellungen

Wie oben abgebildet, zeigt des Setup-Programm danach an, welche Laufwerke für den Cache des Web-Proxy-Moduls verwendet werden und wie viel Speicher dabei jeweils reserviert wurde. Um diese Werte zu ändern, wählen Sie jeweils das gewünschte Laufwerk aus, tragen unter *Maximum Size* den neuen reservierten Speicherplatz in MByte ein und bestätigen die Einstellung über *Set*.

Da sich beim Update der Software keine Änderungen in der Hardware-Konfiguration und insbesondere der Anzahl und Konfiguration der Netzwerkkarten ergeben, bestätigen Sie anschließend lediglich die angezeigte Local Address Table. Ebenfalls übernehmen können Sie die Installation für die Proxy-Server Client Install Configuration.

Nachdem das Setup ausgeführt wurde, steht der aktualisierte Proxy-Server 2.0 wieder zur Verfügung und kann weiterhin wie gewohnt von den Anwendern verwendet werden.

10.4 Update von Proxy 2.0 auf ISA-Server 2000

Nachdem Sie die ISA-Server-CD eingelegt haben, bekommen Sie über die *Autostart*-Funktion sofort ein Menü angezeigt, aus dem Sie die Installation des ISA-Servers auswählen können. Alternativ starten Sie im Verzeichnis *Isa* das Programm *Setup.exe*.

Update von Proxy 2.0 auf ISA-Server 2000

Nachdem Sie die Lizenznummer, die sich auf der Hülle der ISA-Server-CD befindet, eingegeben haben, überprüft das Installationsprogramm, ob bereits Komponenten des ISA-Servers installiert worden sind.

Über *Change Folder* können Sie jetzt einen alternativen Installationspfad für die Dateien des ISA-Servers auswählen. Der für den bisher installierten Proxy-Server 2.0 verwendete Pfad wird an dieser Stelle als Standard angegeben. Damit sind allerdings nur die Programmdateien selbst gemeint. Den Speicherplatz für einen eventuell einzurichtenden Cache des Proxy-Servers definieren Sie später.

Als Nächstes wählen Sie aus, welche Installationsart, *Typical*, *Custom* oder *Full*, durchgeführt werden soll. Wählen Sie an dieser Stelle *Custom*, damit Sie selbst festlegen können, welche Komponenten tatsächlich installiert werden. Die Beschreibung der Komponenten entnehmen Sie der Aufstellung in Kapitel 3.1.

Der Web-Proxy-Dienst stellte im Proxy-Server 2.0 eine Erweiterung des Microsoft-Webservers dar, wogegen diese beiden Komponenten beim ISA-Server 2000 unabhängig voneinander funktionieren. Nach der Installation des ISA-Servers wird dieser TCP-Port 8080 (Standardport des Web-Proxy) für ausgehende Web-Anfragen belegen sowie Port 80 (Standardport des Webservers) für eingehende. Der auf dem Server weiterhin laufende Webserver wird nach dem Update nicht neu gestartet und muss zunächst manuell so umkonfiguriert werden, dass keine Konflikte mehr auftreten. Andernfalls würden beide Dienste auf eingehende Pakete reagieren.

Entsprechend Ihrer zuvor getroffenen Entscheidung, ob der Server Stand-alone oder als Mitglied eines Arrays installiert werden soll, wählen Sie jetzt die Installation aus. Dies ist allerdings nur dann möglich, wenn Sie vorher das Active Directory erweitert haben. Andernfalls erscheint die Meldung, dass der Server nur als Stand-alone installiert werden kann. Sofern Sie sich für die Installation in einem Array entschieden haben, geben Sie nun den Namen des Arrays an.

Sofern Sie die Installation des Servers in ein Array ausgewählt haben, müssen Sie als Nächstes definieren, ob für das Array die bei der Vorbereitung des Active Directory erstellte Policy gelten soll oder ob nur die Array-Policy gelten soll. Die Auswahl entspricht ansonsten den bereits bei der Vorbereitung des Active Directory besprochenen Einstellungen.

Migration vom Proxy-Server 2.0 zu ISA-Server 2000

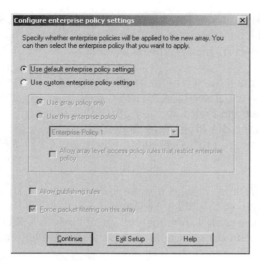

Auswahl der Konfiguration bei der Integration in ein Array

Damit der ISA-Server erkennen kann, wann Daten vom internen Netzwerk ins Internet übertragen werden, muss das System zunächst wissen, welche IP-Netzwerke zum internen und welche zum externen Netzwerk gehören. Diese Informationen werden in der so genannten **L**ocal **A**ddress **T**able (LAT) abgelegt. Für die Erstellung der LAT müssen Sie lediglich den IP-Adressbereich in Ihrem internen Netzwerk kennen, alle anderen Adressen werden als extern betrachtet. Diese Konfiguration kann später, im Falle eines Netzausbaus oder nach Adressänderungen, beliebig verändert werden.

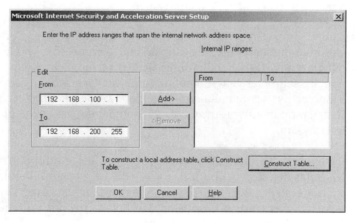

Manuelles Erstellen einer LAT

Nachdem Sie die LAT bestätigt haben, wird die eigentliche Installation durchgeführt. Anschließend wird bei Bedarf der Getting Started Wizard gestartet, der Sie durch die Konfiguration des ISA-Servers führt.

Da der ISA-Server ein anderes Format für seinen Web-Cache verwendet, wird im folgenden Schritt der komplette Inhalt des alten, vom Proxy-Server 2.0 angelegten, Caches gelöscht. Je nach Größe kann dies mehrere Minuten dauern. Anschließend wird der Cache neu angelegt, wobei vom Proxy-Server 2.0 verwendete Pfade und Speichergrenzen beibehalten werden. Nach diesem Schritt kopiert das Setup-Programm alle benötigten Dateien auf die Festplatte.

Nach dem Hinweis, dass unter Umständen nicht alle Einstellungen des Proxy-Servers 2.0 migriert werden konnten, ist die Installation abgeschlossen und die Dienste des ISA-Servers 2000 werden gestartet.

Welche Einstellungen nicht migriert werden konnten, entnehmen Sie der Datei *Isaupgrade.log* im ISA-Server-Programmverzeichnis. In dieser Datei wurde der gesamte Updatevorgang protokolliert.

10.5 Abschluss der Migration

Nach der Migration sind noch ein paar kleine Handgriffe notwendig, bevor Sie sich an die Anpassung der Konfiguration des neuen Servers machen können.

Manuelle Nachinstallation

Ein wichtiges Programm zur Verwaltung des Caches befindet sich zwar auf der ISA-Server-CD, wird aber während der Installation nicht auf die Festplatte kopiert. Dieses Programm, *Cachedir.exe* zur Verwaltung des Caches der Web-Proxy-Komponente, befindet sich auf der CD im Verzeichnis *\Support\tools\troubleshooting*. Kopieren Sie dieses Programm in das ISA-Server-Programmverzeichnis. Ein Aufruf des Programms von der CD aus funktioniert nicht, da es einige DLLs benötigt, die sich nicht im DLL-Pfad befinden.

Hotfixes

Mittlerweile sind bereits einige Fehler im ISA-Server bekannt geworden, zu denen es auch schon Bugfixes gibt. Zur Zeit der Drucklegung standen auf den Microsoft-Servern unter http://www.micrisoft.com/downloads drei kleine Updates zur Verfügung, *Isahf51.exe*, *Isahf54.exe* und *Isahf63.exe*. Alle erfordern einen Neustart des Systems, sie sollten also außerhalb der regulären Arbeitszeiten eingespielt werden.

Da es sich beim ISA-Server um ein Produkt handelt, das für die Sicherheit in Ihrem Netzwerk sorgt, sollten Sie regelmäßig nachschauen, ob Updates zur Verfügung stehen, und diese bei Bedarf installieren.

Mitte bis Ende des Jahres wird wahrscheinlich das erste Servicepack für den ISA-Server erscheinen, in dem dann alle einzelnen Hotfixes zusammengefasst sein werden, womit nur noch das Servicepack installiert werden muss. Es ist ebenfalls davon auszugehen, dass dieses Servicepack auch Slipstreaming unterstützt.

11. Beispielszenarien

„Man nehme...", so beginnen die meisten Kochrezepte. Etwas Ähnliches möchten wir Ihnen in diesem Kapitel mit den lösungsorientierten Ansätzen bieten. Für diverse Konfigurationen und Einsatzmöglichkeiten finden Sie hier die entsprechenden Arbeitsschritte zur Einrichtung des ISA-Servers und weiterer benötigter Komponenten. Im Gegensatz zu der bisher eher technischen Beschreibung aller Funktionen erhalten Sie hier nun für viele verschiedene Szenarien Konfigurationsvorgaben, denen Sie nur Schritt für Schritt zu folgen brauchen, um den sicheren Zugang zu den jeweiligen Diensten einzurichten.

11.1 Der Netzwerkaufbau

Statten Sie den ISA-Server zunächst mit je einer Netzwerkkarte für den Zugang zum lokalen LAN sowie zur DMZ aus, falls Sie den Zugriff auf lokale Server aus dem Internet erlauben wollen. Eine weitere Netzwerkkarte beziehungsweise ein analoges Modem oder ein interner oder externer ISDN-Adapter wird für den Zugang zum Internet benötigt.

Anpassen der Local Address Table

Nach dem Einbau der Netzwerkkarten muss die LAT so erstellt werden, dass das interne Netzwerk als lokal vom ISA-Server betrachtet wird. Die anderen Netzwerkkarten stellen die Schnittstellen zur DMZ und dem Internet dar und sind damit extern. Um die LAT zu erstellen, öffnen Sie im Container *Network Configurartion* das Kontextmenü des Eintrags *Local Address Table (LAT)* und wählen Sie dort *Construct LAT*.

Deaktivieren Sie zunächst das Kontrollfeld *Add the following private ranges*, um nur die Netzwerke als lokal zu definieren, die auch wirklich benötigt werden. Andernfalls würde die DMZ ebenfalls als lokal betrachtet. Aktivieren Sie anschließend ausschließlich das Kontrollfeld für die Schnittstelle, die den ISA-Server mit dem lokalen Netzwerk verbindet. Nachdem Sie die LAT verändert haben, müssen die Dienste des ISA-Servers neu gestartet werden, was von der MMC aus automatisch durchgeführt wird.

Beispielszenarien

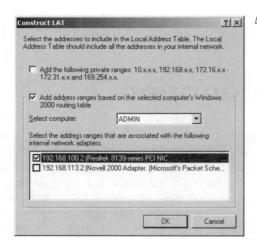

Definition der Local Address Table

Mit Ausnahme des Zugangs zu Web- und FTP-Servern erfordert der Zugang zu den Servern im Internet immer das Routing von IP-Paketen, was beim ISA-Server zunächst deaktiviert ist. Öffnen Sie dazu im Container *Access Policy* die Eigenschaften des Containers *IP Packet Filters*. Damit das Routing überhaupt möglich ist, muss zuerst das Packet Filtering über das Kontrollfeld *Enable packet filtering* aktiviert werden. Danach schalten Sie über *Enable IP routing* diese Funktion hinzu.

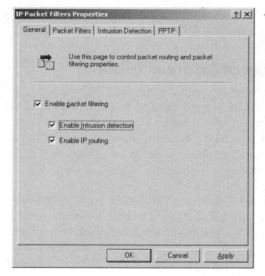

Aktivieren des IP-Routings

11.2 E-Mail

Neben dem Zugang zum World Wide Web ist die E-Mail der wichtigste Internetdienst für ein Unternehmen. In diesem Abschnitt finden Sie Informationen, wie Sie den Zugriff auf die wichtigsten Mail-Protokolle sichern.

SMTP

Beginnen werden wir den Abschnitt mit dem wichtigsten Protokoll zum Mailtransfer, SMTP. Dieses Protokoll wird in unserem Beispiel einerseits von Servern aus dem Internet verwendet, um E-Mails zu den Anwendern in unserem Netzwerk zu senden, von unseren Anwendern, die aus dem Internet heraus E-Mails versenden wollen, sowie den Anwendern innerhalb des Netzwerks. Letztere allerdings werden von einem Mailserver im internen Netzwerk bedient, sodass wir hier nur die von Servern ausgehenden SMTP-Verbindungen betrachten müssen. Die Beispielkonfiguration der SMTP-Server führen wir anhand des SMTP-Dienstes aus dem Internet Information Server 5 sowie Microsoft Exchange 5.5 und Exchange 2000 aus.

Eingehende E-Mails von SMTP-Servern

Eingehende Mails werden in unserem Beispiel zunächst über den ISA-Server an den SMTP-Server in der DMZ gesendet und von dort an den eigentlichen Mailserver im privaten Netzwerk weitergeleitet.

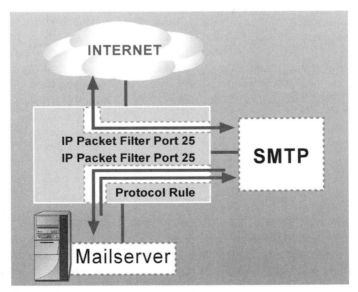

Der Verkehr zum SMTP-Server in der DMZ

Beispielszenarien

Am ISA-Server muss dazu der Port 25 für SMTP zwischen dem Internet und der DMZ geöffnet werden sowie zwischen der DMZ und dem privaten Netzwerk. Dazu muss der SMTP-Server zunächst über den ISA-Server veröffentlicht werden, womit der ISA-Server als NAT-Server dient und für die anderen Server als SMTP-Server erscheint, in Wirklichkeit die Pakete aber nur an den eigentlichen Server weiterleitet.

Öffnen Sie dazu unter *Publishing* das Kontextmenü des Containers *Server Publishing Rules* und wählen Sie *Secure Mail Server*.

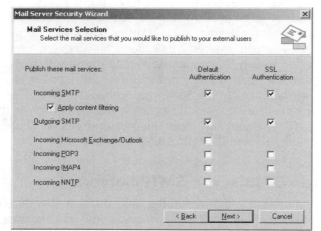

Veröffentlichen eingehender und ausgehender SMTP-Verbindungen

In der oben abgebildeten Registerkarte aktivieren Sie zunächst die Kontrollfelder für eingehende SMTP-Verbindungen. *Default authentication* wird für alle Verbindungen aus dem Internet verwendet, die von Servern ausgehen. Bei diesen ist nicht damit zu rechnen, dass eine Verschlüsselung der Daten durchgeführt wird. Falls Sie auch Anwendern über das Internet ermöglichen wollen, per SMTP Nachrichten über Ihren Server zu versenden, aktivieren Sie auch *SSL Authentication*, damit die Anmeldeinformationen verschlüsselt übertragen werden. Da Sie im Folgenden auch eine ausgehende Verbindung vom SMTP-Server ins Internet benötigen, aktivieren Sie zusätzlich beide Kontrollfelder für *Outgoing SMTP*. Um vor Angriffen auf den SMTP-Server geschützt zu sein, aktivieren Sie zusätzlich das Kontrollfeld *Apply content filtering*. Damit wird der Filter für die Überwachung des SMTP-Verkehrs aktiviert.

Geben Sie anschließend die externe IP-Adresse des ISA-Servers an, über die der SMTP-Server adressiert werden soll. Diese Adresse müssen Sie anschließend im DNS-Server für Ihre Domäne auch als MX Record eintragen beziehungsweise eintragen lassen, wenn Ihr Internet Service Provider den DNS-Server für Sie pflegt.

E-Mail

Damit die Weiterleitung an den eigentlichen SMTP-Server erfolgen kann, definieren Sie schließlich unter *At this IP address* noch, über welche IP-Adresse der Server innerhalb der DMZ tatsächlich zu erreichen ist.

Damit ist die Nachricht auf dem SMTP-Server in der DMZ angelangt. Jetzt muss noch die Weiterleitung an den Server im privaten LAN erfolgen. Damit dies überhaupt möglich ist, muss ein Paketfilter eingerichtet werden, der diese Weiterleitung über den ISA-Server erlaubt. Wählen Sie dazu im Kontextmenü des Containers *IP Packet filters* den Punkt *New Filter* und geben Sie anschließend einen Namen für den neuen Filter ein. Damit die Weiterleitung erfolgen kann, behalten Sie anschließend die Standardeinstellung *Allow packet transmission* bei.

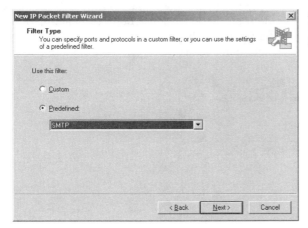

Auswahl des Protokolls für die Weiterleitung zwischen DMZ und privatem Netzwerk

Da das für die Weiterleitung benötigte Protokoll bereits vordefiniert ist, geben Sie bei der Angabe des Filter-Typs *Predefined* an und wählen anschließend aus der Liste den Eintrag *SMTP*.

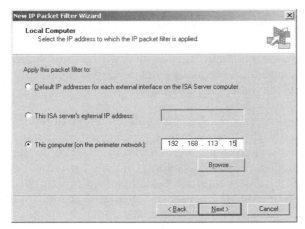

Auswahl des Zielsystems für den Paketfilter

Als Nächstes geben Sie an, für welche Adressen der Filter angewendet werden soll. Da die Daten an ein System in der DMZ gesendet werden sollen, wählen Sie *This computer (on the perimeter network)* und geben Sie anschließend die IP-Adresse des SMTP-Servers in der DMZ ein beziehungsweise wählen Sie diese über *Browse* aus.

Abschließend geben Sie noch an, zu welchem Computer die Verbindung überhaupt hergestellt werden kann. Weichen Sie dabei von der Standardeinstellung ab, wählen Sie *Only this computer* und geben Sie anschließend die IP-Adresse des SMTP-Servers im privaten Netzwerk ein. Damit ist die Filterkonfiguration am ISA-Server abgeschlossen.

Der nächste Angriff, gegen den Sie sich jetzt noch zu wehren haben, ist das SMTP-Relaying, bei dem ein Server Nachrichten an beliebige Empfänger im Internet über Ihren Server leiten lässt. Öffnen Sie dazu im Internet Services Manager die Eigenschaften des SMTP-Servers.

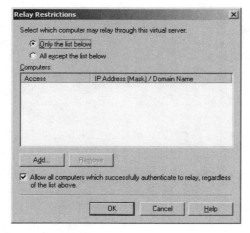

Positivliste zur Einschränkung der SMTP-Weiterleitung

Auf der Registerkarte *Access* sind über die Schaltfläche *Relay* die Relayeinschränkungen zu definieren. Wenn die Nachricht an eine noch zu definierende lokale Domäne adressiert ist, was auch als Inbound bezeichnet wird, wird sie intern zugestellt. Andernfalls leitet der Server die Nachricht an einen anderen SMTP-Server weiter.

Um die Angreifbarkeit unseres Systems von vornherein zu reduzieren, ist die Weiterleitung von Nachrichten direkt so konfiguriert, dass nur Nachrichten von den Systemen weitergeleitet werden, die in eine Positivliste aufgenommen wurden. Behalten Sie die Einstellung *Only the list below* bei und fügen Sie über *Add* die Liste des internen E-Mail-Servers hinzu, der als einziger Nachrichten über diesen SMTP-Server an beliebige Domänen im Internet versenden darf. Behalten Sie außerdem ebenfalls die Einstellung *Allow all com-*

puters which successfully authenticate to relay, regardless of the list above bei, falls Anwender aus dem Internet über diesen SMTP-Server Nachrichten versenden sollen.

Damit eröffnet sich allerdings ein weiterer Angriffspunkt, die Anmeldung am SMTP-Server. Damit ein Anwender nicht versehentlich alle Anmeldeinformationen im Klartext überträgt, muss zumindest die Übertragung des Namens und Kennworts verschlüsselt erfolgen. Um diese Einstellungen vorzunehmen, wählen Sie in den Eigenschaften des virtuellen SMTP-Servers die Registerkarte *Access*. Die Einstellungen für die Anmeldung nehmen Sie über die Schaltfläche *Authentication* vor.

Einstellungen zur Anmeldung an einem virtuellen SMTP-Server

Bei der *Basic Authentication* werden Name und Passwort des Benutzers im Klartext zum virtuellen SMTP-Server übertragen. In unserem Fall müssen Sie zusätzlich über das Feld *Requires TLS encryption* die codierte Übertragung von Namen und Passwörtern erzwingen.

Wenn die Daten zwischen den Servern und von den Clients verschlüsselt übertragen werden sollen, klicken Sie als Nächstes im Bereich *Secure communication* auf *Certificate*. Damit starten Sie einen Assistenten, der ein Zertifikat an den virtuellen Server bindet. Danach ist die verschlüsselte Datenübertragung möglich. Klicken Sie auf *Next*, um den Assistenten zu starten.

Wählen Sie nun *Create a new certificate*, um ein neues Zertifikat vom Microsoft-Zertifizierungsdienst erstellen zu lassen. Wenn Sie Nachrichten über das Internet verschlüsselt übertragen wollen, sollten Sie jedoch ein offizielles Zertifikat einsetzen, da das selbst generierte von einigen Servern abgelehnt würde.

Beispielszenarien

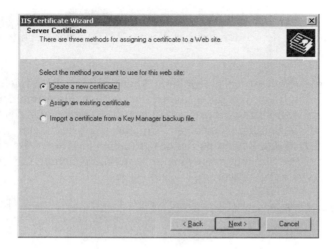

Wenn Sie ein offizielles Zertifikat benutzen wollen, erstellen Sie ein so genanntes Requestfile, das Sie dann an den Aussteller des Zertifikats senden, der Ihnen dann wiederum ein Zertifikat schickt. In unserer Umgebung nutzen wir dagegen den direkt verfügbaren Zertifizierungsdienst und werden die Anforderung sofort an eine Onlinezertifizierungsstelle senden und erhalten ohne Verzögerung sofort ein Zertifikat. Klicken Sie danach erneut auf *Next*. Geben Sie nun einen Namen für das Zertifikat ein und wählen Sie die gewünschte Schlüssellänge. Je länger der gewählte Schlüssel ist, desto schwieriger wird es für einen Angreifer, die damit verschlüsselten Daten zu lesen. Stellen Sie die Länge des Schlüssels deshalb auf 4.096 Bit ein und klicken Sie erneut auf *Next*.

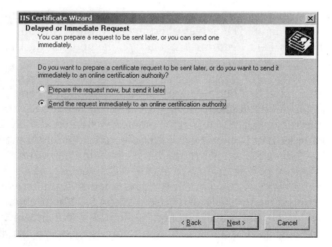

In dem folgenden Eingabefenster tragen Sie nun Informationen zu Ihrer Organisation ein. Diese Informationen kann der Benutzer auf der Gegenstelle abfragen und weiß damit sicher, dass er es wirklich mit dem Kommunikationspartner zu tun hat, den er erwartet. Diese Angaben können Sie frei wählen. Lediglich bei der Angabe des *Common Name* gilt es, den Namen so einzutragen, wie er auch von der Gegenstelle angegeben wird, wenn Sie die Verbindung zu diesem Server aufbauen will. Andernfalls erkennt die Software den Unterschied zwischen dem angeforderten Server und dem Namen, der im Zertifikat aufgeführt ist. Je nach Sicherheitseinstellungen kann die Gegenstelle nun entweder gar nicht mit uns kommunizieren oder gibt zumindest eine Warnung aus.

Schließlich wählen Sie noch aus der Liste der verfügbaren Zertifizierungsdienste denjenigen aus, an den die Anfrage gesendet werden soll, und bestätigen dann noch mal alle eingegebenen Daten. Danach wird die Anfrage zum Zertifizierungsdienst geschickt, ein Zertifikat generiert und mit dem virtuellen Webserver verbunden. Klicken Sie abschließend auf *Finish*, um den Vorgang zu beenden.

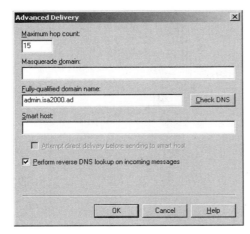

Überprüfen der Absender per Reverse DNS

Klicken Sie in der Registerkarte *Delivery* nun auf *Advanced*. Um sich vor gefälschten Nachrichten zu schützen, führen viele SMTP-Server einen so genannten Reverse-DNS-Lookup durch. Beim Aufbau der Verbindung meldet sich der sendende Server zunächst mit seinem Hostnamen. Dem empfangenden Server ist zu diesem Zeitpunkt bereits die IP-Adresse des Senders bekannt. Über den Reverse-DNS-Lookup ermittelt der Empfänger nun die zugehörige IP-Adresse zum angegebenen Hostnamen. Stimmen diese Adressen nicht überein, erzeugt der empfangende SMTP-Server einen Eintrag im Nachrichtenkopf, in dem er auf diesen Unterschied hinweist. Einige SMTP-Server können eine Nachricht in diesem Fall sogar komplett ablehnen. Um Probleme beim Versenden von Nachrichten zu vermeiden, tragen Sie im Feld *Fully-qualified domain name* deshalb einen Hostnamen ein, für den Sie auch einen DNS-Eintrag sowie einen Reverse-DNS Eintrag erstellt haben. Klicken Sie nach der Eingabe auf *Ccheck DNS*, um sicherzustellen, dass der Eintrag korrekt ist. Um selbst eine solche Überprüfung für eingehende Verbindungen durchzuführen, aktivieren Sie das Kontrollfeld *Perform reverse DNS lookup on incoming messages*. Bitte beachten Sie dabei, dass dadurch zusätzliche Last durch die DNS-Abfragen entsteht. Nach Abschluss dieser Konfiguration können Sie die Eigenschaften des virtuellen SMTP-Servers schließen.

Damit der SMTP-Server nur noch Nachrichten weiterleitet, die für die eigene Domäne bestimmt sind, muss diese definiert und der Server so weit konfiguriert werden, dass die Nachrichten an diese Domäne an den internen Mailserver weitergeleitet werden. Um eine neue E-Mail-Domäne zu erstellen, wählen Sie unterhalb des gewünschten virtuellen Servers den Eintrag *Domains* und klicken Sie dort im Kontextmenü des Eintrags auf *New* und dann auf *Domain*.

Als Nächstes wählen Sie aus, ob Sie eine Remote- oder eine Alias-Domäne einrichten wollen. Wählen Sie *Remote* und geben Sie anschließend den Namen der neuen Domäne an. Damit ist die neue Domäne erstellt. Öffnen Sie die Eigenschaften der neuen Domäne, um weitere Einstellungen vorzunehmen.

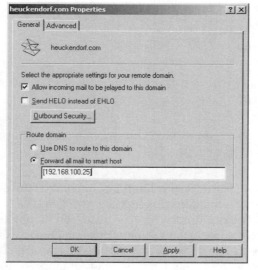

Allgemeine Einstellungen einer Remote-E-Mail-Domäne

Auf der Registerkarte *General* nehmen Sie die wichtigste Einstellung für die Domäne vor. Damit Nachrichten an den eigentlichen, die Domäne verwaltenden, Mailserver weitergeleitet werden können, muss zunächst das Kontrollfeld *Allow incoming mail to be relayed to this domain* aktiviert werden. Diese Funktion ist in der Standardeinstellung nicht aktiviert, ein einfaches Erstellen der Domäne genügt daher nicht, damit der SMTP-Dienst die Mails weiterleitet.

Das Ziel der Weiterleitung wird danach unter *Route domain* konfiguriert. Ändern Sie die Einstellung auf *Forward all mail to smart host* und tragen Sie im Feld darunter die IP-Adresse beziehungsweise den Hostnamen des internen Mailservers ein. Beachten Sie dabei bitte, dass eine IP-Adresse in eckige Klammern eingeschlossen werden muss (zum Beispiel [192.168.100.256]).

Ausgehende E-Mails von SMTP-Servern

Im letzten Schritt haben Sie bereits den SMTP-Server veröffentlicht und damit ein- und ausgehende Verbindungen am ISA-Server eingerichtet. Als Nächstes erfolgt jetzt die Konfiguration des Mailservers, sodass von dort aus keine Nachrichten mehr direkt an das Internet gesendet werden, sondern eine Umleitung über den SMTP-Server in der DMZ erfolgt.

Exchange 5.5 verwendet für die Kommunikation mit SMTP-Systemen eine eigene Komponente, den so genannten Internet Mail Dienst. Dort muss die Konfiguration so angepasst werden, dass alle Nachrichten an das Internet zunächst über den Smart Host umgeleitet werden.

Exchange 2000 verwendet gegenüber der Vorgängerversion keinen eigenen Internet Mail Dienst mehr, sondern nutzt einen erweiterten SMTP-Dienst des Windows 2000-Servers.

Klicken Sie in der Registerkarte *Delivery* nun auf *Advanced*. Über den Reverse-DNS-Lookup ermittelt der Empfänger nun die zugehörige IP-Adresse zum angegebenen Hostnamen. Stimmen diese Adressen nicht überein, erzeugt der empfangende SMTP-Server einen Eintrag im Nachrichtenkopf, in dem er auf diesen Unterschied hinweist. Einige SMTP-Server können eine Nachricht in diesem Fall sogar komplett ablehnen. Um Probleme beim Versenden von Nachrichten zu vermeiden, tragen Sie im Feld *FQDN* deshalb einen Hostnamen ein, für den Sie auch einen DNS-Eintrag sowie einen Reverse-DNS-Eintrag erstellt haben. Klicken Sie nach der Eingabe auf *Check DNS*, um sicherzustellen, dass der Eintrag korrekt ist. Um selbst eine solche Überprüfung für eingehende Verbindungen durchzuführen, aktivieren Sie das Kontrollfeld *Perform Reverse-DNS-Lookup on incoming messages*. Bitte beachten Sie dabei, dass dadurch zusätzliche Last durch die DNS-Abfragen entsteht.

Statt eine Nachricht direkt zum Zielserver zu übertragen, kann der Server diese zunächst an einen weiteren SMTP-Server weiterleiten, der diese dann schließlich zum Zielserver zustellt. Ein solches Szenario trifft man häufig dort an, wo zwar mehrere SMTP-Server eingesetzt werden, aus Sicherheitsgründen aber nur ein einziger über einen direkten Zugang ins Internet verfügt. Dieser Server wird dann als so genannter Relay- oder auch Smarthost bezeichnet. In obigem Szenario muss der SMTP-Server in der DMZ, der eine Verbindung nach innen sowie nach außen hält, natürlich auch in der Lage

Beispielszenarien

sein, eine DNS-Auflösung für das Internet wie auch für das interne Netzwerk durchzuführen. Um den Zugriff auf diese externen DNS-Server durchführen zu können, muss noch ein weiterer IP Packet Filter definiert werden, der die Pakete passieren lässt. Wählen Sie dazu im Kontextmenü des Containers *IP Packet filters* den Punkt *New Filter* und geben Sie anschließend einen Namen für den neuen Filter ein. Damit die Weiterleitung erfolgen kann, behalten Sie anschließend die Standardeinstellung *Allow packet transmission* bei.

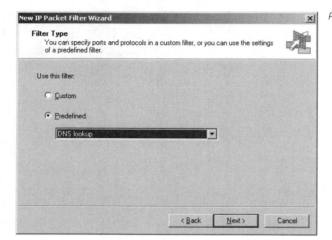

Protokollauswahl

Da das für die Weiterleitung benötigte Protokoll bereits vordefiniert ist, geben Sie bei der Angabe des Filter-Typs *Predefined* an und wählen anschließend aus der Liste den Eintrag *DNS lookup*.

Als Nächstes geben Sie an, für welche Adressen der Filter angewendet werden soll. Da die Daten an ein System in der DMZ gesendet werden sollen, wählen Sie *This computer (on the perimeter network)* und geben Sie anschließend die IP-Adresse des DNS-Servers in der DMZ ein beziehungsweise wählen Sie diese über *Browse* aus.

Abschließend geben Sie noch an, zu welchem Computer die Verbindung überhaupt hergestellt werden kann. Wählen Sie *All computers*. Damit ist die Filterkonfiguration am ISA-Server abgeschlossen.

Eingehende E-Mails von Anwendern

Da die Anwender mit ihren Clients exakt das gleiche Protokoll verwenden wie die Server, muss am ISA-Server keine zusätzliche Konfiguration mehr vorgenommen werden. Nachdem der SMTP-Server nun so eingerichtet wurde, dass nur noch Nachrichten für die internen Domänen angenommen werden, also kein Relaying mehr durchgeführt wird, werden die E-Mails der Anwender allerdings auch vom SMTP-Server abgewiesen. Dies umgehen wir, in-

E-Mail

dem wir die bereits aktivierte Einstellung nutzen, dass der SMTP-Server die Weiterleitung nicht nur für angegebene Server (wie den internen E-Mail-Server) zulässt, sondern auch für alle anderen Systeme, die sich erfolgreich am SMTP-Server angemeldet haben.

Auf der Seite des Anwenders muss der E-Mail-Client jetzt lediglich so konfiguriert werden, dass vor der Übertragung der Nachrichten an den Server eine Anmeldung erfolgt. Das folgende Beispiel wird anhand von Outlook Express 5.5 durchgeführt.

Zur Konfiguration von Outlook Express 5.5 wählen Sie im Menü *Tools* den Eintrag *Accounts* und wählen Sie das Konto für die Anmeldung am SMTP-Server aus.

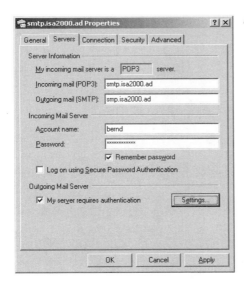

Einstellung der Anmeldung am SMTP-Server

Auf der Registerkarte *Servers* definieren Sie die Informationen für die Anmeldung an dem Mailserver, von dem Sie die Nachrichten abrufen, also einen POP3- oder IMAP-4-Server. Hier geben Sie außerdem an, mit welchem Konto und Passwort die Anmeldung an diesem Server erfolgt. Der SMTP-Server wird dabei in der Standardeinstellung nicht berücksichtigt. Damit eine Anmeldung auch an diesem Server durchgeführt wird, was für die Weiterleitung von Nachrichten ins Internet unabdinglich ist, aktivieren Sie das Kontrollfeld *My server requires authentication*. Eine weitere Einstellung über *Settings* ist nur dann nötig, wenn der Anwender für die Anmeldung am SMTP-Server ein anderes Konto verwendet als für den POP3- oder IMAP4-Server, was in den meisten Fällen nicht nötig ist, da beide Server als Komponenten einer Software auf dieselbe Kontendatenbank zurückgreifen und Outlook Express den gleichen Namen an den SMTP-Server übergibt wie an den Mailserver.

Beispielszenarien

NNTP, POP3 und IMAP4

Damit Anwender auch in der Lage sind, Nachrichten von den Mailservern über Internetprotokolle abzurufen, müssen die Protokolle POP3 und IMAP4 für persönliche E-Mails sowie NNTP für Newsgroups am ISA-Server für den Zugriff freigeschaltet werden.

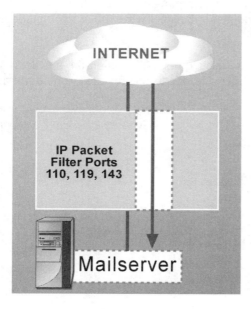

Der Verkehr zum Mail-Server muss für POP3, IMAP4 und NNTP freigeschaltet werden

Hier unterstützt uns die Software erneut mit dem Wizard zum Veröffentlichen von Mailservern. Öffnen Sie dazu unter *Publishing* das Kontextmenü des Containers *Server Publishing Rules*, wählen Sie *Secure Mail Server*.

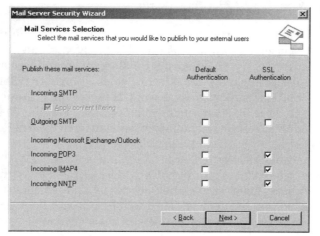

Veröffentlichen von POP3-, IMAP4- und NNTP-Servern

In der oben abgebildeten Registerkarte aktivieren Sie zunächst die Kontrollfelder für eingehende Verbindungen zu den Mailservern. Aktivieren Sie dabei nur die *SSL Authentication*, damit die Anmeldeinformationen verschlüsselt übertragen werden und ein Angreifer nicht einfach die Namen und Passwörter im Klartext protokollieren kann.

Geben Sie anschließend die externe IP-Adresse des ISA-Servers an, über die Mailserver adressiert werden sollen. Diese Adresse müssen Sie anschließend den Anwendern mitteilen, damit diese eine entsprechende Konfiguration ihres Mail-Clients vornehmen können.

Microsoft Outlook Web Access 5.5

Microsoft Exchange 5.5 bietet eine weitere Möglichkeit des Zugriffs auf die Postfächer der Benutzer zusätzlich zu den oben bereits vorgestellten Protokollen. **O**utlook **W**eb **A**ccess (OWA) erlaubt den Zugriff auf den Exchange-Server über einen Webbrowser, der lediglich Frames unterstützen muss.

In unserem Beispiel platzieren wir OWA auf einem Microsoft IIS 5.0-Webserver in der DMZ. Der Exchange-Server, auf dem die Postfächer der Anwender gespeichert sind, befindet sich im internen Netzwerk.

Zugriff auf OWA 5.5 aus dem Internet

Wir betrachten hier in unserem Beispiel die beiden Exchange-Versionen 5.5 und 2000 getrennt, da Microsoft mit dem Versionswechsel auch eine entscheidende Änderung in der Kommunikation zwischen OWA und dem Exchange-Server eingeführt hat.

Zunächst muss der Webserver, auf dem OWA installiert wurde, im Internet veröffentlicht werden. Gehen Sie dabei so vor, wie in Kapitel 11.3.1 beschrieben. Damit ist der Zugriff auf den OWA-Server aus dem Internet bereits eingerichtet.

Im nächsten Schritt wird die Verbindung zwischen der DMZ und dem privaten Netzwerk eingerichtet. Dazu muss zunächst das Routing zwischen den beiden Netzwerken am ISA-Server eingerichtet werden.

Öffnen Sie in der ISA-Server-Verwaltung unter *Access Policy* die Eigenschaften des Containers *IP Packet Filters*. Aktivieren Sie auf der Registerkarte *General* zunächst das Kontrollfeld *Enable packet filtering* und danach *Enable IP routing*.

Beispielszenarien

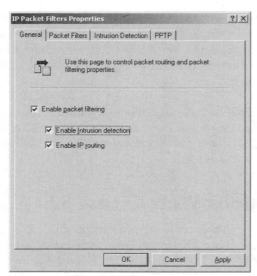

Aktivierung des Routings im ISA-Server

Der nächste Schritt fällt leider etwas komplizierter aus. Die Verbindung zwischen der OWA 5.5-Komponente auf dem Webserver in der DMZ und dem Exchange-Server im privaten Netzwerk erfolgt über MAPI. Dabei wird von OWA 5.5 allerdings kein fester Port verwendet, sondern jeweils ein dynamisch vom Exchange-Server ausgewählter Port für die Verbindung zum Informationsspeicher und zum Verzeichnisdienst, der an OWA 5.5 nach der Aufnahme der Verbindung übermittelt wird.

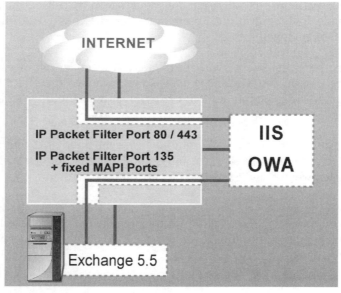

ISA, IIS und OWA für Exchange 5.5

Da diese Ports bei jeder Verbindung anders sein können, ist eine Konfiguration des ISA-Servers zunächst nur so weit möglich, dass die Kommunikation auf allen Ports zwischen dem Webserver und dem Exchange-Server zugelassen wird. Damit hat ein Angreifer allerdings die Chance, ins private Netzwerk über den Webserver vorzudringen, sobald er einmal Zugang zu diesem Server erlangt hat. Sicherer ist es, die Kommunikation nur auf den Ports zu erlauben, die auch wirklich benötigt werden. Dazu muss die dynamische Anpassung der Ports durch den Exchange-Server lediglich eingeschränkt werden, was über ein paar Einträge in der Registry des Exchange-Servers geschieht. Dadurch wählt der Exchange-Server zwar noch immer dynamisch die Ports aus, die er anschließend an OWA 5.5 übermittelt, ist dabei in seiner Auswahl allerdings auf jeweils einen einzigen Port beschränkt, den wir schließlich am ISA-Server freischalten.

1   Starten Sie auf dem Exchange 5.5-Server den Registry Editor (*Regedt32.exe*).

2   Fügen Sie einen neuen Schlüssel vom Typ *REG_DWORD* unter *HKEY_LOCAL_MACHINE\System\CurrentControlSet\Services\MSExchangeDS\Parameters* mit dem Namen *TCP/IP port* hinzu und geben Sie als Wert dann den Port ein, der für die Kommunikation mit dem Verzeichnisdienst verwendet werden soll. Wählen Sie dazu einen freien Port zwischen 1.024 und 65.535 an.

3   Fügen Sie einen neuen Schlüssel vom Typ *REG_DWORD* unter *HKEY_LOCAL_MACHINE\System\CurrentControlSet\Services\MSExchangeIS\ParametersSystem* mit dem Namen *TCP/IP port* hinzu und geben Sie als Wert dann den Port ein, der für die Kommunikation mit dem Informationsspeicher verwendet werden soll. Wählen Sie dazu einen freien Port zwischen 1.024 und 65.535 an. Dieser Port muss sich von dem unterscheiden, den Sie für den Verzeichnisdienst gewählt haben.

4   Starten Sie den Server neu.

Als Nächstes muss nun der ISA-Server so konfiguriert werden, dass die soeben definierten Ports sowie zusätzlich Ports 135 weitergeleitet werden.

5   Definieren Sie die Packet Filter, die den Transfer zwischen DMZ und privatem Netzwerk erlauben.

Beispielszenarien

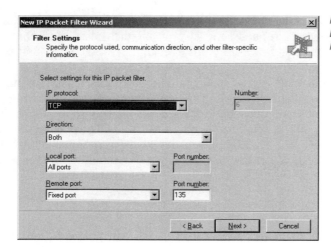

Portangaben für die Einrichtung eines Packet Filters

Die Remote Procedure Calls verwenden als IP-Protokoll TCP und die Verbindung erfolgt in beide Richtungen, wählen Sie unter *Direction* daher *Both*. Das der Quellport dynamisch ist, behalten Sie unter *Local ports* die Einstellung *All ports* bei und wählen Sie lediglich unter *Remote port* den Eintrag *Fixed port* und geben Sie anschließend die Port Nummer 135 für RPC ein.

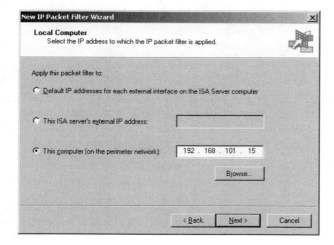

Als Nächstes geben Sie an, für welche Adressen der Filter angewendet werden soll. Da die Daten an ein System in der DMZ gesendet werden sollen, wählen Sie *This computer (on the perimeter network)* und geben Sie anschließend die IP-Adresse des Exchange-Servers in der DMZ ein beziehungsweise wählen Sie diese über *Browse* aus.

Abschließend geben Sie noch an, zu welchem Computer die Verbindung überhaupt hergestellt werden kann. Weichen Sie dabei von der Standardein-

E-Mail

stellung ab, wählen Sie *Only this computer* und geben Sie anschließend die IP-Adresse des Exchange-Servers im privaten Netzwerk ein. Damit ist die Filterkonfiguration am ISA-Server abgeschlossen.

Nachdem die Verbindung über die Firewall nun hergestellt werden kann, besteht noch die Gefahr, dass ein Angreifer den Datentransfer zwischen Webserver und Browser protokolliert. Daher müssen Sie dafür sorgen, dass zunächst eine über SSL gesicherte Kommunikation durchgeführt werden kann und schließlich alle ungeschützten, weil unverschlüsselten Zugriffe abgeblockt werden.

Wenn die Daten zwischen den Servern und von den Clients verschlüsselt übertragen werden sollen, benötigen Sie dazu ein Server-Zertifikat. Dies erstellen Sie über die Internet-Services-Manager-Konsole.

Öffnen Sie dort unterhalb des Webservers die Eigenschaften des virtuellen Verzeichnisses *Exchange* und wählen Sie die Registerkarte *Directory Security*. Klicken Sie als Nächstes im Bereich *Secure communication* auf *Certificate*. Damit starten Sie einen Assistenten, der ein Zertifikat an den virtuellen Server bindet. Danach ist die verschlüsselte Datenübertragung möglich. Klicken Sie auf *Next*, um den Assistenten zu starten.

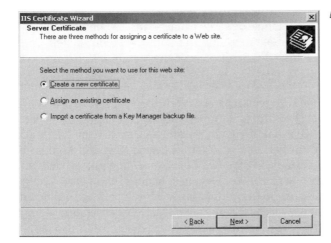

Ein neues Zertifikat erstellen

Wählen Sie nun aus *Create a new certificate*, um ein neues Zertifikat vom Microsoft-Zertifizierungsdienst erstellen zu lassen. Wenn Sie Nachrichten über das Internet verschlüsselt übertragen wollen, sollten Sie jedoch ein offizielles Zertifikat einsetzen, da das selbst generierte von einigen Servern abgelehnt würde.

Beispielszenarien

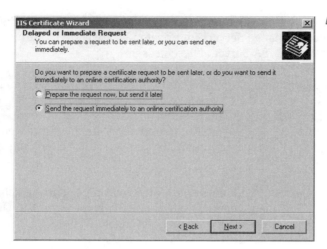

Die Anforderungen festlegen

Wenn Sie ein offizielles Zertifikat benutzen wollen, erstellen Sie ein so genanntes Requestfile, das Sie dann an den Aussteller des Zertifikats senden, der Ihnen dann wiederum ein Zertifikat schickt. In unserer Umgebung nutzen wir dagegen den direkt verfügbaren Zertifizierungsdienst und werden die Anforderung sofort an eine Onlinezertifizierungsstelle senden und erhalten ohne Verzögerung sofort ein Zertifikat. Klicken Sie danach erneut auf *Next*. Geben Sie nun einen Namen für das Zertifikat ein und wählen Sie die gewünschte Schlüssellänge. Je länger der gewählte Schlüssel ist, desto schwieriger wird es für einen Angreifer, die damit verschlüsselten Daten zu lesen. Stellen Sie die Länge des Schlüssels deshalb auf 4.096 Bit ein und klicken Sie erneut auf Next.

In dem folgenden Eingabefenster tragen Sie nun Informationen zu Ihrer Organisation ein. Diese Informationen kann der Benutzer auf der Gegenstelle abfragen und weiß damit sicher, dass er es wirklich mit dem Kommunikationspartner zu tun hat, den er erwartet. Diese Angaben können Sie frei wählen. Lediglich bei der Angabe des *Common Name* gilt es, den Namen so einzutragen, wie er auch von der Gegenstelle angegeben wird, wenn sie die Verbindung zu diesem Server aufbauen will. Andernfalls erkennt die Software den Unterschied zwischen dem angeforderten Server und dem Namen, der im Zertifikat aufgeführt ist. Je nach Sicherheitseinstellungen kann die Gegenstelle nun entweder gar nicht mit uns kommunizieren oder gibt zumindest eine Warnung aus.

Schließlich wählen Sie noch aus der Liste der verfügbaren Zertifizierungsdienste denjenigen aus, an den die Anfrage gesendet werden soll, und bestätigen dann noch mal alle eingegebenen Daten. Danach wird die Anfrage zum Zertifizierungsdienst geschickt, ein Zertifikat generiert und mit dem virtuellen Webserver verbunden. Klicken Sie abschließend auf *Finish*, um den Vorgang zu beenden.

E-Mail

Einstellung minimaler Verschlüsselungsanforderung

Nachdem Sie nun ein Zertifikat eingesetzt haben, klicken Sie in der Registerkarte *Access* auf C*ommunication*, um die Einstellungen zur verschlüsselten Datenübertragung vorzunehmen. Zunächst wird die Verschlüsselung nur als Option zur Verfügung gestellt, jeder Server und Client kann die Daten also auch weiter unverschlüsselt im Klartext übertragen. Wenn Sie nur noch verschlüsselte Daten annehmen wollen, aktivieren Sie das Kontrollfeld *Require secure channel* und Versuche, Daten unverschlüsselt zu übertragen, werden vom Server abgelehnt. Die Gegenstelle muss also ebenfalls in der Lage sein, Daten zumindest mit 40 oder 56 Bit zu verschlüsseln. Da diese Schlüssellänge mittlerweile aber nicht mehr als besonders sicher gilt, können Sie auch über *Require 128-bit encryption* vorgeben, dass nur eine starke Verschlüsselung mit 128 Bit erlaubt ist. Den Hinweistext über dem Kontrollfeld können Sie getrost vergessen, da spätestens mit Windows 2000-Service Pack 2 die Unterstützung für starke Verschlüsslung installiert wurde. Mit dieser Einstellung sperren Sie jedoch komplett alle Systeme aus, die diese starke Verschlüsselung nicht unterstützen. Besondere Probleme gibt es da zum Beispiel mit unseren französischen Nachbarn, deren Systeme auf 56 Bit beschränkt sind.

Microsoft Outlook Web Access 2000

Auch für OWA 2000 muss zunächst der Webserver, der als OWA-Server dienen soll, über den ISA-Server veröffentlicht werden. Gehen Sie dazu wieder wie in Kapitel 11.3. beschrieben vor.

Im Gegensatz zu Exchange 5.5 verwendet OWA 2000 keine RPCs mehr, sondern nutzt die HTTP-Erweiterung WebDAV, die genau wie das normale HTTP ebenfalls TCP Port 80 verwendet. Um den Zugriff durchführen zu können, muss noch ein weiterer IP Packet Filter definiert werden, der die Pakete passieren lässt. Wählen Sie dazu im Kontextmenü des Containers *IP Packet filters* den Punkt *New Filter* und geben Sie anschließend einen Namen für den neuen Filter ein. Damit die Weiterleitung erfolgen kann, behalten Sie anschließend die Standardeinstellung *Allow packet transmission* bei.

Beispielszenarien

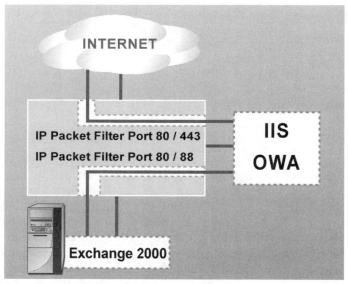

ISA, IIS und Exchange 2000 – WebDAV im Einsatz

Da das für die Weiterleitung benötigte Protokoll bereits vordefiniert ist, geben Sie bei der Angabe des Filter-Type *Predefined* an und wählen anschließend aus der Liste den Eintrag *HTTP server (port 80)*.

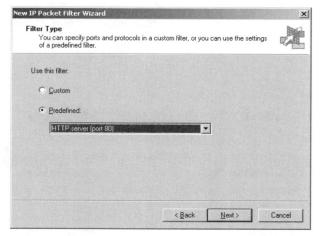

Protokollauswahl

Als Nächstes geben Sie an, für welche Adressen der Filter angewendet werden soll. Da die Daten an ein System in der DMZ gesendet werden sollen, wählen Sie *This computer (on the perimeter network)* und geben Sie anschließend die IP-Adresse des OWA-Servers in der DMZ ein beziehungsweise wählen diese über *Browse* aus.

Abschließend geben Sie noch an, zu welchem Computer die Verbindung überhaupt hergestellt werden kann. Wählen Sie *All computers*. Damit ist die Filterkonfiguration am ISA-Server abgeschlossen.

Erstellen Sie anschließend, wie bereits für OWA 5.5 beschrieben, ein Serverzertifikat und erzwingen Sie die Nutzung von HTTPS zur sicheren Übertragung zwischen Browser und OWA-Server.

11.3 World Wide Web und FTP

Um die Web- und FTP-Server im Netzwerk zu schützen, erlauben wir keinen direkten Zugriff, sondern nutzen auch hier die Möglichkeit der Veröffentlichung durch den ISA-Server. Der ISA-Server steht damit also nach außen als Webserver zur Verfügung und leitet die Anfragen anschließend an den eigentlichen Webserver im internen Netzwerk weiter.

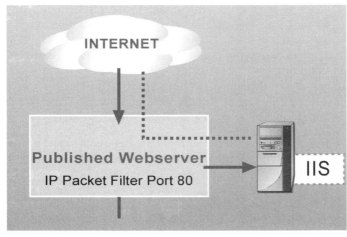

Die Weiterleitung der Anfragen

Veröffentlichen von Webservern

Öffnen Sie nun unter *Servers and Arrays* die Eigenschaften des ISA-Servers, der nach außen die Rolle des Webservers übernehmen soll.

Auf der Registerkarte *Incoming Web Requests* nehmen Sie nun die notwendigen Einstellungen am ISA-Server vor. Zunächst geben Sie an, ob Sie die Einstellungen für jede IP-Adresse separat oder gesammelt für alle Adressen durchführen wollen. Wir haben in unserem Beispiel die globale Einstellung für alle Adressen gewählt.

Beispielszenarien

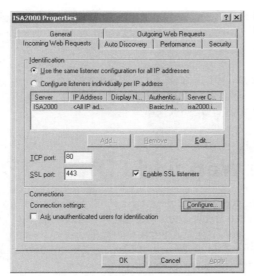

Konfiguration des ISA-Servers als virtueller Webserver

Da der ISA-Server nach außen hin ja als Webserver sichtbar sein soll, dürfen Sie den *TCP port* sowie den *SSL port* nicht ändern, da die angegebenen Werte den Standards entsprechen. Den Eintrag des SSL-Ports können Sie nur dann verändern, wenn Sie vorher das Kontrollfeld *Enable SSL listeners* aktiviert haben, was dann nötig ist, wenn Sie auf dem Webserver Inhalte gespeichert haben, die verschlüsselt zum Anwender übertragen werden sollen. Damit die Verschlüsselung überhaupt funktioniert, müssen Sie dem ISA-Server allerdings vorher ein Zertifikat zur Verschlüsselung zuweisen.

Über die Schalfläche *Configure* nehmen Sie bei Bedarf zwei Einstellungen für die Verbindungen vor. Unter *Number of connections* geben Sie die maximale Anzahl an Verbindungen an, die der ISA-Server zulässt.

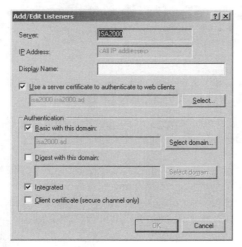

Konfiguration der Schnittstellen

World Wide Web und FTP

Unabhängig davon, ob Sie eine Konfiguration für alle Schnittstellen wünschen oder jede Schnittstelle einzeln konfigurieren wollen, wird über *Add* und *Edit* das gleiche Eingabefenster wie oben abgebildet angezeigt.

Geben Sie unter *Display Name* einen Namen ein, der klar die Funktion dieses Interface beschreibt, zum Beispiel *Public* für das Interface zum Internet, *Private* für die Karte zum internen LAN und *DMZ* für die Karte zur Demilitarisierten Zone.

Falls Sie zuvor über *Enable SSL listeners* angegeben haben, dass der ISA-Server auch verschlüsselte Übertragungen zur Verfügung stellen soll, müssen Sie für die Schnittstellen, über die eine verschlüsselte Übertragung erfolgen soll, hier das Kontrollfeld *Use a server certificate to authenticate to web clients* aktivieren und danach über *Select* ein Zertifikat auswählen.

Im Feld *Authentication* schließlich bestimmen Sie, ob und wie die Anmeldung am ISA-Server (der für den Client den Webserver darstellt) erfolgen soll. Über *Basic with this domain* wird die Anmeldung im Klartext durchgeführt, geben Sie anschließend die Active Directory-Domäne an, an der die Anmeldung erfolgen soll. Alternativ können Sie auch *Digest with this domain* wählen und geben dort ebenfalls wieder die Active Directory-Domäne an. Eine Digest-Anmeldung setzt allerdings voraus, dass die Passwörter der Anwender im Active Directory mit umkehrbarer Verschlüsselung gespeichert werden. Diese Einstellung muss entweder für die gesamte Domäne oder für einzelne Konten vorgenommen werden. Für den Anwender transparent sind die beiden letzten Anmeldemethoden *Integrated*, bei der Client und Server das Anmeldeprotokoll selbst aushandeln und der Client die Anmeldeinformationen des Anwenders automatisch überträgt, und *Client certificate*, bei der der Client ein vom Anwender angegebenes Zertifikat, das die Benutzerkennung enthält, an den Server sendet. Letzteres kann allerdings nur dann verwendet werden, wenn die Übertragung über SSL gesichert wird.

Zunächst ist keine Weiterleitung auf einen Webserver möglich, da eine Standardregel existiert, die jeden Zugriff blockiert. Wir erstellen daher jetzt eine Regel, die den Zugriff auf einen internen Web- oder FTP-Server erlaubt.

Öffnen Sie dazu unterhalb des Servers den Container *Publishing* und wählen Sie im Kontextmenü von *Web Publishing Rules* den Eintrag *New Rule*. Nachdem Sie einen Namen eingegeben haben, bestimmen Sie zunächst, für welche Zieladressen diese Regel gilt.

- *All destinations* – Diese Regel gilt für alle Zielserver.
- *All internal destinations* – Diese Regel gilt für alle Zielserver, die sich in den internen Netzwerken befinden. Zur Bestimmung, welche Server im

Beispielszenarien

internen Netzwerk stehen, wir die bei der Installation des ISA-Servers erstellte Local Address Table (LAT) verwendet.

- *All external destinations* - Diese Regel gilt für alle Zielserver, die sich in den externen Netzwerken befinden. Zur Bestimmung, welche Server im externen Netzwerk stehen, wir die bei der Installation des ISA-Servers erstelle Local Address Table (LAT) verwendet.

- *Specified destination set* – Für welche Zielserver diese Regel gilt, wird über so genannte Destination Sets angegeben. Dabei handelt es sich um eine Reihe von IP-Adressen, die zu einer Gruppe zusammengefasst werden. Da bei der Installation des ISA-Servers keine Destination Sets eingerichtet werden, müssen Sie diese wie unten beschrieben zunächst selbst einrichten.

- *All destinations except selected set* – Diese Regel gilt für alle Zielserver außer diejenigen, die zum angegebenen (und wiederum vorher eingerichteten) Destination Set gehören.

Im nächsten Schritt definieren Sie anschließend die Ausgangssysteme, von denen die Anfragen für diese Regel kommen sollen.

- *Any request* – Damit gilt die Regel für alle Clients und Sie müssen keine weitere Auswahl mehr treffen.

- *Specific Computers (client address sets)* – Nachdem Sie diese Auswahl getroffen haben, geben Sie die Client Sets an, für die diese Regel gelten soll. Ein Client Set wird durch einen Bereich von IP-Adressen definiert und ist damit computergebunden. Da anfangs noch keine Sets definiert sind, können Sie an dieser Stelle neue Client Sets definieren, wie oben beschrieben.

- *Specific users and groups* – Als Letztes haben Sie noch die Möglichkeit, die Anwender anhand ihrer Benutzerkennung von der Benutzung bestimmter Protokolle auszuschließen beziehungsweise die Benutzung zuzulassen. Wählen Sie dazu die gewünschten *Accounts* aus. Diese Art der Zuweisung setzt allerdings voraus, dass sich die Anwender beim ISA-Server anmelden, was Sie aber, wie oben bereits beschrieben, einrichten können.

An dieser Stelle definieren Sie nun die eigentliche Umleitung auf den Zielserver. Sie haben zunächst die Wahl, ob Sie diese Anfrage überhaupt zulassen oder über *Discard the request* sperren wollen. Soll die Anfrage dagegen weitergeleitet werden, wählen Sie *Redirect the request to this internal Web server* und geben Sie dann den Hostnamen oder die IP-Adresse des Servers ein.

World Wide Web und FTP

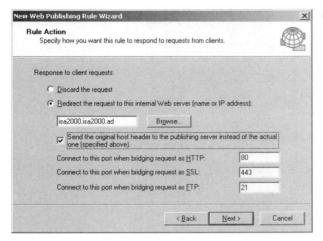

Definition der Weiterleitung

Wie bereits in Kapitel 2 beschrieben, unterstützt der IIS auch das Hosten mehrerer Websites auf einem Server. Dabei kann über den Host Header ermittelt werden, welchen Hostnamen der Anwender bei sich im Browser eingetragen hat, und eine Weiterleitung auf die gewünschte Site erfolgen, obwohl alle Sites auf einem Server mit derselben IP-Adresse und denselben IP-Ports betrieben werden. Wenn Sie jetzt die Weiterleitung auf einen Webserver aktivieren, wird allerdings der von Ihnen eingetragene Hostname an den Server übermittelt, weshalb eine Zuordnung zum vom Anwender gewünschten Server nicht mehr möglich ist und immer eine Verbindung zu einer Website hergestellt ist. Falls Sie also mehrere virtuelle Webserver unter derselben Adresse betreiben und die Unterscheidung anhand der Host Header durchgeführt wird, aktivieren Sie das Kontrollfeld *Send the original host header to the publishing server instead of the actual one* und der vom Anwender eingegebene Hostname wird aus seiner Anfrage extrahiert und in die weitergeleitete Anfrage integriert. Diese Funktion ist in der Standardeinstellung deaktiviert, um Rechenleistung zu sparen. Aktivieren Sie das Kontrollfeld daher nur, wenn es wirklich notwendig ist.

Da neben der IP-Adresse des Servers natürlich auch noch die IP-Ports benötigt werden, müssen Sie diese im Folgenden noch angeben. Die Einstellungen sind dabei bereits auf die Standardports für HTTP, HTTPS (SSL) und FTP gesetzt. Passen Sie diese Ports entsprechend der Einstellung auf dem Web- und FTP-Server an. Falls der IIS auf dem ISA-Server installiert ist, geben Sie hier die neuen, nach der Installation des ISA-Servers geänderten Ports ein. Damit ist die neue Web-Publishing-Regel erstellt.

Nachdem Sie die neue Regel mit dem Agenten erstellt haben, können Sie noch weitere Einstellungen vornehmen, indem Sie die Eigenschaften der neuen Regel öffnen und danach die Registerkarte *Bridging* auswählen.

Beispielszenarien

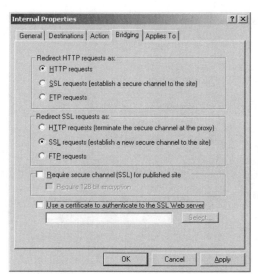

Erweiterte Einstellungen der Umleitung

Diese Einstellungen beziehen sich darauf, ob die Verbindung mit dem Server einfach weitergeleitet oder vielleicht auf ein anderes Protokoll umgeleitet werden soll, was hier als Bridging bezeichnet wird.

Als Erstes geben Sie an, wie Verbindungen über HTTP weitergeleitet werden. In der Standardeinstellung wird nichts geändert und diese Anfragen werden ebenfalls wieder über HTTP an den Server weitergeleitet. Alternativ können Sie die Daten zwischen dem ISA-Server und dem eigentlichen Webserver auch verschlüsselt über HTTPS übertragen. Da die Übertragung zwischen Client und ISA-Server allerdings wieder unverschlüsselt erfolgt und diese Strecke auch den größeren Teil der Übertragung ausmacht, kann ein Angreifer hier die unverschlüsselten Daten leicht abfangen. Als letzte Möglichkeit kann die Anfrage schließlich noch an einen FTP-Server umgeleitet werden, was zum Beispiel dann sinnvoll ist, wenn nur Dateien übertragen werden sollen und der Anwender nicht weiß, wie er mit einem FTP-Server arbeitet.

Die gleiche Auswahl haben Sie ebenfalls bei Anfrage die über HTTPS, also mit SSL-Verschlüsselung, an den ISA-Server gesendet werden. Der sichere Kanal kann in der ersten Einstellung am ISA-Server beendet werden, die Datenübermittlung zum eigentlichen Webserver erfolgt damit ohne Verschlüsselung. Wenn der Webserver in einem privaten Teil des Netzwerks eingerichtet wurde, das als sicher betrachtet werden kann, dann können Sie diese Einstellung wählen. Der Vorteil liegt darin, dass der Webserver dann nicht mehr mit der Verschlüsselung belastet wird. Wenn Sie jedoch auch die Verbindung zwischen ISA-Server und dem Webserver für gefährdet halten, behalten Sie die Standardeinstellung bei. In diesem Fall wird eine sichere Verbindung vom Client zum ISA-Server eingerichtet und dann eine neue verschlüsselte

World Wide Web und FTP

Verbindung vom ISA-Server zum Webserver. Lediglich am ISA-Server selbst liegen die Daten also unverschlüsselt vor, was auch notwendig ist, wenn Sie die Daten nach Angriffen oder unerwünschten Inhalten untersuchen wollen. Als letzte Option können Sie die Anfrage auch wieder an einen FTP-Server umleiten, zu dem aber generell keine verschlüsselte Verbindung hergestellt werden kann, hier erfolgt die Übertragung der Daten also immer im Klartext.

So, wie Sie bei einem Webserver erzwingen können, dass die Datenübertragung nur mit SSL-Verschlüsselung durchgeführt werden kann, können Sie auch beim ISA-Server die unverschlüsselte Kommunikation unterbinden, indem Sie das Kontrollfeld *Require a secure channel for published site* aktivieren. Damit wird die Verschlüsselung mit mindestens 40 Bit erforderlich. Falls diese Verschlüsselung nicht ausreicht, aktivieren Sie zusätzlich das Kontrollfeld *Require 128-bit encryption* und aktivieren damit die starke Verschlüsselung, schließen damit aber auch jeden Client aus, der diese Schlüssellänge nicht unterstützt.

Wenn am Webserver eine Anmeldung erfolgen muss, können Sie dies transparent für den Anwender durchführen, indem Sie das Kontrollfeld *Use a certificate to authenticate to the SSL webserver* aktivieren und anschließend ein Zertifikat eingeben. Dazu muss allerdings der Server die Verschlüsselung über SSL unterstützen und die Annahme von Clientzertifikaten aktiviert werden.

Zugriff auf Web- und FTP-Server im Internet

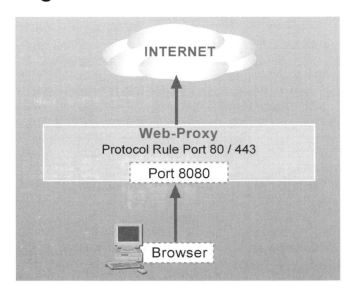

Beispielszenarien

Generell gibt es zwei Möglichkeiten, für den Anwender den Zugriff auf das World Wide Web und FTP-Server einzurichten. Die eine ist der direkte Zugang, bei dem der ISA-Server lediglich für die Adressumsetzung verwendet wird. Da hier jedoch auf die mögliche Performance-Steigerung verzichtet wird, verwenden wir die alternative Methode, den Zugang über den Web-Proxy-Dienst des ISA-Servers.

Die Aktivierung des ISA-Servers als Web-Proxy erfolgt über die Eigenschaften des Serverobjekts im Container *Servers and Arrays*.

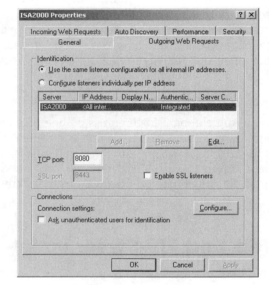

Die Einstellungen für die IP-Adresse

Auf der Registerkarte *Outgoing Web Requests* nehmen Sie nun die notwendigen Einstellungen am ISA-Server vor. Zunächst geben Sie an, ob Sie die Einstellungen für jede IP-Adresse separat oder gesammelt für alle Adressen durchführen wollen. Wir haben in unserem Beispiel die globale Einstellung für alle Adressen gewählt. Separate Einstellungen nehmen Sie vor, wenn Sie stattdessen *Configure listeners individually per IP address* wählen. Alle anderen auf dieser Registerkarte eingetragenen Werte gelten für alle IP-Adressen.

Da der ISA-Server nur nach innen als Proxy sichtbar ist, können Sie die vorgegebenen Werte für den *TCP port* sowie den *SSL port* zwar ändern, aber da zumindest der erste Wert den geläufigen Standards entspricht, erschwert das nur die Konfiguration des Webbrowsers. Oft wird der SSL-Port dem für unverschlüsselte Kommunikation gleichgesetzt. Den Eintrag des SSL-Ports können Sie nur dann verändern, wenn Sie vorher das Kontrollfeld *Enable SSL listeners* aktiviert haben, was dann nötig ist, wenn die Anwender auf Webserver zugreifen, die verschlüsselt zum Anwender übertragen werden sollen.

World Wide Web und FTP

Damit die Verschlüsselung überhaupt funktioniert, müssen Sie dem ISA-Server allerdings vorher ein Zertifikat zur Verschlüsselung zuweisen.

Über die Schalfläche *Configure* nehmen Sie bei Bedarf zwei Einstellungen für die Verbindungen vor. Unter *Number of connections* geben Sie die maximale Anzahl an Verbindungen an, die der ISA-Server zulässt. Wird dieses Maximum überschritten, lehnt der Server alle weiteren Clients ab. Sinnvoll ist diese Einstellung, wenn Sie nur über beschränkte Bandbreite verfügen und es zu Verbindungsabbrüchen kommt oder sich die Anwender über langsame Zugriffszeiten beschweren. In der Standardeinstellung sind keine Grenzen gesetzt. Als zweite Einstellung geben Sie ein *Connection Timeout* an, nach dem eine Verbindung getrennt wird, wenn keine Daten mehr übertragen werden. In der Standardeinstellung erfolgt eine automatische Trennung nach zwei Minuten. Damit werden einerseits Ressourcen auf dem Server freigegeben und andererseits wird, sofern eine Begrenzung für die Anzahl der Verbindungen definiert ist, eine Verbindung für andere Anwender freigegeben.

Auch wenn der Webserver eigentlich keine Anmeldung des Anwenders verlangt, so kann es doch notwendig sein, die Identität des Anwenders festzustellen. Das ist zum Beispiel der Fall, wenn Filter anhand von Benutzerkonten definiert wurden. Aktivieren Sie dazu das Kontrollfeld *Ask unauthenticated users for identification*. Falls der ISA-Server keine Anmeldeinformationen erhält, wird der Anwender zunächst zur Anmeldung aufgefordert, bevor die Weiterleitung zum Webserver erfolgt.

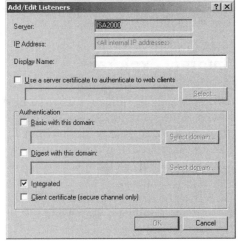

Die Schnittstellen konfigurieren

Unabhängig davon, ob Sie eine Konfiguration für alle Schnittstellen wünschen oder jede Schnittstelle einzeln konfigurieren wollen, wird über *Add* und *Edit* das gleiche Eingabefenster wie oben abgebildet angezeigt.

Beispielszenarien

Geben Sie unter *Display Name* einen Namen ein, der klar die Funktion dieses Interface beschreibt, zum Beispiel *Public* für das Interface zum Internet, *Private* für die Karte zum internen LAN und *DMZ* für die Karte zur Demilitarisierten Zone.

Falls Sie zuvor über *Enable SSL listeners* angegeben haben, dass der ISA-Server auch verschlüsselte Übertragungen zur Verfügung stellen soll, müssen Sie für die Schnittstellen, über die eine verschlüsselte Übertragung erfolgen soll, hier das Kontrollfeld *Use a server certificate to authenticate to web clients* aktivieren und danach über *Select* ein Zertifikat auswählen.

Im Feld *Authentication* schließlich bestimmen Sie, ob und wie die Anmeldung am ISA-Server (der für den Client den Webserver darstellt) erfolgen soll. Über *Basic with this domain* wird die Anmeldung im Klartext durchgeführt, geben Sie anschließend die Active Directory-Domäne an, an der die Anmeldung erfolgen soll. Alternativ können Sie auch *Digest with this domain* wählen und geben dort ebenfalls wieder die Active Directory-Domäne an. Eine Digest-Anmeldung setzt allerdings voraus, dass die Passwörter der Anwender im Active Directory mit umkehrbarer Verschlüsselung gespeichert werden. Diese Einstellung muss entweder für die gesamte Domäne oder für einzelne Konten vorgenommen werden. Für den Anwender transparent sind die beiden letzten Anmeldemethoden *Integrated*, bei der Client und Server das Anmeldeprotokoll selbst aushandeln und der Client die Anmeldeinformationen des Anwenders automatisch überträgt, und *Client certificate*, bei der der Client ein vom Anwender angegebenes Zertifikat, das die Benutzerkennung enthält, an den Server sendet. Letzteres kann allerdings nur dann verwendet werden, wenn die Übertragung über SSL gesichert wird.

Konfiguration des Internet Explorer

Wenn die Konfiguration für den Browser nicht automatisch übergeben werden kann, muss die Einstellung manuell erfolgen. Dabei kann der Internet Explorer entweder komplett von Hand konfiguriert werden oder aber er wird nur so weit vorkonfiguriert, dass das Programm die exakten Einstellungen vom ISA-Server abrufen kann. Die hier gezeigt Konfiguration bezieht sich auf den Internet Explorer 5.5 und kann in anderen Versionen leicht abweichen.

Wählen Sie dazu aus der Menüleiste des Internet Explorer *Tools* und dort *Internet Options*. Auf der Registerkarte Connections klicken Sie nun auf *LAN Settings*.

Der Webbrowser kann nun automatisch die Einstellung für den Proxy-Server vom ISA-Server selbst beziehen. Aktivieren Sie dazu das Kontrollfeld *Automatically discover settings*. Hier kommt wieder das WPAD-Protokoll zum Einsatz. Alternativ können Sie auch einen URL vorgeben, über den der Browser

World Wide Web und FTP

die Konfiguration vom ISA-Server abruft. Aktivieren Sie dazu das Kontrollfeld U*se automatic configuration script* und geben Sie den zuvor eingestellten URL an.

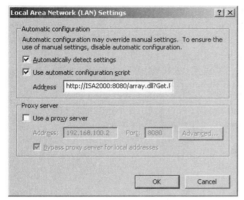

Konfiguration der Proxy-Einstellungen im Internet Explorer

Damit sich manuelle und automatische Konfiguration nicht widersprechen, sollten Sie die automatische mit der manuellen Konfiguration über *Use a proxy server* niemals zusammen aktivieren.

Datenbankzugriff

Ganz gleich, über welchen Datenbankserver auf das Internet zugegriffen werden soll, ob Microsoft SQL Server, Oracle oder eine andere Datenbank, ist es generell natürlich möglich, den Anwendern einen direkten Zugang zu den Datenbankservern einzurichten. Damit besteht allerdings, wie bereits für den Exchange-Server beschrieben, wiederum die Gefahr, dass ein Angreifer mit dem Datenbankserver nicht nur die Arbeit über das Internet, sondern auch die internen Abläufe blockiert. Um dies zu verhindern, sollten Sie den Datenbankzugriff genau so konzipieren, dass der Anwender über einen Webserver auf die Datenbank zugreift. Damit steht nur der Webserver im gefährdeten Bereich, und ein Angriff bedroht den Datenbankserver nicht mehr. Außerdem benötigt der Anwender auf seiner Seite keinen dedizierten Client, sondern kann über einen gewöhnlichen Browser auf die Datenbank zugreifen. Auf der Seite des Webservers führen Sie dann zum Beispiel über Active Server Pages den Zugriff auf die Datenbank durch und stellen das Ergebnis als HTML-Code dar. Die Filtereinstellungen am ISA-Server sind dabei mit denen für den Exchange 5.5-Server identisch, wobei die Ports für die Kommunikation zwischen Webserver und Datenbank je nach Hersteller und unter Umständen sogar nach verwendeter Programmversion variieren.

Am Beispiel des Zugriffs auf den Microsoft SQL Server 7.0 oder SQL Server 2000 über ADO (**A**ctiveX **D**ata **O**bjects) werden wir dies erläutern.

Beispielszenarien

Seitens des Webservers stellt die ADO-Erweiterung die Verbindung über Port 1433 her, hier muss also ein IP Packet Filter definiert werden, der diese Übertragung erlaubt.

Folgender Code kann, eingebettet in eine ASP-Seite auf dem Webserver verwendet werden, um den Zugriff auf den SQL Server zu initialisieren:

```
Set Conn = CreateObject("ADODB.Connection")
Set Rs = CreateObject("ADODB.Recordset")
Set Cmd = CreateObject("ADODB.Command")
Conn.Open "Provider=SQLOLEDB;Password=password;Persist Security
Info=True;User ID=username;Initial Catalog=DBNAME;Data
Source=servername;Network Library=dbmssocn"

Cmd.ActiveConnection=Conn
SQL = "Select * from TABLE"
Cmd.CommandText = SQL
Set Rs = Cmd.Execute
```

Als Nächstes muss nun der ISA-Server so konfiguriert werden, dass die Pakete auf Port 1433 weitergeleitet werden.

Definieren Sie die Packet Filter, die den Transfer zwischen DMZ und privatem Netzwerk erlauben.

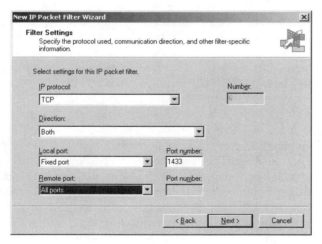

Einrichten des Filters für die Verbindung zwischen Web- und SQL-Server

Die Verbindung zum SQL-Server verwendet als IP-Protokoll TCP und die Verbindung erfolgt in beide Richtungen, wählen Sie unter *Direction* daher *Both*. Da der Quellport dynamisch ist, behalten Sie unter *Local ports* die Einstellung *All ports* bei und wählen lediglich unter *Remote port* den Eintrag *Fixed port* und geben anschließend die Port Nummer 1433 für RPC ein.

World Wide Web und FTP

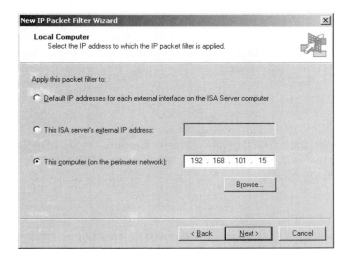

Als Nächstes geben Sie an, für welche Adressen der Filter angewendet werden soll. Da die Daten an ein System in der DMZ gesendet werden sollen, wählen Sie *This computer (on the perimeter network)* und geben anschließend die IP-Adresse des SQL-Servers in der DMZ ein beziehungsweise wählen diese über *Browse* aus.

Abschließend geben Sie noch an, zu welchem Computer die Verbindung überhaupt hergestellt werden kann. Weichen Sie dabei von der Standardeinstellung ab, wählen Sie *Only this computer* und geben Sie anschließend die IP-Adresse des Exchange Servers im privaten Netzwerk an. Damit ist die Filterkonfiguration am ISA-Server abgeschlossen.

Konzeptionell kann die Sicherheit noch ein wenig erweitert werden, indem Sie den Zugriff vom Webserver auf den SQL-Server so modifizieren, dass zusätzlich ein zweiter SQL-Server in der DMZ aufgestellt wird und dieser die Daten mit dem Hauptserver im privaten Netzwerk abgleicht. Sollte es einem Angreifer nun gelingen, über die Webseite den SQL-Server zu blockieren, geschieht dies nur auf dem für Webzugriffe vorgesehenen Server, wogegen der für die lokalen Anwender eingerichtete Server im internen Netzwerk weiterhin funktionstüchtig bleibt.

Herstellen einer Verbindung über PPTP

Nicht immer ist der in den oben geschilderten Beispielen erfolgte Zugriff über einen zwischengeschalteten Webserver möglich. In diesen Fällen muss aus dem Internet ein direkter Zugriff auf den Server im internen Netzwerk erfolgen. Da der Transfer der Daten über das Internet allerdings ein Sicherheitsproblem darstellt, weil die Daten auf dem Weg protokolliert oder verän-

Beispielszenarien

dert werden können, muss dies verschlüsselt geschehen. Zu diesem Zweck unterstützt Windows 2000 den Einsatz von Virtual Private Networks (VPN). Diese so erstellte virtuelle Direktverbindung zwischen den beiden Windows 2000-Computern wird anschließend noch verschlüsselt, um die Datensicherheit zu gewährleisten.

Damit der ISA-Server Verbindungen über ein VPN weiterleitet, müssen die entsprechenden Ports zunächst geöffnet und die Routing-und RAS-Komponente des Windows 2000-Servers gestartet werden. Wählen Sie dazu im Kontextmenü von *Network Configuration* den Eintrag *Allow VPN client connections*. Wählen sie anschließend *Yes*, um den Routing-und RAS-Dienst zu starten.

Durch den Agenten wurden vier neue IP Packet Filter eingerichtet, jeweils zwei für die beiden Möglichkeiten, ein VPN unter Windows 2000 zu installieren, das Layer-2-Tunneling-Protocol (L2TP) und das Point-to-Point-Protocol (PPTP). Für L2TP werden die UDP-Ports 500 und 1701 geöffnet sowie die Ports PPTP call und PPTP receive für Protokoll Nummer 47 für PPTP.

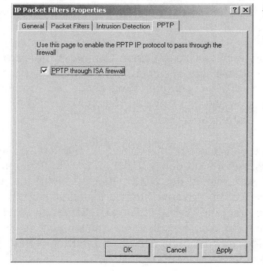

Aktivierung der PPTP-Unterstützung

Um die Konfiguration des ISA-Servers abzuschließen, öffnen Sie nun noch die Eigenschaften des Containers *IP Packet Filters* und wählen Sie dort die Registerkarte *PPTP*. Aktivieren Sie hier das Kontrollfeld *PPTP through ISA firewall*. Anschließend kann der ISA-Server Verbindungen über PPTP annehmen und die empfangenen Daten an den Zielserver weiterleiten.

Da es sich bei diesem Zugang um eine Verbindung über die RAS-Komponente des Windows 2000-Servers handelt, öffnen Sie anschließend noch in der

Konsole *Active Directory Users and Computers* die Eigenschaften der Benutzer, die diese VPN-Verbindung nutzen dürfen, und aktivieren Sie auf der Registerkarte *Dial-in* das Kontrollfeld *Allow access*.

Beispielszenarien

12. Sicherheitsanalyse und Troubleshooting

Leider ist es mit der einmaligen Konfiguration des ISA-Servers nicht getan. Neben der Auswertung der Protokolle und Berichte müssen Sie auch darauf achten, dass bekannte Sicherheitslücken schnellstmöglich gestopft und neue Risiken schnell erkannt werden. Diesen Themen werden wir uns in diesem Kapitel widmen:

- Sicherheitsupdates
- Sicherheitsanalyse
- Sichern der ISA-Server-Konfiguration

12.1 Sicherheitsupdates

Laufend informieren verschiedenste Quellen über Sicherheitslücken in aktueller Software. Davon sind natürlich auch Microsoft-Produkte nicht ausgeschlossen. Microsoft nimmt diese Hinweise zum Glück aber sehr ernst und veröffentlicht in der Regel recht schnell nach Bekanntwerden der Schwachstelle einen entsprechenden Patch. Sobald dieser verfügbar ist, sollten Sie ihn auch schleunigst einspielen, da von nun an Hacker vermehrt versuchen werden, Ihr System an diesem Punkt anzugreifen.

Alle aktuellen Sicherheitsupdates finden Sie auf der Microsoft-Webseite http://www.microsoft.com/technet/security. Da es natürlich sehr zeitaufwendig ist, jeden Tag dort nach neuen Updates zu schauen, bietet Microsoft als zusätzlichen Service einen E-Mail-Verteiler an, über den Sie sofort nach Bekanntwerden Informationen über Sicherheitslücken erhalten. Schreiben Sie dazu eine leere E-Mail ohne Betreff an microsoft security-subscribe-request@announce.microsoft.com und Sie erhalten eine Antwortmail mit weiteren Instruktionen zur Bestätigung der Aufnahme in den Verteiler.

Alle bis zu diesem Zeitpunkt bekannten Sicherheitsupdates werden auch immer im aktuellen Servicepack für das jeweilige Produkt integriert. Wir beschränken uns daher auf die Updates, die nach dem Erscheinen des letzten Servicepacks hinzugefügt wurden.

ISA-Server 2000

Bereits heute ist die erste Lücke im ISA-Server selbst bekannt, weitere werden sicher im Laufe der Zeit gefunden und auf der Microsoft-Webseite veröffentlicht.

Web Request Can Cause Access Violation in ISA-Server Web Proxy-Service

Wenn Webserver über den ISA-Server veröffentlicht werden und ein Angreifer Anfragen an den ISA-Server sendet, die eine bestimmte Größe überschreiten, kommt es zu einem Zugriffsfehler innerhalb des ISA-Servers, der dazu führen kann, dass die komplette Proxy-Komponente ausfällt. Ein Eindringen in das System ist dadurch allerdings nicht möglich, lediglich der Zugang zu internen beziehungsweise externen Web- und FTP-Servern wird durch den Ausfall blockiert, bis der Proxy-Dienst neu gestartet wird. Das Update ersetzt die Proxy-Komponente durch eine neue Datei, bei der zuvor eine Überprüfung der Länge einer Anfrage durchgeführt wird.

Der URL für den Download:

http://download.microsoft.com/download/ISAServer2000/webproxy/Q295279/NT5/EN-US/isahf63.exe

IIS 5.0 SP2

Folgende Schwachstellen sind im Internet Information Server 5.0 unter Windows 2000 mit Service Pack 2 bekannt:

Malformed .HTR Requets allows Reading of File Fragments

Der Internet Information Server kann an ihn gesendete HTR-Dateien erkennen und über die ISAPI-Filter ausführen. Damit ist ein Angreifer unter bestimmten Umständen in der Lage, zum Beispiel Teile von ASP-Dateien anzeigen zu lassen. Microsoft empfiehlt, dass Sie die Unterstützung für HTR-Dateien deaktivieren, wenn Sie diese nicht unbedingt benötigen. Starten Sie dazu die Konsole für den Internet Services Manager und öffnen Sie die Eigenschaften des zu sichernden Webservers. Auf der Registerkarte *Home Directory* wählen Sie anschließend die Schaltfläche *Configuration*.

Suchen Sie aus der Liste in der Spalte *Extension* nun den Eintrag *.htr* und entfernen Sie die Unterstützung über *Remove*. Anschließend muss der Webserver-Dienst neu gestartet werden, um die Änderungen zu übernehmen.

Sicherheitsupdates

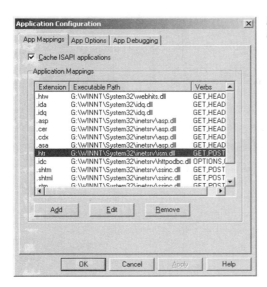

Deaktivieren der Unterstützung für HTR-Dateien

Falls Sie die Unterstützung nicht deaktivieren können, weil Sie diese Dateien als Teil Ihrer Webseiten verwendet haben, spielen Sie den Sicherheitspatch ein.

Der URL für den Download:

http://www.microsoft.com/Downloads/Release.asp?ReleaseID=27491

Superfluous Decoding Operation Could Allow Command Execution via IIS

Dieser Patch behebt mehrere Sicherheitslecks im Web- und FTP-Server. Zunächst kann ein Anwender durch gezielte Eingabe einer Zeichenkette bei der Anmeldung an einem FTP-Server diesen veranlassen, nach Gast-Konten in der Domäne zu suchen und diesen für die Anmeldung zu verwenden. Um Zugang zu erlangen, muss der Angreifer dabei allerdings das Passwort für dieses Konto kennen und das Konto überhaupt aktiviert sein, was bei einem Gast-Konto in der Standardeinstellung nicht der Fall ist.

Bei FTP-Kommandos, die mit Platzhaltern ausgeführt werden können, kann es passieren, dass der IIS nicht genügend Speicher für die Aufnahme der so gefundenen Dateien reserviert. In diesem Fall kann der Dienst so zum Absturz gebracht werden, dass keine Web- und FTP-Dienste mehr genutzt werden können.

Bei der Ausführung eines Scripts auf dem Webserver kann ein Angreifer eigene Befehle in das System einschleusen, obwohl eine doppelte Überprüfung der Kommandos auf unerlaubte Inhalte durchgeführt wird.

Sicherheitsanalyse und Troubleshooting

Der URL für den Download:

http://www.microsoft.com/Downloads/Release.asp?ReleaseID=29764

Exchange 2000

Malformed URL Can Cause Service Failure in IIS 5.0 and Exchange 2000

Wenn Anfragen bestimmter Länge und mit bestimmtem Inhalt wiederholt an den Webserver gesendet werden, kann dadurch ein Fehler im Speicherzugriff ausgelöst werden, der schließlich dazu führt, dass der Dienst komplett beendet werden muss. Beachten Sie, dass unbedingt beide Updates installiert werden müssen, um die Sicherheitslücke zu schließen.

Die URLs für den Download:

Microsoft IIS 5.0:
http://www.microsoft.com/Downloads/Release.asp?ReleaseID=28155

Microsoft Exchange 2000:
http://www.microsoft.com/Downloads/Release.asp?ReleaseID=28369

Exchange 5.5

Für Exchange 5.5 SP4 sind derzeit keine Sicherheitslücken bekannt beziehungsweise wurden noch keine Sicherheitsupdates veröffentlicht.

12.2 Tools zur Sicherheitsanalyse

Nach der Konfiguration der Filter an der Firewall ist es natürlich wichtig zu überprüfen, ob diese Filter überhaupt ihren Zweck erfüllen und tatsächlich nur die Ports geöffnet sind, die für die Kommunikation benötigt werden. Zu diesem Zweck setzen Sie Port Scanner ein, die versuchen, angegebene Computer auf bestimmten Ports zu erreichen und die dort betriebenen Dienste zu erkennen. Zusätzlich können Sie damit auch testen, ob die Erkennung von Port Scan-Attacken auf den ISA-Server tatsächlich wie eingerichtet funktioniert.

LANguard Port Scanner

Neben Erweiterungen für den ISA-Server bietet GFI auch Tools zur Analyse der Sicherheit an. Eines dieser Tools ist der LANguard Port Scanner, mit dem

Tools zur Sicherheitsanalyse

Sie herausbekommen, auf welche Server und deren Ports Sie innerhalb eines Netzwerks Zugriff haben. Damit können Sie überprüfen, ob die von Ihnen am ISA-Server definierten Filter wirklich die Wirkung erzielen, die Sie vorgesehen haben. Der besondere Vorteil dieses Tools liegt darin, dass es nicht installiert werden muss, direkt ausgeführt werden kann und mit etwas mehr als 500 KByte Größe leicht auf eine Diskette passt. So kann die Analyse schnell von mehreren Orten aus durchgeführt werden.

GFI stellt dieses Tool auf unter ftp://ftp.languard.com/lanport.exe kostenlos zum Download zur Verfügung. Führen Sie dieses Programm nach dem Download aus und geben Sie anschließend einen Pfad an, in dem das Programm installiert werden soll. Rufen Sie das Programm *Lanportscan.exe* anschließend aus diesem Verzeichnis auf.

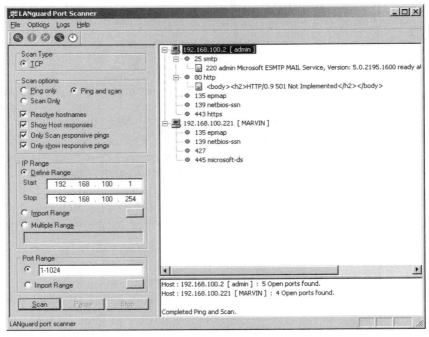

LANguard Port Scanner nach einem Scan des lokalen Netzwerks

Nach dem Start des Programms geben Sie zunächst die Parameter für den Scan-Vorgang an. Die Konfiguration des Scanners ist dabei in mehrere Bereiche unterteilt.

Scan Type

In diesem Bereich geben Sie an, wie der Scan überhaupt durchgeführt werden soll:

Sicherheitsanalyse und Troubleshooting

- *Ping only* – Es wird nur überprüft, ob der Server auf ein ICMP-Ping-Paket reagiert und, wenn möglich, der Name des Computers angezeigt, ein weiterer Scan wird nicht durchgeführt.
- *Ping and scan* – Nach der Überprüfung durch ein Ping wird ein kompletter Scan aller im Anschluss definierten Ports durchgeführt, sofern der Computer auf dieses Ping geantwortet hat.
- *Scan only* – Diese Methode eignet sich besonders dann, wenn eine Firewall das Passieren von Ping-Paketen verhindert. Hier wird ein Scan auf alle angegebenen Ports durchgeführt, unabhängig davon, ob das System überhaupt existiert oder nicht. Diese Methode ist zwar langsam, aber dafür gründlich.

Scan options

Über diese Einstellungen konfigurieren Sie den Scan-Vorgang genauer.

- *Resolve Hostnames* – Während des Scans versucht das Programm, den Hostnamen des Computers zu ermitteln.
- *Show host responses* – Wie in der oben gezeigten Abbildung wird nicht nur angezeigt, dass der Server auf einem bestimmten Port auf Anfragen reagiert sondern auch, welche Antwort dabei gegeben wurde. So ist unter Umständen zu erkennen, welche Software hier verwendet wird.
- *Only scan responsive pings* – Mit dieser Einstellung wird der Scan-Vorgang beschleunigt, weil alle Systeme übersprungen werden, die auf ein Ping nicht reagieren.
- *Only show responsive pings* – Um die Anzeige nicht zu unübersichtlich werden zu lassen, können alle Systeme ausgeblendet werden, die nicht auf ein Ping reagieren.

IP Range

In diesem Bereich geben Sie die IP-Adressen an, die überprüft werden sollen. Dabei können Sie entweder einen Bereich über die erste und letzte zu scannende Adresse eingeben, einen Bereich aus einer Textdatei importieren oder mehrere Bereiche definieren.

Port Range

In diesem Bereich geben Sie die Ports an, die überprüft werden sollen. Dabei können Sie entweder einen Bereich über den ersten und letzten zu scannenden Port eingeben oder einen Bereich aus einer Textdatei importieren.

Über *Scan* starten Sie anschließend den Vorgang.

Tools zur Sicherheitsanalyse

Vergleich von Scan-Vorgängen

Um Änderungen in der Konfiguration feststellen zu können und so zu ermitteln, ob unter Umständen eine andere Person Ports am ISA-Server geöffnet hat, können Sie Scan-Vorgänge protokollieren und später mit älteren, gespeicherten Vorgängen vergleichen. Aktivieren Sie dazu im Menü *Logs* zunächst die Funktion *Logging*. Anschließend können Sie im Menü *File* unter *Compare Scans* einen Vergleich durchführen.

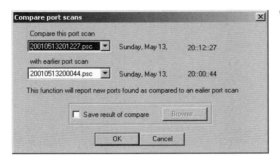

Vergleich zweier Scan-Durchläufe

Wählen Sie unter *Compare this port scan* zunächst das Protokoll des neueren Scan-Vorgangs aus und wählen anschließend unter *with ealiert port scan* das Referenzprotokoll. Das Ergebnis wird in eine Textdatei geschrieben, die anschließend mit dem Notepad am Bildschirm angezeigt wird. Über *Save result of compare* könnnen Sie angeben, dass diese Datei im Anschluss nicht gelöscht, sondern unter einem über *Browse* angegebenen Namen gespeichert wird. Im Folgenden sehen Sie einen solchen Vergleich, an dem wir erkennen, dass gegenüber dem Referenzprotokoll der Port 25 auf dem Computer 192.168.100.2 nicht mehr zu erreichen ist.

```
Hosts up from last scan
Hosts down from last scan
New open ports
New closed ports
192.168.100.2, 25, smtp
```

LANguard Network Scanner

Nachdem der LANguard Port Scanner nun fündig geworden ist, können Sie mit dem zweiten freien Tool von GFI eine weitere Analyse des Systems in Angriff nehmen. Dieses Programm steht auf dem gleichen Server unter ftp://ftp.languard.com/lannetscan.exe zum Download zur Verfügung.

Starten Sie die Datei *Lannetscan.exe* nach dem Download und geben Sie anschließend den Pfad ein, in den die Software installiert werden soll. Im Startmenü finden Sie unter *Programs* nun den neuen Eintrag *LANguard Network Scanner*.

Sicherheitsanalyse und Troubleshooting

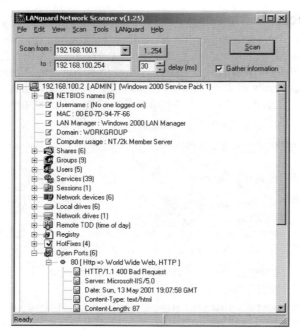

Analyse des Netzwerks

Der LANguard Network Scanner eignet sich sehr gut zur Analyse von Windows-Netzwerken, wie die obige Abbildung zeigt. Auch hier geben Sie zunächst wieder den Adressbereich ein, der von dem Programm analysiert werden soll. Grundsätzlich ist es auch möglich, nur nach Computern im Netzwerk zu suchen, wenn Sie das Kontrollfeld *Gather information* deaktivieren. Andernfalls beginnt das Programm mit der Suche nach allen bekannten Informationen, sobald Sie *Scan* gewählt haben. Auf Windows 9x-Computern versucht das Programm zusätzlich anhand einer Passwortliste, bestehende Passwörter zu knacken.

Um die Informationen auch auf anderem Weg zugänglich machen zu können, wählen Sie im Menü *File* den Eintrag *Save results* und das Ergebnis wird, wie im Folgenden abgebildet, als HTML-Datei gespeichert.

Tools zur Sicherheitsanalyse

192.168.100.221 [MARVIN]   (Windows 2000)

- IP Address : **192.168.100.221**
- MAC : **00-10-A4-F2-8E-09**
- HostName : **MARVIN**
- UserName : **(No one logged on)**
- LAN Manager : **Windows 2000 LAN Manager**
- Domain : **LANWORKS**
- Operating System : **Windows 2000**

NETBIOS names (6)
- MARVIN   -   **Workstation Service**
- LANWORKS -   **Domain Name**
- MARVIN   -   **File Server Service**
- LANWORKS -   **Browser Service Elections**
- LANWORKS -   **Master Browser**
- MSBROWSE -   **Master Browser**

Groups (7)

   Administrators - Administrators have complete and unrestricted access to the computer/domain

   Backup Operators - Backup Operators can override security restrictions for the sole purpose of backing up or restoring files

   Guests - Guests have the same access as members of the Users group by default, except for the Guest account which is further restricted

   Power Users - Power Users possess most administrative powers with some restrictions. Thus, Power Users can run legacy applications in addition to certified applications

   Replicator - Supports file replication in a domain

   Users - Users are prevented from making accidental or intentional system-wide changes. Thus, Users can run certified applications, but not most legacy applications

   Debugger Users - Debugger users can debug processes on this machine, both locally and re

Auszug aus einer als HTML gespeicherte Ausgabe des Network Scanners

Sicherheitsanalyse und Troubleshooting

Informationen und Tests im Internet

Auch wenn die meisten Gefahren aus dem Internet drohen, Sie finden dort auch die beste und schnellste Hilfe. In der folgenden Tabelle finden Sie eine Reihe nützlicher Webseiten mit Informationen zu Angriffen, Tools und Tests, die Ihre Seite „wohlwollend" auf Sicherheitslücken überprüfen.

URL	Sprache	Beschreibung
Tools & Produktseiten		
http://www.zonealarm.de/	D	ZoneAlarm-Homepage mit Anleitungen und Downloadmöglichkeit
http://www.zonelabs.com/	E	Dto., englischsprachig
http://www.signal9.com/ http://www.consealfirewall.com/	E	Conseal PC Firewall Info- & Downloadseiten
http://www.trojancheck.de/	D	Trojanerüberprüfungs-Tools
http://www.mcafee.com/pr_firewall.asp	E	McAfee Personal Firewall Info- & Downloadseiten
http://www.esafe.com/esafe/	E	E-Safe Protect Info- & Download
http://www.agnitum.com/	E	Jammer & Tauscan (Trojaner Scanner) Info- & Downloadseiten
http://www.networkice.com/products/index.html	E	BlackICE Defender & ICEpac Info- & Downloadseiten
http://www.symantec.de/region/de/product/nis/detail.html	D	Symantec Internet Securityseite
http://www.lockdown2000.com/	E	Lockdown 2000 Info- & Downloadseite
Privacy		
http://www.iks-jena.de/mitarb/lutz/anon/	D	Informationen über Privacy und Remailer
http://www.rewebber.de/	D	Anonymes Surfen
http://www.anonymizer.com/	E	Anonymes Surfen inkl. veränderter IP-Adresse
Diverse		
http://grc.com/	E	Shields Up! Überprüfung der Sicherheitseinstellungen
http://www.lockdown2000.com/demo/start.html	E	Hacker-Demonstration
http://www.trojaner-board.de/	D	Verschiedene qualitativ hochwertige Foren zum Bereich Security, Trojaner, Desktop-Firewalls
http://www.trojaner-info.de/	D	Guter Startpunkt für Informationen, Links, Chat, Foren etc. über Trojaner, Privacy, Security

12.3 Sichern der Konfiguration

In den Bereich Troubleshooting ist der letzte Absatz einzuordnen. Während Sie Konfigurationen ändern, um neue Protokolle über den ISA-Server verfügbar zu machen, kommen Sie in vielen Fällen mit der ersten Einstellung nicht direkt zum Ziel und müssen mehrere Optionen ausprobieren. Dabei wird es natürlich mit jeder Änderung schwieriger, den Ursprungszustand wiederherzustellen. Zu diesem Zweck und um die Konfiguration des ISA-Servers bei Beschädigung wiederherstellen zu können, besteht die Möglichkeit, aus der Verwaltungskonsole heraus eine Sicherung der kompletten Konfiguration in eine Datei vorzunehmen.

Sichern der Einstellungen

Sie starten die Sicherung über das Kontextmenüs des Servers, dessen Konfiguration gespeichert werden soll. Wählen Sie dort *Backup*.

Angabe des Pfads für das Backup sowie einer Beschreibung

Geben Sie im Anschluss einen Pfad sowie einen Dateinamen für die Sicherungsdatei an. Die Endung wird von der Software selbst auf *.bif* gesetzt. Um mehrere Backups leichter auseinander halten zu können, sollten Sie zusätzlich eine kurze Beschreibung angeben.

Wiederherstellen der Einstellungen

Sie starten die Wiederherstellung über das Kontextmenüs des Servers, dessen Konfiguration gespeichert werden soll. Wählen Sie dort *Restore*, bestätigen Sie den Warnhinweis, dass die aktuelle Konfiguration überschrieben wird, und geben Sie anschließend den Namen der Sicherungsdatei an.

Aus der Sicherungsdatei werden nun der von Ihnen zuvor eingegebene Kommentar sowie Datum und Uhrzeit der Sicherung ausgelesen und angezeigt. Sofern es sich bei dieser Datei um die gewünschte Sicherung handelt, starten Sie den Restore-Vorgang über *OK*, ansonsten brechen Sie ihn an dieser Stelle ab. Nachdem die Konfiguration von der Sicherung übernommen wurde, müs-

Sicherheitsanalyse und Troubleshooting

sen noch alle Dienste des ISA-Servers neu gestartet werden und im Anschluss wird das System wieder mit der alten Konfiguration betrieben.

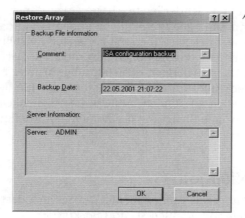

Anzeige der Informationen über den Backupsatz

Stichwortverzeichnis

8bitmime 78

A

Active Directory 119
   DNS 125
   Domänen 119
   Domänencontroller 120
   Domänenmitglieder 120
   Einrichten eines Domänencontrollers für
      eine weitere Domäne 130, 284
   Einrichten eines weiteren Domänen-
      controllers für eine Domäne 129, 283
   Erstellen des ersten Domänencontrollers .. 127, 282
   Erstellen einer Active Directory-Domäne 118, 281
   Erweiterung des Active Directory-Schemas 132, 285
   Gesamtstruktur 122
   Organisationseinheiten 120
   Schema 124
   Standorte 121
   Struktur 122
   Vertrauensstellungen 123
   Vorbereitung 118
Adressierung
   ICANN 19
   MAC-Adresse 19
   Port 20
   Subnetz-Maske 22
   TCP/IP 19
Alarmierung, Alert 203
Analyse
   von Berichten 258
   von Protokollen 174
Angriffe 193
Angriffe erkennen 193
   Application-Filter 195
   DNS Intrusion 196
   File Checking 168
   IP Packet Filter 194
Application Usage 266
Application-Filter 158, 195
   Content Filtering & Anti-Virus for ISA-Server 162
   FTP-Access-Filter 158
   H.323-Filter 159
   HTTP-Redirector-Filter 160
   Integrierte Filter 158
   POP-Intrusion-Detection-Filter 197
   RPC-Filter 161
   SMTP-Filter 197
   SOCKS-V4-Filter 161
   Streaming Media-Filter 161
Application-Level-Firewall 193

Array 115
Ausfallsicherheit
   ISA-Server-Array 242
   Upstream-Proxy-Server 233
   Windows 2000-Load-Balancing 236
   Windows-2000-Cluster 241
Ausgehende E-Mails 303

B

Beispielszenarien 293
   Ausgehende E-Mails von SMTP-Servern 303
   Eingehende E-Mails von Anwendern 304
   Eingehende E-Mails von SMTP-Servern 295
   E-Mail 295
   FTP 315
   HTTP 315
   IMAP4 306
   Konfiguration des Internet Explorer 324
   Microsoft Outlook Web Access 2000 313
   Microsoft Outlook Web Access 5.5 307
   Netzwerkaufbau 293
   NNTP 306
   POP3 306
   SMTP 295
   Veröffentlichen von Webservern 315
   Zugriff auf OWA 5.5 aus dem Internet 307
   Zugriff auf Web- und FTP-Server im Internet 321
Berichte 255
BINARYMIME 78
Browser
   Automatische Konfiguration 223
   Konfiguration 223
   Webserververwaltung über Browser ... 111
   WPAD 224

C

Cache-Arrays 218
CacheDir.exe 230
Client Address Sets 153
Cluster 236, 241
Content Filtering & Anti-Virus for ISA-Server
   Content Checking 165
   File Checking 168
   Installation 163
   Moderator Client 173
   Realtime Monitoring 172
   Verwaltung 164
   Virus Checking 169
Content Groups 157

Stichwortverzeichnis

D

Datenverschlüsselung 27
    Digitale Signatur 27, 31
    Digitale Zertifikate 32
    Private Key 29
    Public Key 29
    SSL 33
Demilitarisierte Zone 25
Denial of Service 16
Destination Sets 156
Digitale Signatur 27, 31
Digitale Zertifikate 32
DMZ 25
DNS, Round-Robin 235
DoS 16

E

E-Mail 295
    Ausgehende E-Mails von SMTP-Servern 303
    Eingehende E-Mails von Anwendern 304
    Eingehende E-Mails von SMTP-Servern 295
    IMAP4 306
    POP3 306
    SMTP 50, 295
    SMTP-Relay 17
    Virtuelle SMTP-Server 50
    Virtuelle SMTP-Server einrichten 73
Erkennen von Angriffen 193
    Application-Filter 195
    DNS Intrusion 196
    IP Packet Filter 194
Erstellen von Berichten 255
ESMTP 78
    8bitmime 78
    BINARYMIME 78

F

File Transfer Protocoll 93
Filter 145
    Application-Filter 158, 195
    Client Address Sets 153
    Content Groups 157
    Destination Sets 156
    Intrusion-Detection 194
    IP Packet Filter 194
    Packet Filter 146
    POP-Intrusion-Detection-Filter 197
    Protocol Rules 151
    Schedules 152
    Site and Content Rules 154
    SMTP-Filter 197
Firewall 25
    Application Level 193
    Filter 145
FTP 93
    Installation 38
    Virtuelle Server erstellen 99
    Virtuelle Server konfigurieren 94
    Virtuelle Verzeichnisse erstellen 98

G

GFI
    LANguard Content Filtering & Anti-Virus for
        ISA-Server 162
    LANguard Network Scanner 337
    LANguard Port Scanner 334
Globaler Katalog 124

H

H.323-Gatekeeper-Service 113
HTTP
    Cache-Arrays 218
    HTTPS, SSL 33, 320
    Installation 38
    Proxy-Server 209
    Verwaltung über den Browser 111
    Virtuelle Server erstellen 109
    Virtuelle Server konfigurieren 99
    Virtuelle Verzeichnisse erstellen 109
    Webseiten indizieren 110
    Zugriffe beschleunigen 209
HTTPS 33f, 320

I

ICANN 19
IIS 37
    IIS 5.0-SP2Sicherheitsupdates 332
    Installation 38
ILS, Installation 40
Installation 38
Internet Explorer, Proxy-Konfiguration 229
Internet Information Server 37
Internetprotokolle, Virtuelle Server 49
Intrusion Detection 194
    POP-Intrusion-Detection-Filter 197
    Reaktion 203
    SMTP-Filter 197
IP Packet Filter 194
IP-Adresse 19
ISA-Server 114
    Add-In-Services 113
    Administration Tools 114
    Array 115, 242
    Basiskonfiguration 138
    Dienste und Komponenten 137
    Firewall 114
    H.323-Gatekeeper-Administration-Tool 114
    H.323-Gatekeeper-Service 113
    Hotfixes 137
    Installation 113, 117, 133
    Integrated 114
    ISA-Management 114
    ISA-Server-Sicherheitsupdates 332

Stichwortverzeichnis

ISA-Server
   ISA-Services 113
   Komponenten 113
   Message Screener 114
   Monitoring 245
   Proxy 114
   Reporting 245
   Sichern der Einstellungen 341
   Sichern der Konfiguration 341
   Stand-alone 115
   Systemvoraussetzungen 117
   Überwachen 245
ISA-Server 2000, Migration 275

L

LANguard
   Content Filtering & Anti-Virus for ISA-Server 162
   Network Scanner 337
   Port Scanner 334
Lastverteilung
   DNS-Round-Robin 235
   ISA-Server-Array 242
   Windows 2000-Load-Balancing 236
LAT 135, 290
Least recently used 135
Load Balancing 236
   Cluster 236
   Wlbs.exe 238
Local Address Table 135, 290
LRU 135

M

MAC-Adresse 19
Message Screener 114
Microsoft Management Console (MMC) 46
   angepasste MMC erstellen 47
   Einführung 46
   Snap-In entfernen 48
   Snap-In hinzufügen 48
Monitoring
   Firewall-Service 253
   Packet Filter 249
   Protokolldateien 248
   Web-Proxy-Service 254

N

NAT 23
Network Address Translation 23
Netzwerk-Klassen 22
Netzwerkmonitor 175
Newsgroups, erstellen 86
NNTP 80
   Newsgroup-Begrenzungen 91
   Newsgroups erstellen 86, 90
   Virtuelle Newsgroup-Verzeichnisse erstellen 87
   Virtuelle Server einrichten 86
   Virtuelle Server verwalten 80
NNTP-Dienst hinzufügen 38

P

Packet Filter 146
   erstellen 147
Port 20
Port Scanner 16
Portfilter 20
Private Key 29
Protocol Rules 151
Protokollanalyse 174
   Durchführung 176
   Netzwerkmonitor 175
Protokolle
   Analyse 174
   FTP 93
   HTTP 99
   Netzwerkmonitor 175
   NNTP 80
   SMTP 50
   Webserver 99
Protokollfilter 145
Protokolltypen 150
Proxy-Cache, Inhalte verwalten 230
Proxy-Server 209
   Automatischer Download 220
   Cache-Optionen 212
   WPAD 224
Proxy-Server 2.0
   Migration 275
   Service Pack 1 277
   Update 287
   Update auf ISA-Server 2000 288
Public Key 29

Q

QoS (Quality of Service) 138

R

Recreational Software Advisory Council 107
Reporting 255
   Application Usage 266
   Auswertung 258
   Report Jobs 256
   Security 268
   Summaries 272
   Summary 259
   Traffic & Utilization 267
   Web Usage 263
Router 22
Routing 139
Routing-Tabelle 22
RSAC 107

S

Schedules 152
Secure Socket Layers 33
Sicherheitsanalyse
   Erkennen von Angriffen 193

345

Stichwortverzeichnis

Sicherheitsanalyse
    Network Scanner 337
    Port Scanner 334
Sicherheitsupdates 331
    Exchange 2000 334
    Exchange 5.5 334
    IIS 5.0 SP2 332
    ISA-Server 332
    Malformed .HTR Requets allows Reading of
        File Fragments 332
    Malformed URL Can Cause Service Failure in
        IIS 5.0 and Exchange 2000 334
    Superfluous Decoding Operation Could Allow
        Command Execution via IIS 333
    Web Request Can Cause Access Violation in
        ISA-Server Web Proxy-Service 332
Simple Mail Transfer Protocol 50
Site and Content Rules 154
SMTP 50
    8bitmime 78
    BINARYMIME 78
    E-Mail-Domänen einrichten 73
    ESMTP 78
    Filter 197
    Installation 38
    Relay 17
    Virtuelle Server verwalten 50
    Virtuelle SMTP-Server einrichten 73
SMTP-Relay 17
SSL 33, 186
Stand-alone 115
Subnetz-Maske 22

T

TCP/IP
    Adressierung 19
    ICANN 19
    NAT 23
    Network Address Translation 23
    Netzwerk-Klassen 22
    öffentliche Adresse 19
    Port 20
    Portfilter 20
    private Adresse 19
    Router 22

TCP/IP
    Routing-Tabelle 22
    Subnetz-Maske 22
Überwachung, Alerts 245

V

Veröffentlichen von Servern 179
    FTP-Server 180
    Mailserver 188
    Sonstige 189
    Umleiten von Anfragen an den ISA-Server 180
    Webserver 180
    Weiterleiten von Anfragen an Web- und
        FTP-Server 183
Verschlüsselung 27, 186
    Digitale Signatur 31
    Grundlagen 28
    Private/Public Key 29
    SSL 33, 186
    Zertifikate 32
Virtuelle Server 49

W

Wählverbindung 140
Webbrowser
    Automatische Konfiguration 223
    Konfiguration 223
    WPAD 224
Webserver
    Verwaltung über den Browser 111
    Virtuelle Server erstellen 109
    Virtuelle Server konfigurieren 99
    Virtuelle Verzeichnisse erstellen 109
    Webseiten indizieren 110
Windows 2000, Servicepack 2 45
Windows 2000-Server, NNTP-Dienst 38
Windows Media Services 44
WPAD 224

Z

Zertifikatsdienste, Installation 41

▶▶▶ Wenn Sie an dieser Seite angelangt sind ...

▶▶▶ Ihre Ideen sind gefragt!

Vielleicht möchten Sie sogar selbst als Autor bei **DATA BECKER** mitarbeiten? Wir suchen Buch- und Software- Autoren. Wenn Sie über Spezial-Kenntnisse in einem bestimmten Bereich verfügen, dann fordern Sie doch einfach unsere Infos für Autoren an.

Bitte einschicken an:
DATA BECKER GmbH & Co. KG
Postfach 10 20 44
40011 Düsseldorf

Sie können uns auch faxen:
(02 11) 3 19 04 98

dann haben Sie sicher schon auf den vorangegangenen Seiten gestöbert oder sogar das ganze Buch gelesen. Und Sie können nun sagen, wie Ihnen dieses Buch gefallen hat. **Ihre Meinung interessiert uns!**

Uns interessiert, ob Sie jede Menge „Aha-Erlebnisse" hatten, ob es vielleicht etwas gab, bei dem das Buch Ihnen nicht weiterhelfen konnte, oder ob Sie einfach rundherum zufrieden waren (was wir natürlich hoffen). Wie auch immer – schreiben Sie uns! Wir freuen uns über Ihre Post, über Ihr Lob genauso wie über Ihre Kritik! Ihre Anregungen helfen uns, die nächsten Titel noch praxisnäher zu gestalten.

Was mir an diesem Buch gefällt: _____

Das sollten Sie unbedingt ändern: _____

Mein Kommentar zum Buch: _____

442 142

☐ Ja   Ich möchte DATA BECKER Autor werden. Bitte schicken Sie mir die Infos für Autoren.

☐ Ja   Bitte schicken Sie mir Informationen zu Ihren Neuerscheinungen.

▶▶▶ Apropos: die nächsten Versionen. Wollen Sie am Ball bleiben?
Wir informieren Sie gerne, was es Neues an Software und Büchern von **DATA BECKER** gibt.

DATA BECKER
Internet: http://www.databecker.de

Name, Vorname _____

Straße _____

PLZ, Ort _____

▶▶ Professionelle Datenbänke für das Internet!

Leierer/Stoll
**Internet intern
PHP 4 + MySQL**

439 Seiten, inkl. CD-ROM
ISBN 3-8158-2043-X

nur DM 69,95

Dieses Buch bietet Ihnen ebenso umfassendes wie auch kompetentes Know-how, mit dem Sie professionelle Datenbanken sowie dynamische, datenbankgestützte Sites für das World Wide Web entwickeln. Das Buch vermittelt dazu einen fundierten Schnelleinstieg in PHP4.

Ob interaktive Website, Onlineshop oder komplexe Informationspage: Hier profitieren Sie von dem kompetenten Wissen der Insider in Sachen PHP4 und MySQL. Mit zahlreichen Lösungsvorschlägen für die Praxis und hilfreichen Experten-Tipps, die Ihnen einen Blick hinter die Fassade der Datenbankprogrammierung fürs Internet ermöglichen.

- *Fundierte Einführung in die Skriptsprache PHP 4*
- *Installation und Funktionsweise des MySQL-Servers*
- *Dynamische datenbakbasierte Websites mit PHP erstellen*
- *Entwicklung spezieller Datenbankmodelle und eines universellen Shop-Moduls*

DATA BECKER
Versandkostenfrei bestellen im Internet: www.databecker.de

▶▶▶ Jetzt kommt echte ASP-Dynamik in Ihre Sites!

Dieses Profiwerk verhilft Ihnen zum gekonnten Einstieg in die faszinierende Welt von ASP! Ohne unnötigen Ballast eignen Sie sich die Programmierung interaktiver Sites und Online-Formulare mit ASP, VB Skript, Active X & Co. an.

Praxisnah führt Sie dieser Titel zum Ziel Ihrer Programmiererwünsche. Das Buch spannt einen Bogen von den praktischen Grundlagen der Active Server Pages über Aufbau und Struktur von Datenbankmodellen bis zum E-Commerce. Die Entwicklung individueller Anwendungen steht dabei ebenso im Vordergrund wie der benutzerfreundliche Aufbau und die Anbindung ausgewählter Programme.

- *Basics, Syntax und Programmstrukturen von ASP*
- *Active X-Module integrieren*
- *Abfragen, Design und Interface für Excel, Access, ODBC, SQL*
- *Online-Formulare, Cookies, Online-Shops und -Auktionen*
- *Verschlüsselung und Kontrolle von Page Impressions*
- *Referenzen: ASP und VB Skript*

Bünning
**Internet intern
Dynamische
Webseiten mit ASP**

443 Seiten, DM 69,95
ISBN 3-8158-2019-7

nur DM 69,95

DATA BECKER

Versandkostenfrei bestellen im Internet: www.databecker.de

▶▶▶ Der entscheidende Flash für Ihre Websites!

Frei bewegliche Animationen und 3D-Effekte dürfen momentan auf keiner professionell gestalteten Webpage fehlen. Aber wie gelingt die Umsetzung dieser zum Teil äußerst komplexen Elemente?

Mit diesem konsequent praxisorientierten Nachschlagewerk erhalten ambitionierte Web-Designer (und alle, die es schnell und einfach werden möchten) viele anwendungsorientierte und direkt umsetzbare Hilfestellungen. Dabei wird auf funktionsorientierte Beschreibungen weitestgehend verzichtet, denn hier stehen die kreative Praxis und damit auch das Projekt immer im Mittelpunkt des Geschehens. Wie Flash 5 eigentlich funktioniert, erfahren Sie in diesem Buch praktisch nebenbei.

- *Schicke Objekte, Symbole, Masken und Ebenen ganz einfach selbst gebaut*
- *Import externer Grafiken*
- *Flash-Design von A bis Z*
- *Multimedia-Einbindung*
- *Filmsequenzen mit ActionScript steuern*

Gradias
Das große Buch Flash 5
472 Seiten, inkl. CD-ROM
DM 69,95
ISBN 3-8158-2044-8

nur DM 69,95

DATA BECKER
Versandkostenfrei bestellen im Internet: www.databecker.de

Aufstiegs-Chancen für Macher!

Dass Sie an anspruchsvollen IT-Themen und entsprechend niveauvoller Fachliteratur interessiert sind, haben Sie mit dem Kauf dieses Buches bereits bewiesen. Hätten Sie nicht Lust, die Entwicklung der nächsten Bestseller für den Weltmarkt selbst in die Hand zu nehmen? Dann können wir Ihnen einen echten Traumjob anbieten. DATA BECKER gehört mit internationalen Tochtergesellschaften und Vertriebspartnern zu den globalen Marktführern in Sachen Software und Fachliteratur. Um unseren Wachstumskurs auch in Zukunft fortsetzen zu können, suchen wir weitere engagierte, qualifizierte

[Produktmanager (m/w) Profibücher]

Wir suchen keinen reinen Lektor, sondern eine/n echte/n Macher/in. Ihre vordringliche Aufgabe besteht darin, die IT-Trends der Zukunft vor allen anderen aufzuspüren und in topaktuelle Bücher mit Niveau umzusetzen. Darüber hinaus sind Sie für das Management und die Konzeption neuer Reihen sowie für die Pflege/Weiterentwicklung bestehender Titel zuständig.

Neben den bereits für DATA BECKER aktiven, erstklassigen Autoren bauen Sie sich mit der Zeit eigene Spezialisten auf. Für die professionelle Realisierung Ihrer Projekte übertragen wir Ihnen ein hohes Maß an Verantwortung und lassen Ihnen den Freiraum, den Sie für Ihre Arbeit benötigen.

Ein ausgeprägtes Feeling für den Buchmarkt und IT-Trends sollten Sie für diese herausfordernde Position ebenso mitbringen wie fundiertes PC- und Internet-Know-how. Kenntnis-Schwerpunkte bilden die Bereiche Programmiersprachen, Internet (Technik und Design), Profi-Software und Betriebssysteme. An "soft-skills" sind kommunikative Kompetenz und Spaß am Umgang mit Menschen gefragt. (Quer-) Einsteigern geben wir gerne eine Chance als Volontär oder Junior-PM.

Unser Verlagsleiter, Herr Thomas Kamp, freut sich auf Ihre Bewerbung: DATA BECKER GmbH & Co. KG, Merowingerstraße 30, 40223 Düsseldorf, Telefon: 0211-9331517. E-Mail: afatourou@databecker.de

DATA BECKER

▶▶▶ **Die ganze Welt von T-Online 3 fest im Griff!**

Werle
**Das große Buch
T-Online 3**
407 Seiten
DM 29,95
ISBN 3-8158-1359-X

nur DM 29,95

Dieses große Buch ist das ultimative Nachschlagewerk rund um T-Online 3. Hier erhalten Sie eine Fülle von Hintergrundinformationen und viele Tipps & Tricks zum Umgang mit dem größten deutschen Online-Dienst.

Von der Installation über die Konfiguration bis hin zu den besten Seiten im Internet werden hier alle wichtigen Fakten offen gelegt. Ob Homebanking, Online-Shopping, Chat oder E-Mails – mit dem großen Buch T-Online 3 haben Sie alle Funktionen ohne großen Leseaufwand souverän im Griff. Mit begleitenden Workshops und ausgefeiltem Index.

- *Modem, ISDN und TDSL: Internetzugang optimal konfiguriert*
- *Rundreisen mit T-Online 3 durchs WWW*
- *Aktuelle Möglichkeiten des Homebankings am PC*
- *E-Mails, Chats und Newsgroups mit T-Online 3*
- *Erstellen einer eigenen Homepage mit Ihrer T-Online-Adresse*

DATA BECKER
Versandkostenfrei bestellen im Internet: www.databecker.de